国家社会科学基金青年项目（20CGL021）
国家自然科学基金项目资助（71772138、72072128）
江苏省高校哲学社会科学研究一般项目（2020SJA1214）
常州大学人文社科出版基金（85142300021）

双元领导行为的上行下效作用过程及有效性研究

赵　莉◎著

中国财经出版传媒集团
经济科学出版社
Economic Science Press

图书在版编目（CIP）数据

双元领导行为的上行下效作用过程及有效性研究/
赵莉著 . －－北京：经济科学出版社，2022. 11
　ISBN 978 - 7 - 5218 - 3809 - 1

　Ⅰ . ①双… 　Ⅱ . ①赵… 　Ⅲ . ①领导行为 – 研究 　Ⅳ.
①C933

中国版本图书馆 CIP 数据核字（2022）第 113889 号

责任编辑：程辛宁
责任校对：蒋子明
责任印制：张佳裕

双元领导行为的上行下效作用过程及有效性研究
赵　莉　著
经济科学出版社出版、发行　新华书店经销
社址：北京市海淀区阜成路甲 28 号　邮编：100142
总编部电话：010 - 88191217　发行部电话：010 - 88191522
网址：www. esp. com. cn
电子邮箱：esp@ esp. com. cn
天猫网店：经济科学出版社旗舰店
网址：http://jjkxcbs. tmall. com
北京季蜂印刷有限公司印装
710 × 1000　16 开　14. 5 印张　250000 字
2022 年 11 月第 1 版　2022 年 11 月第 1 次印刷
ISBN 978 - 7 - 5218 - 3809 - 1　定价：88. 00 元
（图书出现印装问题，本社负责调换。电话：010 - 88191510）
（版权所有　侵权必究　打击盗版　举报热线：010 - 88191661
QQ：2242791300　营销中心电话：010 - 88191537
电子邮箱：dbts@ esp. com. cn）

　　伴随互联网时代的风起云涌、市场竞争的日趋激烈及生产技术的瞬息万变，组织面临诸多的转型升级压力及创新难题。而如何从事创造性活动？现代组织开始重新审视创新运作的传统假设，逐渐发展为基于团队的工作系统，团队创造力成为组织基业长青的价值源泉。然而，由于创造性任务的模糊性与复杂性特征，创造性过程包含各类活动的交织，团队创造力面对很多对抗性问题。在此情况下，组织究竟如何合理分配有限资源，协调创新性过程的竞争活动，推进创新进程成为当代团队创造力提升亟待解决的问题。

　　鉴于领导一直被认为是推动创造力的重要力量，管理者需要有效处理团队创造性努力过程的两难选择及满足行为焦点的竞争需求。为应对模糊性与复杂性所带来的对抗性问题，研究者开始反思单一领导方式线性认知模式的局限性，探寻新的领导范式来有效管理矛盾冲突与张力问题，双元领导应运而生。双元领导秉承矛盾思维，能根据不同情境要求平衡相悖领导行为并做到权宜应变，为复杂情景中拓展领导理论研究提供了新方向。进一步研究表明，高层管理者双元行为或团队领导双元行为在化解创造性冲突问题与张力难题中扮演关键角色。但是，组织是一个复杂系统，仅关注单一管理层次的双元领导效能忽略了组织内部各层级参与主体间的行为关联，无法系统推动组织整体的创新实现。即，在充满矛盾力量的创新活动中，组织各管理层级领导如何齐心协力、行动一致展现双元行为以提升团队创造力是组织破解创新矛盾困境，实现组织创新跨越式发展的关键。

　　基于此，本书在对双元领导、团队创造力等核心变量的相关文献解析与理论推演基础上，围绕"组织各管理层级如何上行下效展现双元领导行为及产生何种有效性"这一研究主题展开，旨在探讨整个组织内部各层级管理者间如何协同表现双元领导行为及对团队创造力的影响机制，揭示双元领导在组织内部的作用过程。具体而言，本书从三个子问题进行研究：首先，组织内部跨管理层级间是否存在双元领导行为上行下效的滴漏现象？如何实现？滴漏过程及推动条件是什么？其次，双元领导行为能否通过不同管理层级的上行下效提升团队创造力？作用机制及边界条件是什么？再次，从团队层面探究团队领导（中层管理者）的双元行为如何提升团队创造力？内在机制及边界条件是什么？为了探究这些问题，本书展开研究并取得如下研究结论：

子研究一利用质性研究方法，挖掘高管 – 中层管理者双元领导行为的滴漏过程。通过选取 6 家创新型企业的 6 位高管及与之匹配的 20 位中层管理者作为访谈对象，利用结构化扎根理论方法对半结构化访谈材料编码分析发现：企业运营过程呈现战略目标矛盾、学习导向矛盾、创新方式矛盾及权力结构矛盾等矛盾情境；面对组织矛盾情境，高管需要展现双元领导行为，发挥开放激发与闭合汇聚的互补作用；高管双元领导行为对中层管理者存在滴漏现象；双元领导行为滴漏经历认知辨识、感知过滤、知觉顿悟、意义强化四个步骤，促进上行下效；上行下效需要中层管理者具备变异警觉、学习吸收、知觉重塑及包容平衡的胜任能力。该研究解析了双元领导行为沿组织管理层次如何实现自上而下的渗透和传递。

子研究二基于滴漏模型的研究范式，将组织高管及中层结合起来，探索双元领导行为上行下效对团队创造力的影响。通过分时段获取 52 份有效领导问卷及 266 份团队成员问卷，采用结构方程模型比较及 HLM 分析发现：高管双元领导行为对团队创造力有显著正向影响；中层双元领导行为在高管双元领导行为与团队创造力间起中介作用；中庸思维在高管双元领导行为与中层双元领导行为间起调节作用；创造力角色认同调节中层双元领导行为与团队创造力之间的正向关系。该研究用实证数据证实双元领导行为存在自上而下的滴漏效应。

子研究三基于团队互动行为视角，展开团队领导双元行为通过团队建言行为作用于团队创造力的机制研究。运用 52 份有效领导问卷及 266 份团队成员问卷的样本数据进行层次回归分析，结果表明：团队双元领导对团队创造力有显著的正向影响；团队建言行为在团队双元领导与团队创造力关系间发挥中介传导作用；团队认同对团队双元领导与团队建言行为间的关系起增强调节作用。

基于以上研究结论，本书主要创新之处在于：首先，挖掘了高管－中层双元领导行为传递发生的具体过程，从组织整体刻画与分析了双元领导效能的发挥，对双元领导理论研究方向进行了有益拓展；其次，将高管与中层管理者置于同一研究框架中，探讨了双元领导通过组织不同管理层级的上行下效实现滴漏效应促进团队创造力，打破以往单一层面研究的局限，为未来双元领导研究提供了可供参考的系统框架；最后，从团队互动过程检验与发现了团队领导双元行为通过团队建言行为影响团队创造力的路径，填补了双元领导中介传递机制中对团队成员思想表达关注的缺失。

本书深化了双元领导理论与团队创造力相关理论，理论贡献之处在于：第一，弥补以往定量研究仅讨论机制的局限性，利用质性研究深化理解双元领导滴漏过程的内在逻辑，拓展双元领导的研究价值；第二，突破单一管理层面研究的局限，将双元领导效能的研究延伸到不同管理层间仿效，探讨高管－中层领导间的行为协同作用，为进一步探讨双元领导的作用机理提供了新的研究方向；第三，从团队互动行为的视角打开双元领导效能发挥的作用机理"黑箱"，深入探析了团队领导双元行为对团队创造力的影响机制，拓宽了双元领导作用链；第四，多重角度识别影响双元领导效能的关键边界要素，探索并明晰了双元领导发挥有效作用的情境约束条件，加深了对双元领导情境意义的理解。

本书不仅补充和发展了相关理论研究，且对管理实践也有一定的借鉴意义。具体而言：第一，为了满足创造性过程和创新任务的竞争需求，领导者在行为上可以表现出"双面性"甚至同时展现相反行为；第二，高管树立双元领导的榜样角色，做好表率作用；第三，中层管理者通过培养自己的矛盾认知和胜任能力应对矛盾问题；第四，培养鼓励团队积极建言献策的建言氛围，激发团队建言行为；第五，加深团队成员认同感，提高参与团队活动的主动性和积极性。

最后，本书还讨论了现有研究不足及未来可能的研究方向。

目　录

第1章
绪　论

1.1　研究背景

1.1.1　现实背景

1.1.1.1　创新智慧领航中国经济行稳致远

目前，劳动力成本上升、人口老龄化等客观情况使得中国制造业大国的地位不能持续，如何通过转变发展方式、优化经济结构、转化增长动力在经济转型发展乏力困境中行稳致远，是我国转型升级亟待解决的问题。国家统计局 2018 年上半年公布我国 GDP 增长 6.8％，连续 12 个季度稳定运行在中高速区间，呈现出鲜明的"稳"的特点。但在高质量发展稳步推进的过程中，我们也要考虑到稳中有变的新问题新挑战，中美贸易摩擦升级、"黑天鹅"事件、"灰犀牛"事件、人民币贬值压力、投机机会缺乏、企业投资积极性不高……的内外环境夹击使中国经济面临更严峻考验，这就更要我们牵住"创新"的"牛鼻子"。

在创新、协调、绿色、开放、共享的发展理念中，创新被放在了首要位置。2018 年 3 月 7 日习近平在参加十三届全国人大一次会议广东代表团的审议时指出，发展是第一要务，人才是第一资源，创新是第一动力。当前中国已进入创新型国家建设的关键时期，创新驱动发展、自主创新已成为全民共识。在创新驱动发展战略思想下，中国科技创新领域具有标志性意义的重大成果不断涌现，超级计算机、C919 大飞机、墨子号卫星、FAST 射电望远镜等一大批大国重器脱颖而出，并成为继美国和日本之后世界上第三个发明专利拥有量超过百万件的国家。① 创新成果有力地促进了各个领域的发展，例如，移动支付、3D 打印、大数据、云计算、机器人、AI 人工智能等，也给我国人民生活带来了便利性和幸福感。

世界知识产权组织 WIPO 和美国康奈尔大学等机构发布《2018 年全球创新指数报告》② 中显示，2018 年中国全球创新指数排名第 17 位，首次跻身全球创新指数 20 强，成为中等收入经济体的"领头羊"。从 2016～2018 年排名位次的进阶上升③，中国创新能力和创新质量各项指标名列前茅，标志着中国正式跨入世界科技创新型国家行列，反映出"中国创新能力上升明显"。

面对全球化背景下竞争日趋激烈的国外市场及国内经济改革的变迁，中国如果不创新，新旧功能不能顺利转换，就很难走出现在的转型困境，难以应对巨大的改革压力和挑战。总之，点燃创新之火，筑牢活力之源，夯实发展之基是引领中国发展前行的关键。

1.1.1.2 创新突破需要团队发挥创新和创造力主体作用

后危机时代，技术创新能力较弱、创新资源投入薄弱、关键技术研发信心不足一直是制约企业整体发展的瓶颈，走在创新之路的中国企业正经历一场寒冬。"中兴芯片事件"凸显中国企业在核心技术突破上的窘境，引起全面讨论，引发企业深思，"创新"二字被提升到新的高度。科大讯飞董事长刘庆峰认为，"经历过'中兴事件'这样一次'休克疗法'，可以让中国的技

① 高谭. 创新为何成为习近平总书记重要讲话里的高频词? [EB/OL]. http://views.ce.cn/view/ent/201808/14/t20180814_30024068.shtml, 2018 - 08 - 14.
② 全球创新指数报告是创新领先参考指标，对政策制定者而言是颇具价值的基准设定工具。
③ 2016 年全球创新指数排名第 25 位，2017 年上升至第 22 位，2018 年上升至第 17 位。

术创新在源头上走得更快更好"。①

企业依赖创新赢得生存和发展空间，而创新根源于创造力（Zhou &
Shalley，2003；Zhou & Hoever，2014），创造力成为企业进行创新、变革及
竞争的前提条件（Amabile，1988；Oldham & Cummings，1996）。创造力通
常是针对企业的产品、服务和管理过程等提出新颖且有实际意义的想法、
观点和方案。人们普遍认为创造力是创新的第一步也是关键的一步（Am-
abile，1988；Zhou & Hoever，2014）。企业只有不断提升创造力推陈出新，
才可能生产出更多高附加值的产品，更成功地开发新市场，形成一种"创
新 – 效益 – 再创新"的良性循环，促使企业有更好的绩效表现，推动企业
跨越式发展。

瞬息万变的环境给企业运行提出了更为复杂的要求，单个个体已经很难
独立完成创造性过程所涉及的各方面，而作为知识资源配置的基本单位，团
队由多个不同专业领域的成员组成，聚焦于常规或突发性问题进行创造性解
决，能够相对容易地承担多功能的复杂任务。因此，团队逐渐成为企业创造
的有效单元（Aritzeta，Ayestaran & Swailes，2005；Isaksen & Lauer，2002）。
例如，对于手机通信软件的研发，腾讯内部同时有多个研发团队进行开发，
每个团队的设计理念和实现方式均有差异，最后腾讯广州研发中心产品团
队设计的"微信"受到了更多用户的青睐，成为全球下载量和用户量最多
的通信软件；互联网助推下创客空间（hackerspaces）不断涌现，其借助社
区化模式的初创团队构建创客创意分享空间，鼓励创客积极创造和创新孵
化。因此，基于内部团队和精益平台的团队创造模式是企业创新的活力源
泉（王唯梁、谢小云，2015），为企业带来更多的创造性成果，促使企业
茁壮成长。

尽管企业已深刻意识到团队创造力对企业基业长青的重要性，很多企业
也对目标设计、激励措施等软硬件措施进行了大力投资，但仍未达到预期的
创造性产出目标，甚至出现新技术创新模式与传统运作模式冲突的问题。例
如，近年来互联网技术是可以通过加深信息密度、优化资源配置提升企业市

① 谢伟锋."中兴事件"激发青春中国创新力.［EB/OL］. http：//pinglun. youth. cn/ttst/201808/
t20180816_11700145. htm，2018 – 08 – 16.

3

场反应速度，但也存在典型的"创造性破坏"特征，例如，网购快速增长抽底传统线下实业业务、网约车与传统出租车行业对抗等的矛盾现象。因此，企业创造性活动面临较高的潜在风险与张力冲突。而作为企业创新进程的推进者和引领者，管理者如何合理协调资源、能力规避"创新陷阱"是企业维持长期竞争优势亟待解决的关键问题。

1.1.1.3　攻克创新矛盾困境的关键角色在于领导

鉴于领导是一切组织活动的核心（盛宇华，1989），领导行为一直被强调是推动创造力的重要力量（Shin & Zhou，2003）。领导者可以通过提供自由空间、营造创新氛围、设定具体目标、鼓励知识分享等活动来促进实现创新目标（Harborne & Johne，2003）。从大量成功的企业案例中我们可以看到领导者在其中发挥的关键作用，例如：张瑞敏利用敏捷的才思和锐利的眼光，在纷繁复杂的外部环境中转变管理理念，进行创造性思维，颠覆式创新成就了中国家电业第一品牌；乔布斯对技术创新偏执及对苹果公司实施的富有鼓励创新举措让苹果红遍世界，其用创新改变了时代。但随着组织日益表现出的高不确定性、不可预测性及动态性，很多企业在创新实践中处于两难困境，例如，如何在完善现有技术及巩固已有市场领域与拓展新技术及新的市场领域之间做选择（Beinhocker，2006；Luo & Rui，2009），究竟是追求短期内迅速创造市场价值获取当期效益还是重视长期适应变革的产品创造维持长远发展，是通过直接引进新技术或反复利用已经成熟的老技术还是投入高成本去冒险探索全新技术，产品策略中实行低成本策略还是差异化策略，知识搜索强调本地知识探寻还是外地知识搜索等张力问题。面临一系列固有矛盾状态和愈发激烈的竞争需求（Jarzabkowski，Lê & Van de Ven，2013；Lewis & Simth，2014），领导者如何根据环境应运而变实施有效管理从而带领企业应对矛盾是当代企业创新实践的一大难题（Levinthal & March，1993）。

从矛盾管理的有效性来看，传统单一领导方式更多关注矛盾的对立特性，采取的替代性选择方案不能完全平衡矛盾带来的多样化需求，存在强调一方而忽略另一方的局限，可能导致矛盾双方激化。优秀的领导者能够选择适宜的领导行为，权宜应变，使领导行为与特定情境达到高度契合

（Rosing，Frese & Bausch，2011；Zacher & Rosing，2015）。任正非多年倡导的"灰度"管理模式、马化腾坚持的"灰度"创新法则都从侧面反映出管理者的矛盾认知框架和矛盾管理策略在引领企业成为行业领先者过程中的重要作用。因此，组织要想恰当协调矛盾元素关系，需要领导者转变以往单一领导行为，运用辩证思维思考矛盾双方的对立统一特征，具备根据冲突双方采取差异化策略的双元能力。双元领导成为指导企业领导实践的新行为模式，满足组织动态发展的需要（Li et al.，2015）。双元领导的核心在于承认管理活动中矛盾问题的客观存在（Miron-Spektor，Erez & Naveh，2011），其善于运用"既/又"复杂认知方式在整体系统中融合与包容矛盾元素，并通过实施相反行为策略的协调互补和灵活转换保持相悖目标的兼顾。

创新和创造性过程凸显的矛盾和张力问题对领导者提出巨大的挑战，领导者如何通过展现双元领导行为在创新实践中缓解矛盾冲突，抵消矛盾双方带来的负面效应，有效提升创造力水平，持续提高创新绩效，对当代企业是一个刻不容缓的课题。

1.1.2 理论背景

1.1.2.1 创造力研究

在组织与管理研究领域，创新和创造力始终是学者们重点关注的研究主题，且近年来，创新和创造力研究快速的增长，积累了大量的研究成果（Anderson，Potočnik & Zhou，2014）。

创造力研究最初局限于个人层面，基于心理学理论分析和描述从事创造力活动的内在特质和认知构成特征，例如，开放性、尽责性、自主性、坚持和好奇心等方面（Kurtzberg & Amabile，2001；Zhou & Shalley，2008）。后来研究者发现，作为个体行为的过程和结果，创造力是个体内部因素和环境因素持续共同塑造的结果（Kanter，1986），涌现了多个创造力结构模型。例如，阿姆贝尔（Amabile，1983）最早提出的创造力组成成分模型，识别了对创造力非常重要的三个个体内部因素，包括任务动机、相关领域的知识技能和创造力相关技能过程。紧接着阿姆贝尔等（Amabile et al.，1996）又将社会环境加入研究模型中，构建了创造性工作环境的感知评价模型。随后，伍德曼等（Woodman et al.，1993）提出创造力互动模型，该研究认为创造力是个体、团队和组织特征的函数。其中：个体层面包括认知风格和内在动机等；团队层面包括团队构成、团队特征等；组织层面包括组织氛围、组织资源等。这些特征相互作用共同决定创造力。随着创造力研究进一步深入，诸如福德（Ford，1996）的创造性个体行为理论、塔格特（Taggar，2002）的创造力多层次模型及皮罗拉 - 默洛等（Pirola-Merlo et al.，2004）的创造力时间积累模型等多项研究更深层次地说明创造力产生的多因素共同作用。除了结构模型外，有学者还提出创造力的 4P 原则，即创造力是由 4 种要素组成：创造者（person），包括创造参与者及相关态度、行为等；创造过程（process），是创造者获取新颖和实用产品的整个阶段；创造产品（product），包括新想法、新观点、新方案等；创造环境（place），指促使创造的情境力量。

随着心理学、社会学和组织行为学等领域中创造力研究的深入开展，学者们逐渐将研究焦点从单独个体转向相互协调的群体，探究创造力在团队层面的巨大潜力（Kurtzberg，2005）。由于研究视角的不同，学者们在团队创造力内涵上尚未达成共识。具体而言，有学者认为团队创造力是个体创造力在团队层面的延伸，两者不存在本质区别（Amabile，1988；Woodman，Sawyer & Griffin，1993；Taggar，2002；Pirola-Merlo & Mann，2004）。团队创造力是某个时点个体创造力的平均值或加权平均值。而也有一些学者指出，团队创造力是属于团队层面的整体属性和作用机制，并非简单的个体创造力累积（Drazin，Glynn & Kazanjian，1999；Leenders，Van Engelen & Kratzer，2003；Nemiro，2002；傅世侠、罗玲玲，2005），其可能存在是以组织方式整合各成员知识与能力以发挥更大的知识协同效应和组合优势，使团队实现个体单独所不能实现的创造效能。因此，团队创造力是一个复杂社会过程，通过一系列团队内部互动过程将创造者、创造过程、创造产品和创造环境结合起来，获取创造性的产出。基于上述观点，学者们开始从多个研究视角探究影响团队创造力的潜在因素，例如，团队类型（Shin & Zhou，2003；Choi & Thompson，2005；毕鹏程、席酉民、王益谊，2005）、团队构成

（Jackson et al.，1996；Paulus & Nijstad，2003；Leenders，Van Engelen & Kratzer，2003；杨志蓉，2006）、团队氛围（Shalley & Gilson，2004；Pirola-Merlo & Mann，2004；李媛等，2008）及团队互动过程（West，2002；Leenders，Van Engelen & Kratzer，2003；Zhao，2015；Santos，Uitdewilligen & Passos，2015）等。

已有研究清晰表明，个体创造行为可能易受参与者心理、参与者所在组织文化及一系列社会过程的影响（Mayer，1999），而团队创造性活动过程则包含了诸多参与者的创造行为以及这些行为之间的协同效应。因而，当人们将研究焦点从个体转向团队的复杂创造行为时，必然会面临新的机遇和更多的挑战。由于团队在促进团队创造性努力、参与创造性活动中的重要作用，究竟通过何种作用机制提升团队创造力以成功实现创新转化，突出团队创造力的价值，引起了学术界和实践界的广泛关注（Hewett，2005；Shneiderman et al.，2006）。

1.1.2.2 团队创造力提升机制研究

团队创造力相关研究最初源于管理者对提高企业绩效的现实需要，旨在通过团队成员集体互动的形式产生创造性产出的过程。团队创造力被理解为团队产生的新颖且实用性的想法（Amabile et al.，1996；Zhou，2003）。此时，团队创造力更加关注创造性成果，强调团队内相互作用产生创造性知识，从而可以满足创造性需求。其中，新颖性强调与现有其他想法相比，该想法是独一无二的；实用性关注该想法具有带来价值的潜力。由于团队的创造性想法产生于一种社会情境之中，为了获取更多创造性产出，学者们不断探索组织应该利用哪些激励因子（如积极情绪、内在动机及自主性等）激发团队成员保持持续的团队创造力热情，使其更愿意付出额外的努力去提出更多创造性的想法和意见，从而提升团队创造力水平；同时组织应该规避哪些削弱团队成员创造性投入的阻碍因子（如过分强调现状、风险规避等），塑造良好的团队创新氛围，鼓舞团队士气，引发团队成员积极思考，间接促进团队创造力的提高。奥斯本（Osborn，1953）尝试引入头脑风暴这一问题解决工具来阐释群体创造性的激发。因此，这种结果导向的团队创造力研究聚焦于采取多样化的激励办法和适当的管理思路（王黎萤、陈劲，2010），充分调动团队成员的积极创造情绪，利于团队成员的认知拓展和自主性提高，有助于发挥创造性思维带来大量的创造成果，从而发挥"1 + 1 > 2"的协同效应（Tesluk, Farr & Klein, 1997；Perry-Smith & Shalley, 2003；Rhee, 2007）。

虽然对创造性成果的追求是团队整体为之奋斗的目标，但不同于一般的团队绩效产生过程，团队创造力的实现会经历一个相对复杂的过程阶段。德拉津等（Drazin et al., 1999）在调研项目推进过程时发现，团队创造力是技术人员与管理人员共同磋商、应对危机的结果，是团队成员共同理解、领略创造力的核心思想，并由此产生的复杂的团队互动和动态平衡过程。巴洛等（Barlow et al., 2000）认为，团队创造力是团队所有成员思考问题角度的一种"顿悟式转换"，即强调顿悟的过程。陈明辉等（Chen et al., 2005）通过对项目团队的现场研究，指出团队内部冲突管理对于项目团队创造力提升的作用。团队创造力是个体利用认知资源和人际或社会资源制定想法，然后通过相似性构建和沟通将创意想法进行创新性聚合，最后转化为创新性成果的过程，在这个过程中不仅涉及多样化信息或差异观点的分享，还与团队观点冲突、信息讨论和加工及最终的决策选择紧密相关（Harvey & Kou, 2013）。因此，在基于对团队创造力是团队整合、共享、交叉知识与能力而表现的特殊属性认识基础上，团队通过为成员创造互动空间，使彼此相互支持协同运作，从经历创意准备、创新焦点、发散思考与创造选择或变异、孵化及收敛性思考与选择的过程（杨志蓉，2006），制造出新颖性、有价值的创意与想法，进而实现和提升团队创造力。而在此过程中，管理者需要通过实施恰当的内部管理协调创造力过程各步骤间的关系，给予团队成员充分指导，促进团队成员紧密协作，以保证团队创造性过程的有序进行。

这些研究表明，团队创造力的提升研究是一个需要系统考虑多种因素，结合多种情境条件，依托多种视角的复杂课题，需要进一步深化和拓展。虽然以实现团队创造性成果的激发式提升机制与以统筹团队创造过程的协调提升机制都能有效深化对团队创造力实现途径的理解，但是将两种作用机制割裂开来并不能很好地诠释团队创造力的本质。因此，如何将团队结果导向与团队过程导向的提升机制结合起来，在团队创造性活动中合理分配和协调认知资源以恰当处理新颖性与实用性的差异性要求，促进团队创造力的提高。

1.1.2.3　复杂环境中的领导行为研究

近一个世纪来，学者们从多种认知视角对领导力进行定义、建构和研究（李燚、魏峰，2010），不断涌现出多种领导方式。例如，从传统的授权型领导、命令型领导、变革型领导、交易型领导（Bass，1985），到新晋的魅力型领导、谦卑型领导、包容型领导、伦理型领导，以及契合中国本土情境的家长式领导和差序式领导等，呈现出"百花齐放"的状态。究其原因是领导者发挥作用的环境处于永不停息的变化之中，不同的时代要求不同的领导方式来解释现实。因此，领导力产生于复杂系统中，该系统中动态的且难以预见的因素发生交互作用（张志学、施俊琦、刘军，2016），进而使领导在行为上表现出差异。面对当代日趋激烈的竞争环境及混沌的组织运行状态，学者们开始反思先前领导行为理论的局限性，尝试去探寻领导者如何处理复杂问题，如何充分利用新领导范式转变领导行为，以承担日渐突出的内外不确定性带来的风险。

阿姆贝尔等（Amabile et al.，2004）的研究认为，在所有关系到工作任务表现的环境因素中，影响力最大的当属领导因素。特别是在组织创新和创造力过程中，由于领导者掌控创新方向、建立共同目标、配置关键资源、营造创新氛围，领导行为策略直接关乎员工的创新行为和努力结果所产生的影响（Mumford et al.，2002）。学者们在领导行为如何影响团队创新和团队创造力的研究方面做出很多贡献，例如，申载双等（Shin et al.，2007）证实了变革型领导与团队教育背景异质性的交互作用对团队创造力提升的积极正向影响；张燕等（Zhang et al.，2011）同时验证了变革型领导与威权型领导对团队创造力的影响差异性。虽然这些研究在一定程度上对领导行为与团队创造力存在相关关系的观点基本形成共识，但由于这些领导行为都有情境匹配性，会受到其他因素的干扰和限制，并不能适用于更复杂广泛的情景。

具体到创新和创造力上，由于创新活动的每阶段甚至是创新性活动的不同关注焦点都会对团队成员有差异性要求，且这种对资源和认知竞争的复杂性特征愈发明显（Bledow et al.，2009a），而如果对这种矛盾和冲突不予干预和调整而任其发展，很可能会波及整个创造过程造成混乱局面，导致创新乏力。现有研究大多将团队创造力作为一个整体变量，将其发生过程看作是线性的或统一的，试图探究宽泛的领导前因变量对其所产生的影响。而事实上，团队创造力过程中充满矛盾，例如，考虑新颖性的想法产生而忽略创意的实用性，可能导致创造力结果的"华而不实"（Im & Workman，2004），相反，只注重创意想法的有价值而轻视想法的新奇性，容易导致创新结果的"实而不新"；同时，由于新颖性和实用性对创新活动者的认知需求不同，如果只强调一方而忽视另一方，可能造成活动者认知资源竞争矛盾的增强。此时，传统单一的领导行为无法适用于或满足差异性活动的竞争需求，倾向于从静态视角出发的领导表现不能与创造性活动的动态性和复杂性匹配，导致理论研究与企业实际状况的背离，不能指导企业具体的创造性活动实践。

为了解决团队创新和创造力过程的矛盾平衡与协调问题，学者们将双元性理论与领导理论交叉产生的双元领导引入创新领域，探讨其在创造性成果产生过程发挥的效能（Keller & Weibler，2015；Probst，Raisch & Tushman，2011）。双元领导突破单一领导行为的线性思维，将互补甚至相反领导行为策略（如变革型领导与交易型领导、开放式行为与闭合式行为）结合起来，并依据情境变化权宜应变、灵活调整，以促进创新活动有效实施（Bledow et al.，2009b；Rosing，Frese & Bausch，2011；Probst，Raisch & Tushman，2011）。自罗辛等（Rosing et al.，2011）明确提出双元领导论题以来，双元领导研究引起学者们的广泛关注和重视，取得了丰富的研究成果，为本书研究的进一步开展奠定了坚实的理论基础。但目前双元领导研究仍存在很多研究不足，概念、维度和测量等问题仍需进一步讨论和论证，尤其是在中国本土情境中，组织内部如何有效激发和实施双元领导，双元领导有效性发挥及作用过程等相关议题尚需进一步系统探究。

1.2 研究问题

国内创新热潮激起了学术界和实践界共同探寻何种复杂领导行为引领团队创造力跨越发展的激情，为本书双元领导的应用提供了重要研究契机。本书基于双元领导理论，结合团队创造性活动过程的矛盾问题，深入探析双元领导如何在组织内部发挥作用，其对团队创造力的作用机制，挖掘具体影响过程，并揭示干预效应发挥的边界条件，这些对激发团队创造力活动非常关键。具体而言，本书将试图探究以下三个研究问题：

第一，复杂环境下，组织内部跨管理层级间是否存在双元领导行为上行下效的滴漏现象？如何实现？过程是什么？何种条件推动行为仿效发生？

先前研究从多种领导视角出发，利用经验研究证实伦理型领导（Mayer et al.，2009；Ruiz，Ruiz & Martínez，2011；Schaubroeck et al.，2012）、威权型领导（Farh & Cheng，2000；Li et al.，2015）、服务型领导（Liden et al.，2014；凌茜等，2010）和辱虐管理（Liu，Liao & Loi，2012；Mawritz et al.，2012）等领导行为的滴漏效应，但现有研究并未深入挖掘具体的行为滴漏路径及推动行为上行下效的条件。且此种单一类型的领导行为滴漏研究多聚焦于满足稳定情境的线性需求，较少关注组织情境中的矛盾性。双元领导恰好反映了矛盾对立统一的本质，能够应对复杂情境的动态性与多样性。基于社会认知理论（Bandura，1986），下级往往会通过观察学习的方式来习得上级行为与态度，内化对上级行为的认知，转化为自我行为表现，通过行为调整表现与上级领导一致的行为。具体来讲，高管–中层互动过程，中层往往将高层领导视为学习榜样，注意其行为方式及领会行为背后隐藏的潜在思维，尝试作出合理的矛盾解释，继而转化为自我信息处理方式，在遇到矛盾情境时利用复杂认知框架作出相应的行为反应。在矛盾情境中，一旦高管展现出具备复杂行为特征的双元领导行为，中层管理者首先需要辨识到这种特殊行为方式，深刻领悟双元行为意图，将支撑高管双元领导行为的认知渗透到处理矛盾困境过程，形成相似逻辑思维，继而表现双元领导行为。由于矛盾认知渗透贯穿整个滴漏过程，而实证研究并不能很好地反应认知的自我内化过程，因此，本书采用质性研究，运用扎根理论分析方法进行理论推演，识别出双元领导从高管滴漏给中层的具体过程，发现推动滴漏发生的条件。质性研究结论一方面佐证双元领导跨管理层级影响效应的科学性，另一方面可深化组织内部双元领导作用过程，一定程度上弥补先前对双元领导滴漏效应发生过程研究的不足，为后续研究奠定基础。

第二，双元领导能否通过跨管理层级的上行下效影响团队创造力？作用机制是什么？边界条件是什么？

在子研究一的假设下，双元领导行为在组织内部可实现高管到中层管理者的传递。史密斯等（Smith et al.，2005）提出高管可以通过区分与整合的认知过程构建矛盾认知框架，以形成一种心智模型存在于高管认知中，理解、包容和接受矛盾力量的存在。这种矛盾认知框架构成高管双元领导行为的认知基础，指导领导者展现差异性行为管理矛盾。由此说明，高管领导是可以通过双元领导解决矛盾和冲突问题。进一步来讲，格伯特等（Gebert et al.，2010）从理论上重点阐述了领导的相悖行为策略在满足团队创新过程中的知识创造与知识集成间存在的固有矛盾上发挥协同效应。罗辛等（Rosing et al.，2011）利用元分析方法辨析了双元领导与其他领导方式的区别，突出强调了双元领导在有效处理团队创新阶段性矛盾上的重要作用。随之，察赫尔等（Zacher et al.，2015）证实团队双元领导对团队创新绩效的积极影响。韩杨、罗瑾琏和钟竞（2016）也从本土情境出发，验证了团队双元领导对团队创新绩效的影响效应。这些研究从理论分析和实证检验均表明，高管与团队领导的双元领导行为在组织创新活动中发挥重要作用。但遗憾的是，现有双元领导的相关研究完全割裂了高管与中层管理者，仅从单一管理层级视角分析其在解决创新难题中的关键角色，并没有回答复杂情境下，组织内部跨越管理层次的上下级领导如何行动一致突破矛盾困境，不利于系统揭示双元领导自上而下的传递关系。鉴于此，本书依照滴漏模型的研究范式，将高管双元领导与中层双元领导置于一个整体分析框架，探索组织高管与中层管理者如何通过上行下效展现一致的双元领导行为以提升团队创造力，试图从组织多层次打开双元领导作用机制的"黑箱"。同时，根据领导理论的权变观（Laureiro-Martinez，Brusoni & Zollo，2010），本书引入代表领导价值观的中庸思维和表征团队内在自我概念的创造力角色认同作为调节变量，探讨双元领导影响效果受哪些情境因素的干扰。因此，本书跨层次的系统探索，旨在利用实证数据证实双元领导具备从高管传递给中层管理者的滴漏效应，继而通过管理者间的行为仿效齐心协力提升团队创造力。研究结果为后续双元领导有效性研究提供理论支持，丰富领导行为理论和创造力的相关研究内容。

第三，从团队层面探讨团队领导（即中层管理者）的双元行为对团队创造力产生影响的内在作用机制是什么？边界条件是什么？

在子研究一和子研究二的框架下，高管双元领导行为可以经过中层管理者的矛盾认知解释与认知加工指导其表现双元行为，但对于中层管理者而言，其又如何利用双元行为来刺激团队创造性努力提高团队创造力尚未给予解答。作为团队活动的指挥者，团队领导与团队成员的沟通最频繁、联系最密切，其对团队成员行为影响最大。既有研究对团队双元领导影响团队有效性的内部机制进行了初步探讨，如将团队双元行为、团队自省、团队双元文化、团队目标导向及团队交互记忆系统等团队过程作为影响团队效能的中介传递变量，探索了团队领导双元行为影响效应的内部机理。但团队是一个由多成员组成的集体，团队成员的内部互动是团队有效性发挥的重要条件，因此，团队成员间是否坦诚相对、积极沟通，是否能够畅所欲言对团队创造性过程遇到的问题发表建设性意见或提出团队活动改进措施，对团队创造性产出有着重要影响。基于此，本书从团队互动过程视角出发，试图探索团队建言行为（团队促进性建言及团队抑制性建言）在团队领导的双元行为与团队创造力间所起的中介作用。同时，本书从团队情感归属方面考虑，引入团队认同作为团队双元领导行为与团队建言行为间的边界条件，分析其在两者间发挥的增效作用。团队领导的双元行为对团队创造力的影响研究也是对上述两个研究问题的进一步拓展，在此基础上验证高管双元领导行为对中层双元领导行为滴漏的价值，以及上下级如何通过行为的串联关系对组织及团队创造性产出的积极影响，延伸了双元领导组织内部的作用链，深化了双元领导理论。

1.3 研究设计

1.3.1 技术路线

本书主要围绕"组织内部各管理层级如何上行下效展现双元领导行为及对团队创造力产生何种影响效应"这一核心问题有序展开相关研究。本书从跨管理层级的视角出发，将高层与中层置于一个整体分析框架中，系统探究高管双元领导如何滴漏使中层表现双元领导行为，进而影响团队创造力的提升。

在具体研究过程，本书主要依据以下研究技术路线进行深入分析：第一，通过现实背景的详细介绍认识到开展本书研究的必要性，同时通过理论背景的系统分析，发现理论支撑的全面性，进而进一步领会研究背景，初步识别本书研究的核心问题；第二，在文献系统梳理和归纳的基础上，继续将既有研究成果与研究问题进行对比分析，总结出既有研究取得的进展，为本书研究持续推进奠定理论基础，同时识别出既有研究存在的不足，形成本书具体解决的三个关键问题；第三，子研究一利用质性研究，采用扎根理论的规范分析方法对访谈材料编码分析，理论上归纳出双元领导在组织内部高管与中层管理者间行为上行下效发生的具体过程及推动条件；第四，子研究二通过理论推理，从跨管理层级视角出发，构建高管双元领导影响团队创造力的多层次模型，试图从组织整体证实双元领导通过不同管理层级双元行为的自上而下传递促进团队创造力；第五，子研究三是从团队互动过程的视角出发，考察团队双元领导行为如何通过团队建言行为提升团队创造力，进一步揭示高管双元领导滴漏给中层管理者后的价值；第六，结合质性研究与实证研究的研究结果，对相关研究结论进行深入讨论，发现本书的理论贡献与管理启示，表明本书研究存在的局限性及对未来研究提出展望。本书的技术路线如图 1-1 所示。

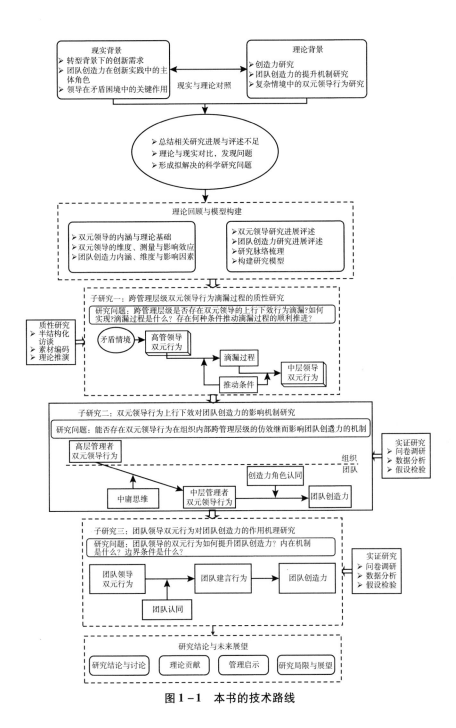

图 1-1 本书的技术路线

1.3.2 研究方法

针对研究问题，本书采用定性研究与定量研究相结合的研究范式，综合运用文献研究、质性研究及实证研究的研究方法，对相关问题进行深入分析。

1.3.2.1 文献研究法

本书通过 Web of Scinece、EBSCO 、CNKI 和 Google Scholar 等文献搜索平台收集与整理了相关文献，基于对相关度较高的相关研究进行系统查阅，本书梳理了双元领导概念内涵、理论基础、行为策略组合，归纳与评析了测量方法，总结了影响因素及影响效果，同时对团队创造力概念内涵、结构与维度、影响因素进行了全面总结。本书通过文献分析，厘清了相关研究的发展脉络，发现现有研究的不足，为全面解构双元领导对团队创造力的影响机制提供了理论基础和文献支撑。

1.3.2.2 质性研究

作为一种情境匹配度及行为灵活性较高的复杂领导方式，双元领导在同时展现两种相反领导行为时更善于依据情境变化灵活转换，从而发挥解决矛盾与张力问题的优势。这需要领导者具备一定的矛盾认知处理框架，遇到矛盾情境可通过相应感知能力、包容能力及应变能力来灵活处理。因此，在探究双元领导从高管到中层滴漏的过程问题时，由于该命题试图去深入挖掘具体的作用过程是怎样，所以质性研究更能实现研究目标。基于此，本书通过对企业内高管和中层管理者的深入访谈，获取充足的分析材料，而后利用扎根理论分析的方法，进一步编码试图构建双元领导滴漏过程理论模型。

1.3.2.3 实证研究

为了验证双元领导对团队创造力的影响机制这一研究命题，本书采用了系统的实证研究方法对理论模型进行验证。本书首先结合相应的理论基础对研究命题提出研究假设；其次，参考国内外已发表的期刊论文确定了研究变量的测量量表，在此过程中通过转译、互译及与学者讨论的方式来保证问卷科学性，形成最后的调查问卷；再次，通过与被调研企业人力资源管理部门取得联系，确定调研单位，并采用实地调研与邮件调研的方式获得大样本调查数据；最后，通过对获取的有效数据进行信效度分析、验证性因子分析、相关分析、HLM 跨层分析及线性回归分析等技术检验，考察变量间的影响关系，对双元领导影响作用机制及边界条件进行实证检验，为本书的理论观点提供严谨的证据支持。

1.3.3 结构安排

围绕核心研究问题，本书共分为七个章节，各章节的具体内容如下：

第 1 章，绪论。从多个角度阐述本书研究的现实背景和理论背景，结合以往研究的不足引出本书的研究问题，同时，简要介绍本书所使用的研究方法，理顺本书的技术路线，合理安排研究总体框架和各章节研究内容，最后探讨了拟实现的创新点。

第 2 章，相关文献综述。首先，对双元领导的源起、概念内涵及理论基础进行了总结，归纳了双元领导行为策略组合，评述了双元领导测量工具及测量方式，系统梳理了双元领导的影响因素及影响效果；其次，对团队创造力的概念界定、结构与维度、影响因素进行全面归纳，认识既有研究中团队创造力的研究进展。相关文献为本书理论模型的构建提供了深厚的理论基础，为进一步解决研究问题，弥补既有研究不足提供支持。

第 3 章，研究的理论基础和框架构思。对支撑本书理论模型构建涉及的理论基础进行总结，结合研究问题对本书所用的重要研究变量进行了初步界定，随后结合理论基础进行理论拓展，初步阐述本书的三个子研究问题，构建了本书整体理论框架。

第 4 章，跨管理层级间双元领导行为滴漏过程的质性研究。本章致力于运用定性研究方法挖掘双元领导行为是否存在从高管到中层的渗透与传递，具体的滴漏过程是什么。在前述理论分析基础上，制订访谈提纲对企业中高管与中层管理者进行半结构化的深度访谈，结合访谈获取的原始材料及其他渠道获得的二手信息作为分析数据，运用扎根理论分析方法对材料进行三级编码，分析双元领导行为上行下效发生的具体过程及推动因素。

第5章，双元领导行为上行下效对团队创造力的影响机制研究。通过前述质性发现及理论分析，本章通过运用大样本调查数据的统计分析探究双元领导如何通过跨组织管理层级的关联对团队创造力产生影响，检验中层管理者双元领导行为在高管双元领导行为与团队创造力间所起的中介作用，同时验证中庸思维与创造力角色认同在影响作用过程所起的调节作用。本章旨在经验证实在组织内部双元领导行为上行下效发生的科学性。

第6章，团队领导双元行为对团队创造力的作用机理研究。本章试图分析团队领导（即中层管理者）表现出与高管相一致的双元领导行为后如何激发团队整体创造性努力活动。通过前述理论分析，本章通过运用大样本调查数据的统计分析探讨团队双元领导对团队创造力产生影响，检验团队建言行为在团队双元领导行为与团队创造力间所起的中介作用，同时验证团队认同在影响作用过程所起的边界调节作用。

第7章，研究结论与展望。基于前述实证研究与质性研究的研究结果，归纳与阐述本书的研究结论，随后从多角度详述本书的理论贡献及管理实践启示，最后深入分析本书的研究局限性，并为未来研究方向提供可期的展望。

1.4　主要创新点

本书通过三个子研究问题的逐步推进，旨在一定程度上刻画为克服矛盾困境与管理难题，双元领导如何在组织内部发挥效能，即从组织多层次对双元领导如何通过高管到中层管理者表现协调一致行为提升团队创造力的作用过程及内在机理进行了深入探究和深刻讨论。本书实现的创新点主要体现在以下三个方面：

第一，运用质性研究挖掘跨管理层级双元领导行为发生传递的具体过程，从组织整体刻画与分析了双元领导效能的发挥，对双元领导理论研究进行了有益拓展。既有研究多潜在假定组织高管领导行为与中层管理者领导行为有串联关系，但对双元领导是否同样存在行为滴漏现象，甚至高管双元领导如何影响中层管理者展现双元行为并未给出预期合理解释。本书采用质性研究方法，借鉴观察学习的分析框架，通过企业管理现实访谈材料推导出组织内部不同管理层次双元领导行为协同发生的过程，弥补了以往定量研究仅讨论机制的局限性，推进了对双元领导作用过程的理解。

第二，将高管与中层管理者置于同一研究框架中，探讨了双元领导通过组织不同管理层级的上行下效实现滴漏效应提升团队创造力，打破以往单一层面研究的局限，为未来双元领导研究提供了可供参考的系统框架。虽然双元领导的积极影响已得到学者们的认可，但目前双元领导效能研究割裂了组织内部各管理层级，多聚焦于高管或团队领导的单一管理层级，忽略了高管 – 中层管理者间可能的行为传递与扩散效应（Aryee et al.，2007）。因此，为探究双元领导能否通过行为的上行下效作用于团队创造力的问题，本书采用跨管理层次研究视角，将高管与中层管理者构建在一个整体分析框架，假设高管双元领导通过中层管理者展现双元领导进而影响团队创造力，继而通过实证研究验证该作用机制，证实了双元领导效应沿组织层次自上而下逐层推进，丰富了双元领导相关理论，为后续研究提供理论借鉴。

第三，从团队互动过程检验与发现了团队领导双元行为通过团队建言行为影响团队创造力的路径，填补了双元领导中介传递机制中对团队成员思想表达关注的缺失。复杂多变环境不仅要求企业通过创新做出有效反馈，也需强调作为创新活动参与体的员工能否甄别创新工作中的现存问题与困难，是否愿意提供合理化建议突破创新难题，以保证组织活力、提升运作效率促进和维持创新。尤其对以团队为创新基本单元而言，团队创新的驱动力来自成员的智慧整合与合理转化。而当前鲜有研究涉及应对创新的冲突性需求，团队领导如何通过双元行为刺激团队成员间的深入互动使每位成员敞开心扉，勇于讲出可行性建议和问题解决方案，更好地推动团队创造性活动进行的问题。因此，本书以团队建言行为为切入点，探究团队双元领导如何提升团队创造力，为剖析团队领导双元行为与团队创造力的关系提供新思路，进一步丰富双元领导在团队层面的研究，同时也为双元理论在团队创造力领域的拓展提供了理论支撑。

1.5 本章小结

　　本章首先从多视角对本书研究的现实背景和理论背景进行深入阐述，初步明确了本书研究面对的现实问题，总括了相关研究进展，厘清了理论发展脉络。在此基础上提出了本书的三个研究问题，发现本书对解决管理问题及弥补现有研究不足中的价值。针对研究的核心问题，形成研究设想和研究设计，对研究方法、研究技术路线、研究框架安排及研究可能的创新点进行了详细介绍。

第 2 章
文献综述

　　本章在系统梳理与回顾现有相关研究基础上，首先，对双元领导起源、理论基础、概念内涵、行为策略组合、测量方法、影响因素及影响效应等内容进行充分的整理；其次，针对团队创造力相关文献进行全面回顾，明晰了内涵、测量方式及影响因素等；最后，通过前两部分的总结，对既有研究取得进展给予了评述，归纳了已有研究存在的不足，突显本书后续的组织内部跨管理层级双元领导行为间关系及有效性研究的理论价值。

2.1　双元领导文献综述

2.1.1　双元领导起源

　　经济全球化和科学技术的发展使组织面临着生存环境竞争性加剧，内部组织过程日渐复杂的窘境，差异化与低成本、柔性与控制、搜索与稳定等张力日趋突出。现有矛盾情境下，基于权衡取舍观（trade-off）的战略竞争需求及"两者择其一"（either/or）的替代选择已远不能满足维持组织持续竞争优势的需要。相反，在组织长久生存与发展过程中，基于"既/又"（both/and）认知保持相悖目标共存和平衡的双元性（ambidexterity）成为处理矛盾冲突的有益探索。对于双元性，先前学者多从企业、业务单元甚至跨组织等层次出发，探究如何通过设计合理组织结构（"结构双元性"）（Duncan，1976）或营造适用情境（"情景双元性"）（Gibson & Birkinshaw，2004）构建双元组织，从而满足组织变革的机遇和挑战，然而个体层面探索相对缺乏。作为维持组织生存与发展的关键人物，领导者在引导组织不断突破惯例束缚、追求创新卓越的过程中扮演重要角色。伴随当今组织动态性和复杂性出现的混沌状态，组织研究的学者们开始反思传统领导理论存在只着眼于选择或权衡矛盾竞争需求的局限性问题。因此，如何恰当处理由组织惯例规则改变导致的领导范式转变变得愈加重要。

随着组织双元性研究的不断深入推进，为了有效处理组织中存在的看似相互矛盾但又相互关联的矛盾元素间关系，古普塔等（Gupta et al.，2006）及赖施等（Raisch et al.，2008）呼吁将双元性研究引入领导学领域，探索一种应对变幻莫测情境的更为复杂的新的领导范式。史密斯等（Smith et al.，2005）构建了高管矛盾认知框架，认为只有当管理者清楚地意识到矛盾存在并能做到包容协调，而不是忽视它们时，组织才能更好地管理和利用这些矛盾。可见，任何一种组织双元形式的构建都离不开领导者矛盾认知的构建与矛盾能力的提升，领导型双元在处理张力与冲突过程发挥核心作用（Raisch & Birkinshaw，2008；Mom，Van Den Bosch & Volberda，2009；Rosing，Frese & Bausch，2011；Zacher & Rosing，2015）。进一步，相比传统的单一线性领导而言，双元领导具备感知与追求相悖元素的复杂认知能力和动机，将看似冲突的目标集合在全面统一战略中，合理配置组织资源，协调组织短期效率与长期效益的平衡。因此，当前动荡变化的复杂情境激发了理论界和实践界对新型领导行为策略的强烈诉求，双元领导（ambidextrous leadership）应运而生。

2.1.2 双元领导相关理论基础

2.1.2.1 组织双元理论

"双元"（ambidexterity）本意指像人的左右手一样灵活，同时并用。借鉴传统阴阳哲学观点，双元认为矛盾两极看似相互对立、互不兼容，但事实上又是相互依赖的统一体。邓肯（Duncan，1976）将其首次引入管理科学领域，用来描述组织兼具有效运作当前业务和适应未来变革的双重能力（Gibson & Birkinshaw，2004；He & Wong，2004）。马奇（March，1991）最早将双元理论与组织学习理论结合起来，提出了双元性学习理论，主要包括探索式学习和利用式学习。其中，探索是从风险承担、协同变化和变异增加的知识获取和更新过程实现灵活性和创新；而利用则是通过本土搜寻、经验总结和减少变异的知识精炼和改进过程提升运作效率。虽然两种活动在知识基础、心智模式和管理思维上遵循不同的逻辑，看似互相矛盾，但却存在彼此依赖、不可分割的关系。因此，组织长期的生存和发展需将保生存、促效率的利用性活动与保发展、促创新的探索性活动同时管理和协调。探索和利用构成了组织活动的基本张力，两者间的共存与平衡难题将双元理论研究推向了高潮。

一般意义上讲，双元的核心内涵是探讨如何协调和整合看似不可调但又互补促进的两种活动，解决组织面临的管理悖论问题。因此，双元性理论不仅要求组织区分矛盾，更重要的是能否具备协调能力将矛盾元素整合起来，从整体上实现矛盾兼顾（凌鸿、赵付春、邓少军，2010）。由此可见，动态能力能够成为解释组织双元性的一种理论透镜（O'Reilly & Tushman，2013），帮助组织重组组织结构及培育支持性情景，使其保持高效经营的同时敏锐地捕捉环境变化带来的新机会（O'Reilly & Tushman，2008）。而后，随着双元研究范式的进一步拓展，学者们将组织双元理论与战略管理理论、社会网络理论及技术创新理论等融合起来（Simsek，2009），使得组织双元理论日趋丰富。但无论双元理论如何延伸，都会涉及管理者如何利用矛盾思维方式及辩证认知过程将资源整合和重构，通过自我强化的平衡和优化机制，实现组织内部矛盾力量的互补协同效应（March，1991；O'Reilly & Tushman，2008）。也就是说，双元性理论在组织运行过程中的有效应用需要管理者层面与组织层面实现均衡，即管理者必须能利用悖论式思考管理冲突目标，通过扮演多重角色（Mom，Van Den Bosch & Volberda，2009）和培养差异性能力来应对管理悖论和冲突问题。因此，双元性理论在领导学研究领域的应用与拓展为矛盾与张力问题的解决提供更科学的路径。

2.1.2.2 悖论理论

随着组织矛盾问题的日渐凸显，有部分学者从悖论理论（theory of para-dox）的视角出发（Smith & Lewis，2011），试图从一个更大的系统中探寻矛盾元素的共存关系，进一步拓展和丰富双元研究的内容和体系。所谓悖论是指"同时且持久存在的、相互矛盾但又相互关联的一组成分"（Smith & Lewis，2011）。悖论显著特征表现为：矛盾双方在形式上可能是相互区别甚至相互对立的两种成分，但从客观上来讲，彼此又属于一个整体，在同一个系统中双方是不可或缺的组成部分，具有相互协同与相互转化的共存关系。基于悖论理论的矛盾管理观认为，虽然矛盾双方在短期竞争着组织稀缺资源（Gupta & Shalley，2006），但却存在相互协作、互补强化的共生关系，以提升组织的整体适应能力，促进长期成功。

对悖论的进一步延伸及将悖论思考与组织行为研究融合起来，代表了组织管理创新思想的转变与传统管理观念的纠正，被理解为一种促进领导力开发的视角。路易斯（Lewis，2000）指出，组织的模糊性及复杂性诱发了管理实践者及理论研究者利用悖论思考及衡量冲突问题的能力。此时，管理活动中固有存在的悖论活动不仅是一种社会现实在组织内部的反应，而且组织运作过程可以将其视为潜在资源，降低甚至弱化理性问题解决方式造成的组织认知局限及管理路径依赖的弊端。因为管理者更复杂的认知处理方式可以帮助其清楚地认识到组织现状，更积极地探索更为复杂的、科学的管理方式去形成应对挑战的强大力量，由此，悖论对管理思想的一部分贡献意义体现在其所产生的创造性洞察力及应对变化的反应能力（Lewis，2000）。

史密斯等（Smith et al.，2011）认为，悖论理论指导下的领导观是必要的。悖论理论指导下的复杂领导强调包容和整合相悖力量，利用相悖元素之间的持续张力，使相悖元素在一个系统中进行融合，以达到共同存在的目的，为处理管理中的矛盾和张力问题提供指导。然而，基于悖论理论，兼顾与整合矛盾的复杂领导行为又不仅限于将对立统一的矛盾元素并置起来，而是具有更实质的内涵，即通过搜寻、发现和创造新机会及筛选、实施和精炼知识的努力进一步发展矛盾双方。因为，矛盾工作对管理者带来的某种程度的紧张和焦虑情绪促使行动者探索出深刻见解的相互联系，从而激发对悖论式领导的需求（Lewis，2000），以寻求支持矛盾的因素，促进创造性及有益选择。因此，将悖论理论应用于领导研究领域可以为应对多元和动态情境的管理实践提供更加全面的管理启示。

2.1.2.3 权变理论

权变理论目前是解决对立问题的主导理论，其认为组织管理应该根据具体的情境和条件权宜应变，制定合适的管理决策（Luthans & Stewart，1977；张军成、凌文辁，2013）。权变理论强调组织或领导者在管理实践过程中具备审时度势的管理智慧，根据不同情境随机应变合理地调整行为方式以适应变化，做到在正确的时间采取正确的领导行为（赵锴、杨百寅、李全，2016）。传统管理过程往往认为矛盾双方的选择是独立进行的，理解为 A 或 B 的关系，有时甚至是相互对立的竞争关系，彼此能否存在依靠与领导行为的匹配，以实现具体情境下的效果最大化。而领导活动是一个动态的过程（赵红丹、郭利敏，2017）。由此，组织管理中动态情境变化要求管理者灵活地根据矛盾管理活动的时间进行适时调整管理方式，以适应复杂环境的循环变化过程。

基于权变理论的双元管理认为，虽然矛盾元素的自我增强性增加了矛盾共存的困难，但利用矛盾时序上的可转换性——时间分离性双元和空间分离性双元灵活处理矛盾，使得同时追求相悖元素变成可能。时间分离性双元是将矛盾元素按照时间顺序实现分离性共存，即在不同阶段选择不同的矛盾应对方式（Duncan，1976）；空间分离性双元是在同一时点采用不同的管理方法，分别展现不同行为来追求同一空间下的不同的一致性（Tushman & O'Reilly，1996）。麦克多诺等（Mcdonough et al.，1983）也提出了同步组织的观点，是通过构建独立运行不同结构的业务单元方式来处理悖论问题，认为这种有机结合的方式比单一的或固定不变的方式更加有效，也体现了分离性双元的处理逻辑。但这种分离形式面临着协调成本不断增加的境况，因此，为了更为有效地处理冲突，组织还需将所有元素整合在一个更为长久的战略方向中，从整体上协调矛盾现象。由此，虽然时间性分离双元和空间性分离双元在短暂时点表现出分离状态，但在长期来看，所有元素都整合在一个全面的系统中，在整个体系中所有元素是一个整体，从而实现长久意义上的共存。

借鉴权变理论而形成的复杂领导方式强调领导行为并非一成不变，而应该依据特定情境的判断恰当地展现更灵活的行为方式，以适应环境的竞争性需求。尤其是作为一种探索性研究，罗辛等（Rosing et al.，2011）指出，创新过程中应对创新悖论的双元领导特殊性表现在其随情境变化的灵活转换性，这种转换性使领导者在面临矛盾和冲突问题时更容易实现领导行为与环境的匹配性，以在最适宜的时空维度下通过契合的管理方式满足差异化需求。因此，权变理论的领导学应用契合了复杂环境因素的持久动态变化特性，更加贴近领导过程的真实情境。

伴随三种理论基础研究的深入，有学者试图从词义形式上将组织双元理论与悖论理论区别开来，以更细化矛盾应对途径。但本书认为，针对矛盾的对立统一特性而言，双元与悖论二者并无本质上的区别，二者都将包容与兼顾矛盾元素作为指导行为表现的基本准则，都强调矛盾系统的完整性，旨在提供多样的、变化的平衡方式来处理矛盾。而权变理论不仅突出矛盾共存的特性，更倾向于强调领导行为根据情境变化的适宜调整特性。因此，不管是强调共存的组织双元理论、悖论理论，还是注重灵活转化的权变理论，都在形成复杂科学领导行为过程中发挥着关键作用，学者们不断尝试将组织双元理论、悖论理论及权变理论的思想内化到领导行为过程，为管理矛盾和张力问题提供指导。

2.1.3　双元领导的内涵

环境复杂性、多元性和竞争性的持续增加，企业面临的两难选择向引领组织发展的领导者发出挑战。聚焦于个体层面双元性理论研究的学者们认为，双元是内含在领导行为中的辩证思维方式（O'Reilly & Tushman，2004），领导者运用灵活的认知方式和行为方式，在如何调整和重新配置组织现有资产和新资源以协调双元活动提升动态能力的过程中发挥重要作用（Eisenhardt & Martin，2000；O'Reilly & Tushman，2008）。双元领导拥有认知和行为复杂性，具备冲突问题的感知能力、反应能力及矛盾认知能力（Mom，Van Den

Bosch & Volberda，2009；Tushman & Smith，2011），可持续调整行为路径及领导方式，以应对张力、突破管理困境。

史密斯等（Smith et al.，2005）认为，领导效能源于其平衡矛盾的悖论认知。"悖论"是指同时且持久存在的、互相矛盾但又互相关联的元素（Smith & Lewis，2011）。悖论观指导下，领导包容和整合相悖力量，利用它们之间的持续张力，提升组织运行效率与效果（Zhang et al.，2015）。借鉴悖论理论，双元领导利用悖论思维构建复杂认知框架（Smith & Tushman，2005），将看似对立的两极整合为一个和谐的整体，建立内部互依性并置矛盾元素（韩杨、罗瑾琏、钟竞，2016）。蒙等（Mom et al.，2009）认为，双元领导是一定阶段内协调和整合相悖活动的行为导向，使二者凝聚成彼此协同的有机体，以避免知识退化及路径依赖（Keller & Weibler，2015）。相较于行为一致的单一领导方式，基于悖论认知的双元领导具有较强的行为复杂性（赵锴、杨百寅、李全，2016），其能根据具体情景判断领导行为适用性，同时驾驭反向领导风格，即双元领导是集合变革型 - 交易型（陈建勋、杨正沛、傅升，2009；陈建勋，2011；Schreuders & Legesse，2012；韩杨、罗瑾琏、钟竞，2016）、授权型 - 命令型（Gebert，Boerner & Kearney，2010）或松 - 紧（Sagie，1997；刘松博、戴玲玲、李育辉，2013）行为于一身的双元角色表现，这与奎因（Quinn，1988）的假设一致。双元领导强调矛盾行为的兼顾，通过执行多重角色将相悖行为融合在一个更大的行为系统中，合理分配资源实现反向行为利弊互补，彼此交互产生协同效应（Gebert，Boerner & Kearney，2010）。而变革的不确定性要求领导者运用战略性思考能力，前瞻性地感知情境变化，并保持灵活性，做到权宜应变。巴斯（Bass，1985）指出，优秀的领导者不仅平衡相悖领导行为，且能根据情境变化作出适应性调整。因此，基于权变理论，双元领导应该在保持能力兼顾和协调相悖行为策略的同时，具有审时度势的管理智慧，明晰何时及如何应用合适行为以满足组织战略需求（赵锴、杨百寅、李全，2016）。罗辛等（Rosing et al.，2011）也认为，仅仅一个价值框架下的行为整合并不能充分发挥双元领导的关键角色，根据情境要求保持相悖领导行为的灵活转换对双元领导也是必要的。为了解决创新过程的矛盾和张力匹配创新复杂本性，罗辛等（Rosing et al.，2011）界定双元领导为通过开放式领导行为和闭合式领导行为增加或减少下属行为变异，并在两种行为之间灵活转换的能力，以推进下属探索和利用的共同发展。

基于上述分析发现，研究者主要基于悖论理论视角、权变理论视角及整合视角界定双元领导内涵，见表2-1。尽管学者们对双元领导的基本内涵尚未形成一致性共识，但可归纳出双元领导的两大基本特征：第一，悖论理论视角下矛盾力量甚至相悖领导风格的共存性和一体性；第二，权变理论视角下相悖行为调整的适应性和灵活性。综上所述，本书将双元领导界定为：为应对外部环境不可预测性带来的挑战，领导者利用矛盾思维将相互对立但又相互关联的行为方式进行平衡，根据具体情境变化要求实现行为策略之间的柔性转换，从而发挥矛盾力量协同增效作用的领导模式。

表 2-1　　　　　　　　　　　双元领导的内涵界定

理论视角	研究者	概念
悖论观	史密斯等（Smith et al.，2005）	采用"既/又"的矛盾思维培养管理者处理冲突的能力
	蒙等（Mom et al.，2009）	一种整合探索式活动和利用式活动的行为取向，具有内在矛盾性、一心多用性和终身学习能力
	萨希等（Sagie et al.，2002）；刘松博、戴玲玲、王亚楠（2014）	将看似相反并独立的"领导指挥"与"员工参与"合二为一
	张燕等（Zhang et al.，2011）	看似矛盾但又相互关联的领导行为，目的在于满足工作场所的竞争性需求，并取得矛盾问题的动态和协同式发展
权变观	普罗布斯特等（Probst et al.，2011）	多层级领导者的集合，通过协作实现对组织矛盾的有效管理
	布文杜夫等（Bledow et al.，2011）	一种基于对创新的认知而表现出与创新情境相符行为的能力
	张等（Chang et al.，2012）；凯勒等（Keller et al.，2015）	具有较强适应性及较高风险容忍性的一组领导行为

续表

理论视角	研究者	概念
整合观	斯克勒德等（Schreuders et al.，2012）	一种随着环境的变化而选择并平衡相斥领导行为的能力
	罗辛等（Rosing et al.，2011）；察赫尔等（Zacher et al.，2015）	一种能在探索式和利用式活动之间灵活转换的能力，其由开放式领导行为和封闭式领导行为构成
	董（Tung，2016）	一组对立的领导行为，既要明确界定领导角色及领导过程，又要协调员工个性与组织规范的不一致

资料来源：根据赵红丹和郭利敏（2017）整理。

2.1.4 双元领导行为策略组合

由于单一类型领导风格并不能有效应对矛盾问题复杂性，领导者需要具备双元特质，具体在领导行为上是与探索（强调变革、激发、适应性、创新）及利用（强调执行、规则、一致性、效率）表现一致的互补领导风格整合。基于相关文献梳理，发现学者们从不同的研究视角分别探讨了双元领导的特殊的相悖行为风格组合方式，总体可归结为3类：

（1）认知视角：开放式领导与闭合式领导。开放即"突破规则，鼓励变化"，则开放式领导是支持现状挑战，鼓励采取多样化行动的领导方式，利于产生新想法；而闭合即"建立规则，减少变异"，则闭合式领导是通过制定行为标准，规范目标实现路径的领导行为，确保创新知识的应用（Rosing，Frese & Bausch，2011；Zacher & Rosing，2015）。但由于开放式行为会导致活动的冲突和混乱，不易于知识应用；而闭合式行为会使群体思维固化，阻碍创新想法产生。此时，同时表现开放式行为和闭合式行为的双元领导通过合理分配认知资源，识别管理冲突的挑战，将相悖行为统一协同，避免单独实施开放行为导致的混乱局面及闭合行为带来的群体思维固化，针对不同情境要求差异化地选择适应性行为策略，满足矛盾问题的竞争需求。

（2）权力视角：授权型领导与命令型领导。传统领导理论认为，职权是领导影响力发挥的关键，但无论是集权还是分权对领导作用的发挥都具有两面性（Somech，2006；Martin & Liao，2013）。命令型领导表现出相对集权的特性，为成员提供清晰的行动目标并紧密监督执行，但过度命令指挥会使成员丧失灵活性；授权型领导则注重权力分享，支持成员广泛参与，但过度分享权力易降低成员协作效果。由此，从权力合理匹配角度出发，双元领导平衡授权型领导与命令型领导的过程既强调两种行为方式的差异性，又鼓励权力优势互补协同，即利用命令型领导削弱过度授权的混乱，纠正员工参与（松）的意见偏差（Sagie，1997；刘松博、戴玲玲、李育辉，2013），运用授权型领导提升过度集权减弱的自主性（Somech，2006；Martin & Liao，2013），降低领导指挥（紧）的决策风险（Sagie，1997；刘松博、戴玲玲、李育辉，2013），发挥协同互补效应。

（3）惯例规则视角：变革型领导和交易型领导。巴斯（Bass，1985），陈建勋、杨正沛和傅升（2009），陈建勋（2011），斯克勒德等（Schreuders et al.，2012）与韩杨等（2016）从惯例规则角度整合平衡了变革型领导和交易型领导。因为面对快速变化的外部环境，组织既要制定规范维持组织稳定，又要打破框架主动迎接新机遇。虽然交易型领导通过设定明确的规则和规范，保证组织活动的有序性，但若忽视变革型领导的灵活性变化感知，易使组织形成惯性和刚性；虽然变革型领导通过理想化的影响力激发创造性，识别外部环境中的机会，但若不能发挥交易型领导的稳定协调作用，也不能保证组织活动一致性。集合变革型领导与交易型领导的双元领导突破惯例束缚压力的同时缓解了认知多样化的混乱，通过两种行为的互补应对环境动荡变化。

2.1.5 双元领导测量

从双元领导的研究现状来看，虽在组织管理尤其是创新管理领域中，已有学者意识到双元领导存在的必要性，但由于双元领导研究仍多处于概念化和理论化阶段，国内外尚无专门针对双元领导的测量量表。

目前，双元领导的测量方式主要参照双元操作化方法。事实上，学者们关于双元矛盾元素究竟是连续关系还是正交关系并未达成共识，导致了双元构念操作化测量方式的差异，识别出两种双元模式：平衡双元（balanced ambidexterity）和组合双元（combined ambidexterity）（He & Wong，2004；Cao，

Gedajlovic & Zhang，2009；Lubatkin et al.，2006）。平衡双元将双元矛盾力量视为一种此消彼长的互斥关系，强调寻找矛盾张力的最佳平衡状态，以避免相互冲突，相对应的测量方式为"差式"（He & Wong，2004；Cao，Gedajlovic & Zhang，2009）。相反，组合双元强调双元矛盾元素是相互独立的正交变量，关注矛盾双方的相互融合，以发挥互补协同优势，匹配测量方式为"乘积式"和"和式"（He & Wong，2004；Cao，Gedajlovic & Zhang，2009；Lubatkin et al.，2006）。通过梳理相关文献，发现双元领导的测量也多采用这三种测量方式，以检验双元领导效能，见表 2 – 2。

表 2 – 2   双元领导的行为组合及测量方式

测量方式	双元领导行为组合	研究方法	样本特征	代表性研究
差式	探索式行为 – 利用式行为	实证研究	179 位管理者	凯勒等（Keller et al.，2015）
	变革型领导 – 交易型领导	实证研究	251 位企业员工	孙永磊和宋晶（2015）
和式	变革型领导 – 交易型领导	实证研究	193 位 CEO 助理	陈建勋等（2009）；陈建勋（2011）
乘积式	探索式行为 – 利用式行为	实证研究	716 位企业管理者	蒙等（Mom et al.，2009）
	开放式领导 – 闭合式领导	理论研究	—	罗辛等（Rosing et al.，2011）
		实证研究	33 位团队领导和 90 位配对团队成员	察赫尔等（Zacher et al.，2015）
	授权型领导 – 命令型领导	理论研究	—	格伯特等（Gebert et al.，2010）
	变革型领导 – 交易型领导	实证研究	123 位高团队领导和 630 位配对团队员工	韩杨、罗瑾琏和钟竞（2016）
		实证研究	251 位企业员工	孙永磊和宋晶（2015）
	"松 – 紧"式双元领导	实证研究	70 位团队领导和 260 位配对团队成员	刘松博、戴玲玲和李育辉（2014）

　　"差式"测量方式是用相悖行为的绝对值偏差评估领导双元行为总体表现，以凯勒等（Keller et al.，2015）、孙永磊和宋晶（2015）的研究为代表。"差式"测量方式反映了相悖领导行为的均衡程度，因其操作步骤简单得到学者们的广泛接受，但该方法是一种测量相悖行为绝对平衡度的机械平衡观（王凤彬、陈建勋、杨阳，2012），其并未考虑领导双元反应的差异，可能存在虽有相同平衡差值但有的却严重偏离平衡的情况。陈建勋、杨正沛和傅升（2009）及陈建勋（2011）采用两种行为的题项得分之和计算双元领导。"和式"测量方式的优势体现在可以反映领导行为双元活动的整体水平，但其存在不能充分反映单独个体某种行为差异的缺点。此外，"乘积式"测量方法使用互补行为的乘积项来计算双元领导分值，蒙等（Mom et al.，2009），察赫尔等（Zacher et al.，2015），韩杨、罗瑾琏和钟竞（2016），刘松博、戴玲玲和李育辉（2014）及孙永磊和宋晶（2015）等均验证了乘积项的合理性。与前述观点一致，格伯特等（Gebert et al.，2010）从理论构建的角度，用领导的相悖行为策略的乘积表示双元领导策略整合。"乘积式"测量方法本质上反映了双元行为的协同效应，表示矛盾力量的相互强化影响，从而实现动态均衡目的（Gupta & Shalley，2006）。这种方法虽解决了无法反映领导能力差异的问题，但其强调相悖行为之间的增强互补作用，未能体现领导行为的相对平衡程度（王凤彬、陈建勋、杨阳，2012）。

　　如何协调和整合双元矛盾力量关系一直是双元研究的焦点（March，1991）。同样，对双元领导而言，不仅需要领导者具备复杂的矛盾认知系统，更重要的是，实践中领导者关注如何处理双元行为的平衡。如前所述，学者们利用不同的双元领导操作方式测量了领导双元行为的差异化平衡状态，各有利弊。虽每种测量方式都证实了双元领导的操作意义，但不同方式的单一研究造成双元领导作用效果的片面化理解，不利于更有价值的研究发现。未来可采用多种操作化方法进行综合测量，以期更系统地探讨如何有效处理双元领导相悖行为的复杂关系，实现领导效用最大化。同时，综述发现，学者们多使用"乘积式"测量，表明领导者同时追求高水平的相悖行为是可行的，与理论假设相一致。此外，张燕等（Zhang et al.，2015）利用"既/又"术语描述的双边条目测量方法测度矛盾领导行为，与矛盾双面性特征吻合。因此，未来可颠覆传统的单一测量模式，运用双边设计方式开发适合双元领导的专门量表。最后，目前仅采用静态时点观察探讨双元领导的研究，未探究领导行为的动态演变过程，因此，未来应动态探讨随情景变化的双元领导整合机制研究。

2.1.6　双元领导的影响因素

梳理相关研究发现，在以往影响双元领导的关键因素研究中，学者们主要关注了领导者个体因素及组织与社会情境因素两方面，如图 2 - 1 所示。

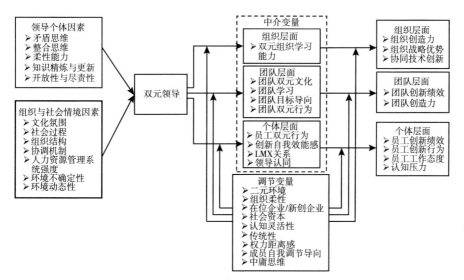

图 2 - 1　双元领导影响机制模型

2.1.6.1　领导者个体因素

在影响双元领导形成的个体因素方面，学者们强调领导者应具备一定的认知基础、能力基础及个性特质。双元领导是矛盾集合体（Lewis，2000）。史密斯等（Smith et al.，2005）指出，领导者利用矛盾思维感知和处理探索与利用活动的竞争需求，深刻理解元素间的对立特征，以促进双元领导行为的展开。基于"既/又"认知基础，张燕等（Zhang et al.，2011）深入探究了领导者的整合思维与领导矛盾行为的正向相关关系。领导者运用整合思维识别和包容相悖元素，发现其动态共存的可能性联系，并在更高战略层次上将矛盾双方融合，展现出双元领导行为（Smith & Tushman，2005）。关于领导者能力方面，罗辛等（Rosing et al.，2011）提出，双元领导的实现一定程度上来自领导者根据情境变化灵活调整行为策略的柔性能力，而不局限于某一领导方式的单独使用，克服领导核心能力刚性。此外，蒙等（Mom et al.，2009）关注了双元领导应具备的知识精炼及更新能力，两种能力的协调既提高了领导者的信息处理能力又改善了知识基础，推动双元领导的形成。在领导特质方面，一方面领导者的开放性具备敢于挑战现状的精神，有效促进领导者积极探索行为，另一方面尽责性保证知识活动的有序性，利于领导者利用性活动的推进，两种个性特质的同时存在益于双元领导行为的发展（Keller & Weibler，2015）。

2.1.6.2 组织与社会情境因素

双元领导源自情境理论基础上领导过程的细化，反映了领导行为与环境变化的有效匹配（Rosing，Frese & Bausch，2011）。因此，探究情境因素对双元领导行为的影响更能凸显双元领导的现实意义。近年来，探究触发双元领导形成的情境因素研究取得新的进展，具体分析了文化氛围（Rosing，Rosenbusch & Frese，2010）、社会过程（Ghoshal & Bartlett，1997）、组织结构（Zhang et al.，2015）、协调机制（Mom，Van Den Bosch & Volberda，2009）及环境特性（Keller & Weibler，2015）等对双元领导产生的影响。罗辛等（Rosing et al.，2010）指出，主动性氛围及差错管理文化一方面激发探索新知识的可能性，另一方面保证现有知识的有效利用，是实现领导双元行为的间接支持因素。戈沙尔等（Ghoshal et al.，1997）详细阐释了社会化、社会认可及社会建设实践过程对个体双元思考和活动的推动作用。依据"松 - 紧"理论，张燕等（Zhang et al.，2011）探寻了以机械式结构和有机式结构为代表的组织结构因素对人员管理中领导者表现出的矛盾行为产生的重要影响。蒙等（Mom et al.，2009）证实了两种协调机制——正式结构协调机制与人际关系协调机制在驱动双元领导行为形成过程中的交互效应。正式结构协调机制激发领导者的任务处理动机，但却易导致领导者之间矛盾的增加，此时，打破边界、实现跨职能交流的人际关系协调机制通过创造利于合作的情境氛围，降低矛盾冲突，共同应对任务过程的挑战，利于领导者双元能力的提高。另外，凯勒等（Keller et al.，2015）发现环境动态性通过促进领导者复杂行为系统的构建，进而对双元领导产生显著影响。进一步，现有研究多局限于某种单一因素的影响，缺乏多因素的整合性研究。例如，凯勒等（Keller et al.，2015）呼吁进行领导个体因素及情境因素的交互效应研究，从而对双元领导如何形成进行系统解释；闫佳祺、罗瑾琏和贾建锋（2018）运用定性比较分析（QCA）技术，探讨了环境不确定性、组织文化、组织结构及人力资源管理系统强度对双元领导（交易型领导/变革型领导）的联动效应，从多维度组织情境因素探析双元领导如何产生。

总之，学者们从领导者个体特征及情境条件出发，探寻了影响双元领导形成的关键因素，取得了丰硕的成果。归纳分析发现，在领导者个体因素及情境因素研究中，学者们对推动双元领导实现的触发机制给予了广泛关注，但仍存在尚需进一步探寻的诱发因素，例如，组织权力结构（集权和分权）、团队特性（多样性和专长性）等。

2.1.7 双元领导影响效应

通过文献归纳，学者们对双元领导作用机制的研究主要围绕组织、团队和个体层面展开，如图 2 - 1 所示。

2.1.7.1 组织层面

双元领导为解决组织实践过程的张力提供了新途径。孙永磊和宋晶（2015）检验了平衡的双元领导与组织创造力之间的显著正向关系。基于双元的研究视角，陈建勋（2011）探究了领导者如何通过展现双元领导行为来有效平衡探索和利用的双元学习能力，推进组织协同技术创新的实现。陈建勋、杨正沛和傅升（2009）将双元领导应用到战略管理领域，研究发现双元领导可通过推动协同技术创新进而促进低成本与差异化竞争优势的融合，维持较高的组织战略优势。双元领导采取"既/又"认知思维，根据情境变化动态调整鼓励冒险、关注创造的变革型领导与注重规则、强调任务的交易型领导，合理分配组织资源以兼顾并保持矛盾活动的平衡，激发组织创新活力的同时维持活动有序性和协调性，促进组织创造力（孙永磊、宋晶，2015）和技术创新（陈建勋，2011）的显著提升，最终推动组织战略优势（陈建勋、杨正沛、傅升，2009）的实现。卢鸟（Luu，2017）探讨了双元领导与运营绩效正向相关关系，发现企业家导向是双元领导与运营绩效的关键传递变量，同时组织社会资本在其中发挥调节作用。谷盟、弋亚群和刘怡（2018）从 CEO 领导行为视角出发，尝试解释 CEO 如何处理高管团队创新决策过程中团队整体性与成员差异性之间的矛盾。研究发现，CEO 双元领导的相对授权维度与创新导向呈倒 U 形关系，即适度水平的授权型领导有利于企业创新绩效的提升；而 CEO 双元领导的组合维度与创新导向呈正向关系；同时证实了在位企业与新创企业的差异性影响。

2.1.7.2　团队层面

领导一直被视为影响团队持续发展的重要决定力量。在相对稳定的情境中，行为一致的领导方式是团队效能有效实现的关键因素。而随着外部环境不确定性的增加，学者们认为满足团队成长需求需要具备复杂认知能力的更灵活领导行为（Rosing，Frese & Bausch，2011；Quinn，1988）。由于团队创新的两个核心过程——知识产生和知识集成的行为侧重点不同甚至相互对立，使其充满矛盾和张力（Rosing，Frese & Bausch，2011）。作为团队创新活动的驱动者，双元领导通过有效平衡相悖的领导行为创造性地包容与协调两种矛盾活动，柔性选择适应性的行为策略以匹配多样化竞争需求，以在稀缺资源的有效配置中实现创新价值最大化。察赫尔等（Zacher et al.，2015）的研究结果表明，相比较任何一种单一领导方式，当团队领导同时采取高水平的开放式领导行为与闭合式领导行为时，团队创新绩效达到最高。因为双元领导的开放式行为与要求探索创新的知识产生活动相关联，缓解了闭合式行为造成的思想僵化；闭合式行为与强调惯例执行的知识集成活动密切相关，利于开放行为下的团队合作。因此，两种相悖行为间的灵活转换与有效协调实现了行为优势互补，匹配了高变化的创新活动阶段过程，满足了交替循环过程的竞争性需求，从而实现团队创新的跨越式发展。韩杨、罗瑾琏和钟竞（2016）也发现了双元领导在团队创新管理中的优越性，证实双元领导不仅能通过团队双元文化促进团队创新绩效，而且能实现其最大化效应。罗瑾琏等（2017）以知识团队为调研对象，验证了双元领导通过促进团队双元行为（探索/利用的交互）提升团队创新绩效的过程机制，实现团队长期高效创新；同时检验了环境动态性及传统性在其中发挥的增强调节作用。

2.1.7.3 个体层面

在双元领导有效性研究中，已有学者认识到双元领导对个体能力提升的重要作用。尤其是在知识创新型组织中，个体间或个体与环境间动态交互创造知识的过程更需要领导能力的即兴发挥。双元领导营造出一种积极的创新氛围，提高了员工创新参与度及创造性自我预期，同时，双元领导表现出的以实现任务目标为导向的指示行为又保证了员工创新成果的转化，提升员工心理安全感，增强员工组织承诺和工作满意度（Sagie et al.，20002）。察赫尔等（Zacher et al.，2014）证实了双元领导的开放式行为与闭合式行为分别影响了员工探索行为和利用行为，增强了员工创新自我信念及内在动机，进而提升员工创新绩效。然而，由于双元领导行为复杂性及需要投入过多认知资源，双元领导并非总能产生正向影响。凯勒等（Keller et al.，2015）验证了双元行为过程的复杂认知过程与个体认知压力积极相关。但消极效应的证实并非否定这种行为方式，而是启示管理实践中正视存在的张力，采取其他干预机制来缓解矛盾处理的紧张感，以更有效地发挥双元领导的作用。基于中国本土情境，罗瑾琏等（2016）从员工自我认知及上下级关系双路径出发，利用企业研发员工的有效数据探究了双元领导提升员工创新行为的内在机制，发现创新自我效能感和领导 – 成员交换关系在其中所发挥的中介作用，并引入认知灵活性这一边界条件，探讨了认知灵活性对双元领导与创新自我效能感和领导 – 成员交换（LMX）的增强调节作用。从角色外视角出发，罗瑾琏等（2018）证实了双元领导对员工亲社会性沉默行为的积极影响，深入探究了个人权力感知的完全中介作用，以及中庸思维和权力距离导向的分阶段调节效应。赵红丹和江苇（2018）根据社会认同理论和个人主动性理论将双元领导研究视角拓展至员工职业发展角度，阐释了双元领导如何影响员工职业生涯成功，发现了双元领导通过领导认同促进员工职业生涯成功，并探讨了员工主动性人格的调节中介作用。

值得注意的是，已有学者将双元领导的作用机制在多层级活动进行了拓展，探究了双元领导的跨层级复杂影响效应。借鉴西方的"松－紧"理论，刘松博、戴玲玲和王亚楠（2014）检验了中国情境下，"松－紧"式双元领导与团队学习显著正相关，进而通过刺激员工的主动信息寻求行为，激发员工创造性。

2.2　团队创造力文献综述

创造力（creativity）来源于拉丁语"creare"，原意指生长、制作或制造。现代汉语将其解释为创造新事物的才能和能力。组织运行过程中，许多活动都与创造力相关，例如，新产品设计与开发、生产过程重组与改进、技术流程变革与更新等等。创造性活动的目的是为组织运作过程提供一些新颖性的、有益的想法和意见，从而使组织不断提升核心竞争能力，以更好地适应动荡环境带来的多样化、差异化及竞争性需求。

1950 年，吉尔福德在美国心理学会上的"创造力"主题演讲掀起了创造力系统研究的热潮（Williams & Yang，1999），其指出，"狭义地讲，创造力是指人们特有的能力"。早期从事创造力研究的学者多从心理学视角出发，试图通过质化归纳和量化分析的方式总结拥有高创造能力的个体所具有的人格特质、性格特征等（Barron，1955）。20 世纪 80 年代起，与心理学研究视角不同，组织管理领域开始将创造力研究置于组织或工作情景中，试图探索阻碍或促进创造力的因素。这些研究多局限于个体层面，认为只有个体才具备创造能力（Van Gundy，1984）。随着团队形式成为组织运作的基本工作单位，越来越多的学者开始关注团队创造力，强调在组织生存与发展中团队创造力比个体创造力更具有实践意义。自此，将团队创造力的研究从封闭、孤立的个体视角中解放出来，以团队成员间的互动及团队过程为研究焦点，从整体考察创造力水平表现，成为现有创造力研究领域的新议题（孙雍君，2003）。

2.2.1 团队创造力内涵

从 20 世纪 80 年代学者们开始关注团队创造力这一概念。随着研究的不断深入，与团队创造力相关的研究成果也在不断丰富，但由于创造力概念的内隐性与含糊性，不同学者试图从不同着眼点去定义团队创造力，导致对其内涵界定仍未达成统一。尽管如此，通过对团队创造力的相关文献梳理发现，目前研究者主要从两个方面诠释团队创造力的概念内涵：

一方面，将团队创造力视为个体创造力水平在集体层面的总体表征，是个体层面创造性结果在团队层面的涌现过程。基于此观点的研究者认为，个体创造力与团队创造力并不存在根本意义上的区别。个体创造力水平决定团队创造力水平的高低，一个由较高创造力成员组成的团队自然具有较高的团队创造力水平。例如，伍德曼等（Woodman et al.，1993）指出，团队创造力是由共同工作的个体所产生的新颖而实用的想法、产品、过程或服务。由此，团队创造力是个体创造力的函数（Taggar，2002），是团队所有成员个体创造力的平均值或加权平均值（Barron，1955）。

另一方面，认为团队创造力表现为集体互动运作活动。基于此观点的研究者认为，团队创造力属于团队层面的独特属性（Drazin，Glyrm & Kazanjian，1999），是整合团队成员个体创造力而发挥协同效应的整体特征和互动作用机制（Stein，2000）。例如，柯克等（Kirk et al.，1988）认为团队创造力是集体创造性思维过程。韦斯特（West，2002）从团队内部要素的投入转化视角理解团队创造力，认为团队创造力是内部要素经过一系列创造过程最终获得新产品或新服务。与此类似，哈维等（Harvey et al.，2013）认为团队创造力不仅涉及成员多样信息或差异观点分享，而且还受到团队内信息讨论、加工及团队结构等诸多因素的影响。耿紫珍、刘新梅和张晓飞（2015）更关注于团队成员间的互动合作关系，认为团队创造力是团队成员团结协作的结果表现。因此，团队创造力的过程不仅是个体创造力的加权平均，而是将团队成员的能力、知识与努力融合在一起不断探索新想法、新观点及新创意的过程（Chen & Kanfer，2006）。

对于上述两种研究观点下的团队创造力内涵，本书对一些代表性观点进行了总结，如表 2 - 3 所示。由此可知，团队创造力是基于团队成员创造性努力与结果涌现的社会化过程（吕洁、张钢，2015）。本书结合研究情境需要和研究目的，视团队创造力为一种更深层次的知识交流和互动沟通过程，因此，将团队创造力界定为在一定的任务情境下，团队成员运用内外部资源和能力通过团结合作获取新颖和实用创造性成果的整体创造性努力过程。

表 2 – 3　　　　　　　　　　团队创造力定义汇总

研究观点	团队创造力内涵	文献来源
个体创造力聚合观	团队创造力是由共同工作的个体所产生的新颖而实用的想法、产品、过程或服务	伍德曼等（Woodman et al.，1993）
	团队创造力是个体创造力的函数	塔格特（Taggar，2002）
	团队创造力是个体创造力随时间变化而形成的加权平均值	皮罗拉 – 默洛等（Pirola-Merlo et al.，2004）
团队整体互动观	团队创造力是集体创造性思维过程	柯克等（Kirk et al.，1988）
	团队创造力是通过发散性思维而产生想法的过程	布朗等（Brown et al.，1998）
	团队创造力是由准备、创新聚焦、创新选择、创意孵化和聚合思考一系列创新创意过程组成的	伦纳德等（Leonard et al.，1999）
	团队创造力关注团队成员的创意顿悟，强调创意思考的"顿悟式转换"过程	巴洛等（Barlow et al.，2000）
	团队创造力是团队所产生的新颖性和实用性想法	科特伯格等（Kurtzberg et al.，2001）
	从团队内部要素的投入转化视角理解团队创造力，认为团队创造力是内部要素经过一系列创造过程最终获得新产品或新服务	韦斯特（West，2002）
	团队的发散思维过程	保卢斯等（Paulus et al.，2003）
	团队创造力是团队成员经过社会化及创造性互动活动产生新观点的过程	佩里 – 史密斯等（Perry-Smith et al.，2003）
	通过追求新颖且有用的创意、想法或方案实现团队目标的过程	宋等（Sung et al.，2012）
	团队创造力是创新性任务的参与主体在创造性过程发挥其创造性能力及品质获取创造性成果的过程	霍克（Hoch，2013）
	团队成员合作产生新颖、有效想法的能力	耿紫珍、刘新梅和张晓飞（2015）

资料来源：根据相关文献整理。

2.2.2 团队创造力的测量

2.2.2.1 团队创造力的测量维度

自从团队创造力这一概念被正式提出以来，国内外学者针对团队创造力的研究数量飞速增长。纵观现有研究文献发现，团队创造力方面的研究基本都将其视为一个多维度构念，但由于研究视角不同，团队创造力的维度划分方式尚未达成共识。长期以来，创造力一直被认为是个体或团队所产生的新奇的且有价值的想法（Amabile，1983；Zhou & George，2001；Shalley & Zhou，2008；Amabile et al.，2005）。因此，皮罗拉 – 默洛等（Pirola-Merlo et al.，2004）认为，团队创造力可以划分为新颖性（novelty）和有用性（use-fulness）两个维度，汉克（Hanke，2006），王艳子、罗瑾琏和王莉等（2012）及耿紫珍、刘新海和沈力（2012）都支持了该结构维度划分。其中，新颖性是指团队经过创造性努力过程提出从未有过或与先前和现有存在明显异质性的想法和观点或开发新产品、技术或服务；有用性是指经过团队创造过程产生的具有可利用价值的创造成果。相似地，申载双等（Shin et al.，2007）基于研发过程的考虑，也利用新奇性（newness of idea）和实用性（usefulness of idea）两维度来表征团队创造力。延续两维度划分方法，贝尔等（Baer et al.，2010）及韩晶等（Han et al.，2014）指出，可以用团队想法的新颖性（novelty）和有效性（meaningfulness）来衡量团队创造力，这种衡量方法通过了耿紫珍、刘新梅和张晓飞（2015）的检验。其中，新颖性指与常规想法相比，团队互动提出的想法和观点具有新奇性和灵活性特点；有效性指团队互动提出的想法和观点能被组织付诸实施的可能性及实施后的有效程度。为了明确团队创造力的各维度，陈明辉等（Chen et al.，2005）从团队创造性、团队创新性和团队知识工作生产率来划分团队创造力。其中，团队创造性是团队提出的新想法、新方案和新观点；团队创新性是指团队创造成果满足市场需要，响应客户需求的程度；团队知识工作生产率是利用最少资源消耗从事知识工作满足外部情境需求的能力，反映创造活动产出与创造活动所花费成本的关系。后来，陈明辉（Chen，2006）将团队创造力划分为创造性、创新性和独创性三个维度。其中，独创性是指团队创造成果与众不同的程度。随着研究的进一步深入，奇伦博洛等（Chirumbolo et al.，2004）、崔等（Choi et al.，2005）及考夫曼等（Kaufman et al.，2007）从创造性思维的发散角度出发，利用流畅性、灵活性和精密性三维度来衡量团队创造力。其中，流畅性测量新想法和新方案的数量；灵活性测量新想法和新方案涉及类别的数量；精密性测量新想法和新方案的细致性程度。归纳起来，团队创造力结构维度划分代表性观点如表2-4所示。

表2-4　　　　　　团队创造力结构维度和测量量表相关研究

结构维度	量表	研究方法	文献来源
促进创造力指标：组织鼓励、领导鼓励、工作团队支持、充足资源、挑战性工作及自由度；阻碍创造力指标：组织阻碍及工作压力	KEYS 量表：78 条目	—	阿姆贝尔等（Amabile et al.，1996）
挑战和参与度、自由度、创意的支持度、信任/开放性、幽默感、争论、冲突性、冒险性及构思时间压力	SOQ 问卷：53 条目	实地问卷调查研究：企业领导评价	伊萨克森等（Isaksen et al.，2002）
团队愿景、参与安全性、任务导向和创新支持	—	—	韦斯特（West，2002）
主观感知创造力评价	3 条目量表	实验研究和实地问卷调查研究	科特伯格等（Kurtzberg et al.，2001）
新颖性和有用性	客观评价指标：新产品或工艺数量，专利或专利申请数；主观评价指标：4 条目量表	实地问卷调查研究：团队成员自我评价、团队领导评价	皮罗拉-默洛等（Pirola-Merlo et al.，2004）
	5 条目和 4 条目量表	问卷调查研究	汉克（Hanke，2006）
	4 条目量表	团队领导评价	申载双等（Shin et al.，2007）
	6 条目和 6 条目量表	团队成员个体评价	王艳子等（2012）
	7 条目量表	实验研究	贝尔等（Baer et al.，2010）；耿紫珍、刘新梅和张晓飞（2015）

续表

结构维度	量表	研究方法	文献来源
渐进性创造力和突破性创造力			汤超颖和雒会菊（2012）
流畅性、灵活性和精密性	3 条目量表	实验研究	奇伦博洛等（Chirumbolo et al.，2004）；崔等（Choi et al.，2005）
团队创造性、团队创新性和团队知识工作生产率	—	实地问卷调查研究：团队成员整体感知评价	陈明辉等（Chen et al.，2005）；陈明辉（Chen，2006）

资料来源：根据相关文献整理。

基于以上分析，尽管团队创造力拥有复杂多维结构，但新颖性和有用性是其核心维度，符合社会价值判断标准，因此，本书亦采用两维度构念进行研究。

2.2.2.2 团队创造力的测量方法

目前学者主要利用实验研究和实地问卷调查研究的方法展开团队创造力研究。两种研究方法各有利弊，研究者往往根据研究问题的属性及研究目的来考虑最适用的研究方法（傅世侠、罗玲玲，2005）。具体而言：

（1）实验研究是在严格控制一些因素的基础上，通过改变或控制自变量的方法，检测因变量在自变量做出改变下的变化，以探索变量间的因果关系问题（陈晓萍、徐淑英、樊景立，2012）。头脑风暴法及小组训练程序等都是团队创造力实验研究常用的方法（Osborn，1953）。例如，周等（Zhou et al.，2001）利用实验研究探究了反馈类型的差异对创造性行为所产生的影响。塔格特（Taggar，2002）选取加拿大大学的 480 名本科生进行实验研究，分析工作动机（团队忠诚、专心工作等）、创造力相关过程（创造力准备、创造想法的目标设定及参与等）、团队沟通、团队冲突及反馈等对创造力的影响，其中个体和团队创造力水平由两名独立观察者评价得出。国内学者耿紫珍、刘新梅和张晓飞（2015）采用 3×2 的因子设计，通过 297 名来自管理工程学院的本科生参与者进行的两轮任务实验，探究外部负反馈（控制型反馈和信息型反馈）、合作目标互依性对团队创造力的影响，其中在第二轮任务完成之后观察者测量受到外部负反馈影响的团队创造力的新颖性程度和有效性程度。实验研究尽量排除已知的干扰因素，对实验过程进行了有效控制，可以集中观察变量对创造力的影响，内部效度相对较高。然而，由于实验被试对象往往选取在校大学生或 MBA 学生作为研究对象（Hanke，2006；Kurtzberg，2005），不是真实参与创造过程的企业团队，可能无法了解实际工作团队的一些问题，造成认知偏差；同时由于实验过程中被试和实验环境都是研究者设计好的实验条件，往往处于一种"非自然"的状态，可能影响外部效度。

（2）实地问卷调查研究。鉴于团队创造力是一个复杂社会化过程，对团队创造力的评价应更关注团队结构的合理性，强调益于创造性努力的团队氛围，充分考虑团队成员对当前环境的感受。因此，研究者更多地采用实地问卷调查的方式对团队创造力进行测量评价。实地问卷调查多以软件开发公司、高科技企业、高技术制造企业中的研发团队及新产品开发团队（Taggar，2002）或科研院所中的科研团队（Pirola-Merlo & Mann，2004）等为调研对象，采用成员自我评价、团队领导评价和独立观察者评价的方式对团队创造力测量量表进行打分评价。例如，阿姆贝尔等（Amabile et al.，1996）从环境氛围评价入手测量团队创造力，设计了"创造力氛围评估量表"（KEYS），包括 6 个促进创造力的指标（如"组织激励、领导鼓励及挑战性工作"等），2 个阻碍创造力的指标（如"工作压力和组织阻碍"），考量创造力水平。该量表后被广泛使用，具有较高的信效度。申载双等（Shin et al.，2007）基于研发过程的考虑设计了一个包含 4 个测量题项的团队创造力量表，其中团队创造力水平由团队领导对团队创造性成果的感知程度进行评价，测量条目如"本团队总会提出很好的新想法""本团队提出的新想法总是很有用"等。与团队创造力结构维度的多种划分方法相对应，研究者对团队创造力的测量工具也未形成统一意见，先后开发出多个版本的测量量表，归纳起来如表 2 - 4 所示。

此外，为了弥补实验研究与实地问卷调查研究的弊端，有学者同时采用两种方法检验变量对团队创造力的影响。例如，科特伯格等（Kurtzberg et al.，2001）通过实验研究和企业问卷调查法检验认知多样化与团队创造力的关系。实验研究中利用 357 名 MBA 学生通过客观评价创造力的流畅性、主观感知创造力评价系统的准确度及感知创造力评价三个方面对团队创造力进行测量，感知创造力评价包括 3 个测量条目。实地问卷调查中，利用 3 个测量条目对 237 名来自企业团队的个体进行团队创造性水平的主观感知评价。

类似于团队创造力的概念界定，团队创造力的计算方法具体分为两类：第一类是基于团队成员个体的测量，然后将个体的创造力进行聚合形成团队创造力的评判值。这种测量方法可通过两种具体方式实现：一是团队成员个体自我报告个体创造力水平，计算平均值或加权平均值得到团队创造力评价值；二是团队成员对参与的团队创造性活动及成果进行总体评价，计算累积值得到团队创造力的测量值（Isaksen & Lauer，2002）。这类测量方法强调团队成员个体对团队创造力水平的重要影响，但其忽视了团队是一个整体，是团队成员在内外环境和氛围影响下的互动活动，因而影响评价准确性。第二类是由独立评价者（如上级领导、团队领导或其他团队观察者）对团队创造力整体水平作出评价。这种独立评价方法由于评价者独立于具体团队活动之外，能够避免出现社会称赞现象的产生（Brown，1998）。但这种方法要求评价者对团队活动有清晰了解，对团队创造成果及社会实用价值有比较清楚的判断，评估过程保持较高的公正性和客观性，否则容易出现评价误差。此外，科特伯格等（Kurtzberg et al.，2001）设计了客观评价团队创造力的方法，其中利用头脑风暴产生想法数量的客观指标对团队创造力的流畅性进行评价。实地问卷调查研究的优势在于真实反映团队创造过程参与人员对创造性活动的理解，利于对团队创造力影响因素及作用机制进行分析，但不足之处在于参与者对创造性活动的主观印象评价，容易出现社会称许性偏差和记忆偏差。

2.2.3 团队创造力影响因素

团队创造力关乎组织能否持续构建竞争优势及实现创新跨越式发展，因此，通过何种方式促进创造力水平提升一直是研究者和管理者关注的热点问题。例如，针对个体创造力提升问题，阿姆贝尔（Amabile，1983）提出创造力组成成分理论，认为影响创造力的因素有任务动机、相关领域的知识技能和创造力相关技能过程。后来，塔格特（Taggar，2002）将其推广到团队层面，提出了创造力多层面模型，分析了个体因素（如个体性格差异、尽责性及认知能力等）通过个体创造力对团队创造过程的影响，解析了团队创造相关过程（如激发动机、组织与协作及个性化关怀等团队活动）在个体创造力与团队创造力关系中发挥的调节效应。伍德曼等（Woodman et al.，1993）提出了交互作用理论，认为团队创造力的程度是个体因素及团队因素共同交织互动的影响结果。由此可以断定，团队创造力是一个复杂现象，可能会受到个体和团队因素共同影响（Bharadwaj et al.，2000；Pirola-Merlo et al.，2004；Shalley et al.，2008；Kurtzberg et al.，2001）。

2.2.3.1　个体层面因素

基于聚合观，团队创造力是基于个体创造力考量的函数，因此，团队成员的创造性努力表现关系到团队整体的创造力程度。伍德曼等（Woodman et al.，1993）认为个体知识、技能、才能、内在心理状态及认知均是团队创造力的重要投入因子，团队成员个体能力影响了个体创造行为，最终转化为团队创造力和组织创造力。因此，本书也从人格特质（Oldham & Cummings，1996；Baer et al.，2008）、认知风格（Amabile，1996；Shalley & Zhou，2004）、内在动机（Shin & Zhou，2003；Grant & Berry，2011；Wang, Kim & Lee，2016）及价值观（Rice，2006）等多个角度对创造力影响因素进行归纳分析。

（1）人格特质。奥尔德姆等（Oldham et al.，1996）的研究总结了高创造力者具有的人格特质：广泛兴趣、易被事物的复杂性所吸引、敏锐的直觉、高度的审美敏感性、模糊性容忍及自信等，并用171份员工数据证实，创造性人格与创造力之间存在正向相关关系。奥克尔（Ocker，2005）也指出，与团队创造结果相关的个体人格特征包括独立思考、毅力、自信和内控点等。拉嘉等（Raja et al.，2010）探究了工作范围与大五人格作用于创造力的交互效应。研究表明，在增加工作范围条件下，神经质与外向性对创造力产生消极影响，尽责性与工作范围对创造力没有交互作用，而在工作范围较低的情况下，开放性能够积极提升创造力。除了大五人格之外，有研究还检验了先动性人格对创造力的影响，证实了先动性人格通过影响信息交换和信任而对创造力产生积极影响（Gong et al.，2012）。苏梅茨等（Somech et al.，2011）的研究显示，团队成员创造性人格对团队创造力提升有正向影响作用。

（2）认知风格。科顿（Kirton，1994）的研究表明，拥有创新型认知风格的个体被认为比拥有适应型认知风格的个体更具创造性。萨吉夫等（Sagiv et al.，2010）证实，结构特征在认知风格与创造力间起调节作用，即对于低结构化任务而言，团队成员具有较高的自觉型认知风格可以显著提升创造力，而对于高结构化任务而言，团队成员具有较高的系统型认知风格可以显著提高创造力。

（3）内在动机。早期研究表明，动机是影响创造力的关键成分要素（Amabile，1983）。贾尤西等（Jaussi et al.，2003）的研究表明，当团队成员对创造力有着较高水平的内在动机时，团队凝聚力与团队创造绩效显著正相关。张晓萌等（Zhang et al.，2010）利用 367 组配对样本的实证研究发现，内在动机可显著提升员工创造力，这个研究发现也得到裴瑞敏、李虹和高艳玲（2013）的研究支持。基于团队内在动机的信息加工模型，德·德勒等（De Dreu et al.，2011）认为，团队成员的认识论动机和亲社会性动机可交互共同影响团队创造力和创新水平，即团队成员只有同时具备较高的认识论动机及较高的亲社会性动机时，能为了寻求集体利益去处理、加工及传播信息，团队获得的创造性成果及创新产出才越多。格兰特等（Grant et al.，2011）也验证了亲社会性动机增强了内在动机与创造力间的关系。

（4）价值观。莱斯（Rice，2006）借鉴施瓦兹（Schwartz，1994）的文化价值观测量量表，分别通过对公私营公司员工问卷调查获取的 202 份有效数据分析发现，相较于具有顺从或权威价值观的员工，具有自我导向价值观的员工更具有创造力。贡卡洛等（Goncalo et al.，2006）研究认为，当创造力作为团队的一个重要目标时，崇尚个人主义的团队比崇尚集体主义的团队更具有创造性。

（5）情绪因素。情绪可能影响个体信息加工方式，进而对行为表现产生影响。汤超颖、艾树和龚增良（2011）利用样本数据验证了团队成员的积极情绪更能积极影响团队创造力，同时发现隐性知识分享在其中所起的中介作用。马贾尔等（Madjar et al.，2002）通过实证分析发现积极情绪在工作及非工作场所支持与创造力关系间起中介作用。另有学者指出，情绪与创造力间并非显著的线性因果关系，可能存在一种 U 形或倒 U 形曲线关系，即成员具有积极情绪可以使其更积极地参与创造性活动，激发其创造行为，较高的创造性氛围又间接带来组织整体工作氛围的提升，利于员工积极情绪的表达，但成员较高的积极情绪容易导致工作的满足感，无法引发持续的创造行为和创造努力；相反，对现实状况不满而产生的消极情绪则往往破坏创造性行为（Amabile et al.，2005）。然而，有的研究表明，在领导支持的环境下，积极情绪和消极情绪对创造力都有促进作用（George & Zhou，2007）。

除此之外，学者们还分析了知识和专长（Sommer & Pearson，2007；Lopez-Cabrales, Pérez-Luño & Cabrera，2010）、成员先前经验（Gino et al.，2010）、工作复杂性（Hatcher, Ross & Collins，1989）、工作压力（Cavanaugh et al.，2000；Chirumbolo et al.，2004；Hon, Chan & Lin，2013；张亚军、肖小虹，2016；袁凌、卓晓倩，2016）、创造力效能感（Gong, Huang & Farh，2009；Tierney & Farmer，2004；Zhang & Zhou，2014）及结构洞网络（Fleming, Mingo & Chen，2007；Venkataramani, Richter & Clarke，2014）等因素对团队创造力的影响作用。

2.2.3.2 团队层面因素

安德森等（Anderson et al.，2014）将驱动团队创造力的相关因素归纳为团队组成、团队过程和团队领导三个方面。本书借鉴安德森等（Anderson et al.，2014）的分类框架进行如下汇总分析：

（1）团队构成。

团队构成是指团队类型、团队规模、团队异质性及团队稳定性等方面的因素。

第一，团队类型。崔等（Choi et al.，2005）利用实验研究证实开放型团队比闭合型团队提出更多数量、更多不同种类的想法，其创造的灵活性和流畅性会更好，这与伊沙克生等（Isaksen et al.，2002）及申载双等（Shin et al.，2003）的研究相一致，表明开放型团队与闭合型团队能够带来不同程度的团队创造性成果。

第二，团队规模。达菲等（Duffy et al.，2000）的研究表明团队规模会影响团队动态和创造绩效，对团队创造力具有重要的影响作用。然而，团队规模也并非越大越好（Leenders, Van Engelen & Kratzer，2003），因为团队规模较小可能无法体现团队成员间差异性，容易产生同化思维；团队规模较大可能阻碍团队成员间进行有效的沟通与信息分享，消极作用于团队创造力。

第三，团队异质性。已有研究表明，由多样化专业背景、认知和能力的团队成员构成的异质性团队可以给团队成员带来广泛的认知资源，为团队要解决的问题提供不同的视角，从而不断激发团队成员提供更多创造性的观点和想法，益于团队创造力水平的提升（Perry-Smith & Shalley，2003；Bell et al.，2011），但范·德·沃格特等（Van der Vegt et al.，2003）及曼尼克斯等（Mannix et al.，2005）的研究却认为，团队异质性引发团队间关系冲突，引发意见分歧，不利于团队成员形成合力与向心力，阻碍团队成员间知识的交换与转移，反而对团队创造力是不利的。科特伯格（Kurtzberg，2005）利用实验研究和问卷调查发现，虽然团队认知异质性可以带来较高的客观创造绩效，但认知上的持续差异和冲突可能会损害团队满意度、团队情感及团队成员对创造绩效的印象。因此，团队异质性的有效性受到一定情境条件的干扰。申载双等（Shin et al.，2007）指出，在研发团队中，如果在变革型领导构建的情境氛围中有效发挥团队成员教育背景异质性的优势，可显著提高团队创造力。

第四，团队稳定性。崔等（Choi et al.，2005）揭示了团队新来成员对原有成员的鞭策和激励作用，给团队注入新鲜血液，带来多样化的新知识和新视角，促进团队的进步，验证了成员变动对团队创造力的重要作用。内梅特等（Nemeth et al.，2007）的研究表明，团队成员经过一定阶段的磨合与了解可显著带来成员间的高效互动协作与团队凝聚力，但团队稳定性相对太高，容易造成团队成员间群体思维、认知惯性甚至行动路径依赖，反过来损害团队成员探索新想法、新方案的热情，对团队创造力产生消极影响。

（2）团队过程。

团队过程是指经过团队成员间的相互依存行为，将团队投入因素转化为成果产出的过程，包括团队互动机制和情境氛围要素的一系列过程。作用于团队创造力的团队互动机制主要围绕团队互动模式、团队冲突、团队目标取向、团队自省、团队知识共享、共享心智模式等要素展开。情境氛围要素主要包括团队创新氛围及团队创新支持等方面。

第一，团队互动模式。凯伦等（Kylen et al.，2002）识别了防御型互动模式和知识创造型互动模式，防御型互动模式降低了由于信息锁定造成的观点、知识和意义的额外价值，而知识创造型互动模式创造了一种支持氛围，刺激团队成员自我的额外思考，通过创造新知识来提升团队创造力，证实了团队成员各种互动模式与质询和对话的结合是影响团队创造力的潜在因素。

第二，团队冲突。樊景立等（Farh et al.，2010）的研究发现，团队过程冲突和任务冲突与团队创造力有非线性关系。陈明辉等（Chen et al.，2005）和陈明辉（Chen，2006）指出，合理程度范围内的任务冲突可显著提高团队创造力，但情感冲突对团队创造力产生负向影响。陈等（Chen et al.，2011）的研究表明，关系冲突消极作用于团队成员心理授权及情感忠诚，继而不利于团队创造力的提升。关系冲突对团队创造力的负面作用已得到研究者普遍认同，而对于任务冲突的影响一直存在争议。有研究者认为，在团队互动过程，任务冲突可能表现出由低到高的过程，中等程度的任务冲突可以促进团队创造力的提升，过低和过高的任务冲突都对团队创造力产生负面影响，因此，任务冲突和团队创造力间存在一个倒 U 形关系（DeDreu，2006）。甚至，赫尔希格等（Hulsheger et al.，2009）发现，任务冲突也不是必然会促进团队创新绩效，两者间存在不显著关系。

第三，团队目标取向。团队目标取向指的是团队成员对所追求的团队学习目标或团队绩效目标共同理解的程度，在这样的学习目标及绩效目标的感召下，团队成员间互相协作，共同解决问题，提高团队决策质量（Rapp et al.，2014），包括团队学习目标取向、团队绩效证明取向和团队绩效规避取向。龚亚平等（Gong et al.，2013）证实，团队目标取向可影响团队成员间的信息交换水平，继而作用于团队创造力。罗瑾琏、徐振亭和钟竞（2016）的研究发现，团队学习目标取向对个体和团队创造力产生显著正向影响。梁冰倩和顾琴轩（2015）实证研究表明，团队成员学习目标导向离散化削弱团队创造力。

第四，团队自省。赫格尔等（Hoegl et al.，2010）的研究认为，一个经常自省的团队更能前瞻性地审视团队所处的情境氛围，能意识到团队成员行动对团队创造性成果的影响，也更能全身心地投入创造性努力过程中，通过持续的自省与评价使团队在不断变化的环境下更具适应性和创造力。安娜比等（Ennabih et al.，2007）的研究也指出，团队自省会引发团队展开更有效地开拓性学习与探索性学习活动，从而显著提升团队创造力。张文勤和刘云

（2011）研究发现，团队自省的任务反思、过程反思和行动调整三个维度正向影响团队绩效和团队创新。

第五，社会网络。王端旭、国维潇和刘晓莉（2009）的研究考察了团队社会网络特征与团队创造力的关系，研究结果表明，社会网络异质性与团队创造力正相关，网络联系强度与团队创造力负相关；王艳子等（2012）的研究发现，团队社会网络的密度与创造力呈现倒 U 形的非线性关系，知识共享行为和知识共享质量在网络密度与团队创造力之间起到中介作用，网络异性在网络密度与团队创造力之间起到调节作用。

第六，团队知识共享。迪克森（Dixon，2000）的研究认为，知识共享可以使团队成员相互分享信息和资源，促进互相学习和相互启发，从而带来团队创造力的提升；舍伯斯等（Schepers et al.，2007）的研究显示，知识共享是团队合作与团队创造力之间的中介机制；王端旭和薛会娟（2011）验证了知识共享在交互记忆系统的协调性维度与团队创造力关系间所发挥的中介传递效应。

第七，共享心智模式。王黎萤和陈劲（2010）的研究表明，任务式与协作式共享心智模型与团队创造力显著正相关，并且在领导信任、组织保障、角色期待、成员互动与团队创造力之间起到中介作用；李柏洲和徐广玉（2013）实证研究发现，共享心智模式对团队创造力的提高具有显著的直接推动作用，团队学习空间在共享心智模式与团队创造力之间起部分中介作用。

第八，情境氛围。对团队创新氛围而言，皮罗拉 – 默洛等（Pirola-Merlo et al.，2004）开发了团队创新氛围量表（TCI），利用 56 个研发项目团队成员数据证实，团队氛围并非通过个体因素间接影响团队创造力，而是对团队创造力产生直接作用。费根（Fagan，2004）的研究表明，创造氛围的激励因素与工作创造力正相关，创造氛围的阻碍因素与工作创造力不相关。周京等（Zhou et al.，2001）的研究也证实了这一观点，其认为，团队成员的支持程度对创造力有显著正向作用。在此需要强调的是，团队层面的创造氛围并非总能显著正向影响团队创造力，研究者也应该重视阻碍因素的存在（Goncalo & Staw，2006）。

（3）团队领导。

作为团队中的重要存在，领导一直被强调在刺激团队创造性活动过程中扮演关键角色。领导可以通过营造适当环境、设定具体目标、制定行为规范、鼓励开放式沟通、促进知识分享、加强高效合作等方式刺激团队成员创造意愿，激发团队成员自由表达创造性观点和多样化意见，因而团队领导在团队创造力提升过程中发挥着关键推动作用（Harborne & Johne, 2003；Perry-Smith, 2006）。领导方式与团队创造力之间的关系问题也是近年来国内外研究者关注的焦点（Egan, 2005），并取得了丰富的研究成果。例如，贾奇等（Judge et al., 2004）通过元分析表明，变革型领导的理想化影响力、鼓舞性激励、智力激发以及个性化关怀四个维度均与团队创造力显著正相关，知识共享在这些关系中起中介作用；家长式领导中的仁慈领导和德行领导维度与团队创造力、团体绩效显著正相关，威权领导维度与团队创造力、团体绩效显著负相关，心理授权在这些关系中具有中介作用，权力距离取向在这些关系中具有调节作用。马蒂厄等（Mathieu et al., 2011）的研究提出，集体效能感作为心理机制的重要组成部分，在团队领导与团队创造力之间发挥桥梁作用，共享式领导通过其所带来的团队支持性感知会对整个团队的集体效能感产生决定性作用，进而会影响团队创造力水平。邢淑丹（2006）的研究发现，支持型的领导者鼓励团队成员提出自己的想法，相反，控制型的领导者密切地监控成员的行为，不考虑成员的想法就下决定，并且通常要求成员遵守严格的规章制度，因此，支持型的领导者会激发成员的内在动机和团队创造力，控制型的领导者会抑制成员的内在动机和团队创造力。还有研究者探究了变革型领导（汤超颖、朱月利、商继美，2011；蔡亚华等，2013；谢俊、储小平，2016；陈璐、柏帅皎、王月梅，2016）、伦理型领导（彭正龙、陈秀桂、赵红丹，2015）、真实型领导（罗瑾琏、赵佳、张洋，2013；秦伟平、李晋、周路路，2015）、战略型领导（陈璐、杨百寅、井润田，2015）及领导-成员交换（LMX）关系（Zhao, 2015）等领导风格或领导方式对团队创造力的预测作用，研究显示团队领导风格是影响团队创造力的关键因素。本书对现有团队领导与团队创造力相关研究进行归纳，见表2-5。通过归纳发现，目前为止，现有文献对于什么样的领导行为有助于提升团队创造力，以及联结领导行为与团队创造力之间的过程机制是什么，仍处于探索性阶段（Zhang & Bartol, 2010）。

表 2 – 5　　　　　　　　团队创造力影响因素——团队领导视角

领导方式	文献来源	影响过程	研究结论
变革型领导	申载双等（Shin et al., 2007）	团队创造力效能感、团队教育背景异质性	变革型领导与团队教育背景异质性的交互作用促进团队创造力的提升，团队创造力效能感在两者间起中介传递作用
	汤超颖、朱月利和商继美（2011）	团队文化	变革型领导对团队创造力具有显著的正向影响；变革型领导通过团队支持文化、团队灵活变革文化和团队市场绩效文化影响科研团队创造力，但层级规范文化对变革型领导与科研团队创造力之间的关系不起到中介作用
	王小华等（Wang et al., 2016）	认知差异性、本质动机	认知差异性通过本质动机影响团队创造力，变革型领导起调节作用
	谢俊和储小平（2016）	结构授权	团队导向的变革型领导与团队创造力积极正向相关，结构授权在其中发挥完全中介作用
差异化变革型领导	蔡亚华等（2013）	团队沟通网络、团队知识分享	团队一致性变革型领导正向影响团队交流网络密度从而提高团队知识分享；个体差异性变革型领导正向影响团队成员交流网络密度差异性从而降低团队知识分享；团队知识分享正向影响团队创造力
魅力型领导	汤超颖、刘洋和王天辉（2012）	团队认同	魅力型领导对团队创造力具有正向影响，团队认同在这两者的关系间具有部分中介作用
	罗瑾琏、门成昊和钟竞（2014）	集体效能感、团队自省、环境动态性	魅力型领导与团队创造力显著正相关，集体效能感和团队自省在两者间起完全中介作用，而环境动态性在两者间起调节作用
真实型领导	伊利斯等（Ilies, et al., 2005）	角色模式	真实型领导通过角色模式渲染激发团队创造力
	秦伟平、李晋和周路路（2015）	偏好多样性、团队领导成员交换关系差异化	真实型领导对团队领导成员交换关系差异化以及团队领导成员交换关系差异化对团队创造力均存在显著负向影响；偏好多样性对团队领导成员交换关系差异化和团队创造力间关系有显著的削弱作用
	李燃、王辉和赵佳卉（2016）	—	真实型领导促进团队创造力的提升

续表

领导方式	文献来源	影响过程	研究结论
家长式领导	周京（Zhou, 2006）	内在动机	通过东西方文化比较，发现在东方企业中家长式领导通过作用于团队内在动机提升团队创造力，但在西方企业中，这种作用机制并不存在
	常涛、刘智强和景保峰（2016）	—	家长式的权威领导、德行领导和仁慈领导三个维度交互对团队创造力产生正向影响
支持型领导、控制型领导	邢淑丹（2006）	内在动机	支持型的领导者通过内在动机激发团队创造力，控制型的领导者通过内在动机抑制团队创造力
变革型领导、威权型领导	张燕等（Zhang et al., 2011）	集体效能感、知识共享	变革型领导与团队创造力正相关，威权型领导与团队创造力负相关，集体效能感和知识共享在这些关系间起到中介作用
共享式领导	马蒂厄等（Mathieu et al., 2011）	集体效能感	共享式领导通过集体效能感的中介作用提高团队创造力
辱虐管理	刘东等（Liu et al., 2012）	团队领导绩效促进动机的归因、团队领导破坏初始动机的归因、团队成员促进动机的归因、团队成员破坏初始动机的归因	主管辱虐管理对团队成员创造力有消极影响，团队领导辱虐管理在其中起中介作用，团队领导和团队成员的绩效促进动机归因和破坏初始动机的归因分别在两阶段作用过程中发挥调节效应
领导力共享、垂直领导力	蒿坡、龙立荣和贺伟（2014）	—	在过程视角下，授权型领导通过影响领导力共享作用于团队创造力；在投入视角下，领导力共享与授权型领导对团队创造力有交互负向影响，领导力共享水平越高，授权型领导对团队创造力的作用越弱
领导成员交换关系差异	赵红丹（Zhao, 2015）	团队冲突	团队冲突在领导成员交换关系差异性与团队创造力之间发挥中介效应，然而这种中介作用只有在团队成员关系较弱时才成立
	李艳等（Li et al., 2015）	领导－成员交换中值（LMX median）	领导成员交换差异性与团队创造力存在一种倒U形关系，领导成员交换中值起调节作用

资料来源：根据相关文献整理。

2.3　既有文献评述

基于上述相关研究的梳理，本书对所涉及的主要变量（双元领导与团队创造力）取得的研究进展进行了系统归纳，可以看出双元领导和团队创造力研究依然是当前研究的前沿领域，并且越来越多的学者更热衷于进一步探索该领域的研究空白，不断丰富有关双元领导和团队创造力的观点，使得相关理论不断深化，为本书提供扎实的理论基础。我们将进一步对既有文献已经取得的研究进展、既有研究存在的不足以及有待于后续研究加以解决的问题进行总结和评述。

2.3.1　既有研究取得的进展

2.3.1.1　矛盾情境需要具有矛盾思维的领导应对

随着技术更新的加快，全球化市场竞争的加剧，组织管理过程涌现出越来越多的矛盾和张力问题，例如，探索与利用、搜索与稳定、差异化与低成本、一致性与适应性、灵活性与效率、长期发展与短期效益等（March，1991；Rivkin & Siggelkow，2003；Gibson & Birkinshaw，2004；Smith & Tushman，2005；Kang & Snell，2009；Birkinshaw & Gupta，2013）。作为维持组织运行的关键人物，领导者不得不为促进组织长期生存与发展而对不同矛盾与张力进行有效兼顾与平衡（Probst，Raisch & Tushman，2011），而表现出双元领导。吉普森等（Gibson et al.，2004）、史密斯等（Smith et al.，2005）、奥莱理等（O'Reilly et al.，2008）、米隆－斯派克托等（Miron-Spektor et al.，2011）、史密斯等（Smith et al.，2011）、张燕等（Zhang et al.，2015）及蒙等（Mom et al.，2009）等的研究中均证实了双元领导在应对和解决矛盾挑战，促进组织双元目标实现过程的突出作用。例如，奥莱理等（O'Reilly et al.，2004）认为双元领导遵循"既/又"（both/and）思维逻辑，拥有认知和行为复杂性，具备冲突问题的感知能力、反应能力及矛盾认知能力，双元领导能利用矛盾思维和整合思维将相互对立但又相互关联的行为方式进行平衡，进而满足组织双元的需求。蒙等（Mom et al.，2015）认为双元领导拥有认知和行为复杂性，具备冲突问题的感知能力、反应能力及矛盾认知能力，当领导者运用灵活的认知方式和行为方式，才能有效调整和重新配置组织现有资产和新资源，协调双元活动提升动态能力。武亚军（2013）通过对任正非"灰度管理"过程和行为特征的分析，总结出领导者所具备的悖论整合的典型认知，发现只有在坚持原则和适度灵活中处理组织中的各种矛盾和竞争性问题才能促进跨越式发展，这也与双元领导所主张的协调竞争需求，调整领导风格，提高领导活动在复杂情境中的匹配适应性的管理理念是相一致的。因此，矛盾情境需要领导者运用更科学和复杂的矛盾思维及认知能力来指导双元领导行为的展现。

2.3.1.2 团队创造性结果同时关注产品或服务的新颖性和实用性

经过文献梳理发现，目前对团队创造力的界定较为复杂且尚未形成完全统一的定义，而造成这种现象的原因可能是不同学者对团队创造力研究的着眼点不同。具体而言，有的学者从团队创造过程出发，强调团队创造力是一个持续发现并定义问题、收集信息、产生创意解决问题并实施新的解决方案的反复循环过程（Amabile，1983；Basadur，2004；Harvey，2014）；而有的学者则将团队创造力作为结果导向，注重将创造性观点进行深化整合以保证产生新颖而实用的想法、产品或服务等团队创造性成果的产出（Woodman，Sawyer & Griffin，1993；Zhou & George，2001；Shalley & Zhou，2004；王智宁、高放、叶新凤，2016）。对组织而言，通过构建组织创新和创造氛围，鼓励组织成员创造性努力，激发员工表现创造性思维和想法，最终目的即是实现创造性成果，获得新产品、改进新服务。此外，在概念界定上，科特伯格等（Kurtzberg et al.，2001）将团队创造力界定为团队所产生的新颖性和实用性想法；申载双等（Shin et al.，2007）及樊景立等（Farh et al.，2010）界定团队创造力为"一起工作的团队成员共同产生有关服务、产品、程序和过程的新颖且有用的想法"。在测量工具上，大量研究主张利用新颖性和实用性两个维度来表征和衡量团队创造力，并且获得了实证数据的支持，验证了其科学性和合理性（Pirola-Merlo & Mann，2004；Hanke，2006；王艳子等，

2012；耿紫珍、刘新海、沈力，2012；Shin & Zhou，2007；Baer et al.，2010；Han，Han & Brass，2014）。由此可见，学者们已将新颖性和实用性作为表征团队创造力的两大核心属性，两者不可或缺，这些都为未来团队创造力经验研究的多维度展开提供了理论支撑。

2.3.1.3 注重双元领导行为策略协同影响效应的发挥

既有关于领导行为作用机制的相关研究主要聚焦于单一领导行为的影响效应，更倾向于从领导者的某一特定的领导特性出发，探析一种领导行为在引导组织活动过程中扮演的关键角色，例如，变革型领导、交易型领导、授权型领导、命令型领导及威权型领导等领导方式，深化了人们对于组织中领导过程机制的理解。但学者们发现嵌入组织中固有存在的矛盾状态使得领导过程并不是简单的单一行为表现和路径机制，而是一个更为复杂的和互补的整合系统（Van Ginkel & Van Knippenberg，2009；Van Knippenberg，Kooij-de Bode & Van Ginkel，2010）。透过国外学者罗辛等（Rosing et al.，2011）、格伯特等（Gebert et al.，2010）、董（Tung，2016）及国内学者陈建勋、杨正沛和傅升（2009），陈建勋（2010），韩杨、罗瑾琏和钟竞（2016），罗瑾琏、赵莉和钟竞（2016）等研究发现，依据情境需求从不同视角解析多种领导行为，充分理解双元领导在不同情境中的行为差异，发挥不同行为的各自优势，弥补或抵消不利情境可能产生的损耗效应，并实现随情境变化的有效匹配更能给组织带来显著的效果。已有学者从个体、团队及组织层面对双元领导的影响效应进行了初步剖析，证实了双元领导互补行为策略组合对团队创新绩效、员工创新行为、员工沉默行为及工作满意度等产生的积极影响（Zacher & Rosing，2015；Zacher & Wilden，2014；刘松博、戴玲玲、李育辉，2013；韩杨、罗瑾琏、钟竞，2016；罗瑾琏、赵莉、钟竞，2016；罗瑾琏、易明、钟竞，2018）。例如，察赫尔等（Zacher et al.，2014）的研究表明，当团队领导同时采用高水平开放式行为与闭合式行为，并注重两种行为之间灵活转换时，团队创新绩效达到最高，这与罗辛等（Rosing et al.，2010）的推论相一致。韩杨、罗瑾琏和钟竞（2016）通过构建"双元领导行为－团队双元文化－团队创新绩效"的理论模型，利用实证数据验证了双元领导对团队创新绩效的积极影响显著优于单一领导方式，且双元领导所同时表现的变革型领导和交易型领导能够产生协同效应，其交互正向显著提高团队创新绩效。因此，从领导的不同行为组合策略出发，探讨其对团队或组织所产生的协同增效作用是双元领导实施过程的关键。

2.3.2 既有研究存在的不足

在回顾既有研究的基础上，我们发现，学者们在双元领导理论及团队创造力相关研究上取得了诸多成果，对于现实问题有较强的解释力，但已有研究依然存在一些研究局限，在理论上尚有广阔发展空间，有待于后续研究加以改进和完善。

2.3.2.1 结合管理实践开展双元领导定性研究不足

上述总结可以看出，双元领导通过相悖行为协同，平衡与协调组织短期效率与长期效益，更好地解决组织面对的矛盾情境问题，实现了现有领导理论从单一类型向双元类型的拓展。然而，现有研究却一方面仅停留于对双元领导行为特征的理论解释与推导分析，另一方面学者们多运用实证研究证据支持双元领导行为效能，但结合管理实践现实考察双元领导在组织内部运作过程的定性研究相对缺乏。近年来，部分学者开始呼吁贴近中国企业管理实践，开展双元领导在中国情境下的有效应用研究。因为模糊性、动态性及复杂性的管理矛盾实践给组织各管理层级领导带来挑战，如何从管理现实探索构建指导矛盾活动的科学领导理论对推进管理活动至关重要。在此背景下，罗瑾琏等（2018）尝试利用中国企业，对组织管理者如何在创新悖论迷雾中做出正确策略选择，通过有效的管理、接纳悖论促进组织创新实现进行了典型案例分析，为双元领导的研究开辟了新的研究方向。因此，未来有必要继续开展契合管理实践的定性研究，采用案例研究或质性研究方法进一步深化双元领导在本土管理活动中的应用，拓展双元领导本土研究的理论框架。

2.3.2.2 不同管理层双元领导行为仿效现象研究存在研究缺口

近年来，有关双元领导的相关研究引起了国内外学者们的广泛关注，已有学者就双元领导影响效应做了深入的探讨，着重强调了双元领导在应对张力和矛盾问题、帮助组织或团队破解管理困境、满足竞争性需求方面的重要作用，激发了成员创造性努力，推动了创新活动的进行。更为重要的是，双元领导作为一种复杂的特殊领导行为，其在实施过程中需要消耗领导大量认知资源，各管理层级领导者是否具备相应的认知能力，应对矛盾情境需求，同时，下级管理者能否领会上级双元领导行为的本质，更大程度地仿效与践行双元行为从而上下级行为一致发挥双元领导效能，是需要关注的问题。但目前来看，多数双元领导相关研究较多关注于组织领导（高管、CEO 等）或团队领导这种单一管理层次，极少有研究从多个管理层出发，系统地关注双元领导在创新突破过程中所发挥的促进作用。然而组织是一个整体系统，组织内部不同管理层级的领导者间存在密切的影响关系。如若只关注单一管理层级双元领导的影响效应，忽略了各层级参与主体间的关联关系，无法清晰、完整地展示不同管理层级双元领导的联动效应。因此，纵贯组织和团队两层面，构建综合性的嵌套模型，探究不同管理层级领导者间是否存在自上而下的行为滴漏现象，将成为未来双元领导研究的重点之一。

2.3.2.3 从团队互动过程视角探究双元领导影响效应的研究匮乏

现有关于双元领导影响效应的研究，多对双元领导如何通过作用于组织或团队成员内在动机、角色认知、行为整合等因素提升绩效水平有了一定的理论探讨和实证检验，也有研究开始关注反应团队互动关系的中介因素，例如，双元学习、团队目标导向等。毫无疑问，团队互动过程对团队持续提升和长久发展是非常重要的，但纵观这些因素无法明确哪一类因素可以持续对团队有效性产生积极影响（Zhou & Hoever，2014）。鉴于团队创造过程包含有相反需求和竞争性活动（Bledow et al.，2009a），此时，需要关注团队成员对待矛盾问题的态度，团队成员是否持续创造性投入的努力及能动性，内化团队目标和利益追求，注重不同信息观点的积极表达，真心地关注团队结果，最终才能保证团队有序运行。但从现有研究来看，团队互动行为在双元领导与其结果的作用关系中所发挥的潜在中介机制，长期以来并没有引起学者们应有的重视，对相关理论的融合力度还不够，尚未构建较为系统完备的研究框架模型，不能深入揭示双元领导在协调团队成员参与矛盾解决过程的本质。

2.4　本章小结

本章首先就双元领导的相关文献予以梳理，介绍了双元领导起源、相关理论、内涵、行为策略组合与测量，回顾了双元领导的影响因素及影响效应，系统阐释了双元领导"是什么""从何而来""如何运作""作用效果如何"等问题。随后，对团队创造力相关文献进行了回顾，明确了团队创造力的内涵，总结了团队创造力的结构与测量，归纳了团队创造力的影响因素。最后，本章对现有研究取得的进展及存在的不足进行了深入阐述，发现现有研究的理论缺口，为后续系统研究设计的安排、研究框架的构建及规范研究的开展奠定了坚实的理论基础。

第 3 章
研究的理论基础和框架构思

　　基于双元领导对团队创新活动及团队创造力的重要作用及目前相关研究较为缺乏的现状，本章旨在对研究框架及研究所涉及的变量间关系进行初步探讨。针对现有研究的不足，我们的研究总体思想为在当前竞争加剧和矛盾凸显的变革转型情境下，从组织不同管理等级出发，探索双元领导对团队创造力的多层次影响作用及内在机理，系统解释双元领导如何及在何种条件下促进团队创造力的提升，以期弥补现有研究的缺陷。本章对每项子研究只做总体概括，详细阐述见以后章节。

3.1　研究的理论基础

　　尽管近年来双元领导的相关研究激发了学者们的研究兴趣，但作为一个新兴研究课题，目前学者们对其情景化研究的发展还缺乏系统性的研究讨论。如何在组织不同管理层级探讨双元领导与团队创造力的关系是现有研究的一项难题，探寻两者之间多层次影响关系需要一定的理论基础提供支撑，滴漏理论、社会认知理论及社会认同理论等为破解研究难题提供了研究契机。

3.1.1　滴漏理论

　　滴漏理论（trickle-down theory）兴起于 20 世纪 70 年代的经济学领域，

阐释了某种体制中上层人的利益如何逐层传递给较低阶层的人（Grant，1972；薛会娟、杨静，2014）。近年来，管理学界的研究者将其拓展至领导行为科学领域，并运用滴漏模型（trickle-down model，又称涓滴模式、渗透模式）从多层面完整地展现领导行为在组织中的影响效能（Wayne et al.，2008；薛会娟、杨静，2014）。所谓"滴漏模型"是指在组织情境中，高层领导借助管理层次将领导特征和行为自上而下地传递，最终引发下属相同特征和行为的过程（王震、许灏颖、杜晨朵，2015）。依照该模型，组织的正式权力等级决定了领导的影响力会由高到低滴漏，且这种影响是按组织正式结构中的垂直管理层次自上而下层层推进的（Aryee et al.，2007）。滴漏模式下的领导效应研究突破了传统的领导－下属单层配对研究局限，强调组织内部不同层次领导间的互动协同作用。随着研究的不断拓展，越来越多的从事领导力研究的学者将滴漏模型视为一种新范式，通过分析不同层次领导之间的作用关系，系统地揭示了组织中领导行为的整合效应。与以往研究相比，滴漏模型更重视中层管理者的桥梁作用，因为具有领导和下属双重角色的中层管理人员处在组织"金字塔"顶层与一线操作层之间的关键位置，如果其不能有效践行上层管理者的领导行为，则上层领导的影响就难以落地，从而无法真正对基层员工施加影响。滴漏模型下的领导效应研究为我们深入剖析不同层次的领导与员工的互动关系开辟了新的视角。

3.1.2 社会认知理论

社会认知理论（social cognitive theory）起源于认知心理学和发展心理学，由美国著名心理学家班杜拉（Bandura，1977）提出，旨在追溯人们行为反应背后的深层次原因。社会认知理论自提出以来受到了国内外学者的推崇，被广泛应用于研究个体认知的信息加工过程和个体内在认知过程与行为表现之间的关系，理解和预测个体与群体的行为及特征（段锦云、魏秋江，2012）。在行为的动因方面，班杜拉（Bandura，1986）提出三元交互决定论（triadic reciprocal determinism），认为外部环境因素（E）、个人内部因素（P）（如认知因素及情感因素）及个体行为因素（B）三者处于动态交互过程之中，彼此相互联结、相互依赖、相互决定。当然，外在环境对人的行为影响并非是机械式的，而是必须通过个人自我生成的心理活动，其中人的主体性能力发挥着重要作用。即人们具备自我反思与自我调节的反应机制，人们不仅是外部环境的消极反应者，同时更是自我组织的、积极进取的外部环境的积极塑造者。社会认知理论指出，人们拥有使自己做出自我反馈和自我导向的行为改变的自我调节机制，这套机制使人们建立起行为方面的内在的自我标准和参考框架并据此理解、评价和调控自身行为。其中，观察学习将信息加工和认知强化结合起来，构成了社会认知理论的重要成分。观察学习是通过观察他人或榜样的行为，获取示范性行为的象征性表象，并引导学习者做出与之相对应的行为的过程（Bandura，1988）。观察学习降低了人们对试错式的直接学习的依赖，使人们能够在当今信息化的环境中更加容易和迅速地建立自己的心智模式，从而表现更恰当的行为方式。依据社会认知理论，本书引入创造性活动情境中，探究双元领导与团队创造力关系间的影响作用。

3.1.3 社会认同理论

社会认同理论由塔杰菲尔（Tajfel，1978）通过一系列最简群体实验范式（minimal group paradigm）的实验分析提出，源于个体对所依附的社会类别的认识，以及对所属社会类别所持的情感和价值的意义评价（Tajfel，1978），用于着重分析群体成员资格对个人自我概念、群体行为及态度的影响。社会认同的基本观点认为，人处于社会中，人们所处的社会团体及团队内部成员都会赋予个体表明自己成员资格的价值内涵，这样个体才会在社会生活中获得支持、维持和增强自尊，具有安全的归属感知。社会认同理论由三个核心概念组成：社会分类（social-categorization）、社会比较（social comparison）和积极区分（positive distinctiveness）（Tajfel，1982）。社会分类是个体为了更好地理解和识别物体，运用一定的标准将其划分不同种类的方法。社会分类可以帮助人们简化周边环境刺激，引导人们对各类别组成项目的认识，产生某种预期及反应。社会比较是个体将自我所属群体与其他群体进行比较，区分出内群体与外群体成员。积极区分则是个体努力在群体比较的维度上表现得比外群体更加优秀，而可能产生内群体偏好及外群体偏见的现象（张莹瑞、佐斌，2006）。除了利用社会认同理论分析员工行为外，有研究还考虑从领导或管理者行为、领导与员工关系角度去探讨社会认同问题。赛瑞尼恩（Seyranian，2014）认为积极的社会认同沟通会使员工对领导者形成认同，追随领导者行为。胡伊（Huy，2011）尝试从管理者角度，分析高层管理者行为和中层管理者的社会认同间的复杂关系。因此，依据社会认同理论，本书试图探究管理者领导行为间关系。

3.2　基本概念的操作性定义

研究问题的复杂性决定了本书基于多种理论基础引入多个研究变量，构建多层面理论模型。在进行模型构建之前，本书先围绕研究内容将涉及的相关变量进行概念上的界定，加强对各研究变量的认识，为后续更好地解释各变量之间的关系提供支撑。

3.2.1　双元领导

借鉴蒙等（Mom et al.，2009）、格伯特等（Gebert et al.，2010）、罗辛等（Rosing et al.，2011）、张燕等（Zhang et al.，2015）、陈建勋（2011）及陈建勋、杨正沛和傅升（2009）等对双元领导的内涵界定，本书将双元领导定义为：为应对外部环境不可预测性带来的挑战，领导者利用矛盾思维将相互对立但又相互关联的行为方式进行平衡，根据具体情境变化要求实现行为策略之间的柔性转换，从而发挥矛盾力量协同增效作用的领导模式；同时使用开放式行为与闭合式行为来表征双元领导行为。

3.2.2　团队创造力

借鉴伍德曼等（Woodman et al.，1993）、佩里－史密斯等（Perry-Smith et al.，2003）、申载双等（Shin et al.，2007）、樊景立等（Farh et al.，2010）、王黎和陈劲（2010）及耿紫珍、刘新梅和张晓飞（2015）等对团队创造力的内涵界定，本书将团队创造力界定为：在一定的任务情境下，团队成员运用内外部资源和能力通过互动和协作产生新颖的、独特的、实用的成果而表现出来的整体特性和在创造性成果中的体现。本书认为，团队创造力是团队层面的复杂创造互动过程，因此，团队创造性活动不仅要以结果为导向取得新颖性与实用性的创造性产出，更要注重以过程为导向在成员活动参与时关注新颖性与实用性对有限资源的竞争需求平衡。

3.2.3　团队建言行为

建言行为是工作中"自由地沟通自己的想法、建议、忧虑和观点"（Morrison，Wheeler & Kamdar，2011；梁建、刘兆鹏，2016），本质上是一种人际互动形式。借鉴弗雷泽等（Frazier et al.，2015）、特维尔等（Terwel et al.，2010）、肖君宜和段锦云（2015）及梁建和刘兆鹏（2016）等对团队建言行为的诠释，本书将团队建言行为界定为：在团队内部，团队成员针对彼此任务完成情况提出建设性意见或指出潜在问题的行为，是团队整体表现出的互动行为，并采用聚合的方法进行测量。

3.2.4　中庸思维

中庸是一个认知层次的实践思维体系（杨中芳，2009）。中庸思维是个体在特定情境中思考如何整合外在条件与内在需求，并采取适当行为的思维方式（吴佳辉、林以正，2005）。作为中国传统文化的核心理念，中庸思维包含着中国人做事不可极端的阴阳平衡理论，会引导个体在环境中对对立的元素和力量进行辨析，从中找出能够兼容各种矛盾元素和力量的方法（张光曦、古昕宇，2015）。中庸思维高的人可以一分为二地看待矛盾（Fang，2012），利用多方思考产生与外部环境匹配的问题处理方式，辩证地理解领导行为背后的内在逻辑，消除认知失调感（Hideg & Ferris，2017）。

3.2.5　创造力角色认同

角色认同是个体对"我是谁"的认识，能够本能地反映自身和对其他人的自我认知和判断。基于角色认同理论，法默等（Farmer et al.，2003）提出创造性角色认同的概念进行了实证检验。借鉴法默等（Farmer et al.，2003）、马君和赵红丹（2015）及于慧萍、杨付和张丽华（2016）的定义，本书将创造力角色认同定义为：个体把自己定义为富有创造力个体的程度，反映了个体对自我的角色期望和角色承诺。根据角色理论，创造性角色认同是一种有效的方式来使创造性行为与角色具有一致性（McCall & Simmons，1978）。因此，创造性角色认同可能是影响领导与团队创造力之间关系的边界条件。

3.2.6　团队认同

团队认同反映个体对其团队身份认可与接受的程度（Mael & Ashforth，1992；Ashmore，Deaux & Mclaughlin-Volpe，2004）。阿什福斯等（Ashforth et al.，2008）及栾琨和谢小云（2014）将团队认同定义为"团队成员对团队身份的归属感或感知到的团队身份的同一性"。其中归属感使个体在情感方面紧紧依附于所认同的社会身份；感知到的同一性使社会身份对个体行为产生指导性影响。借鉴上述学者思想，本书将团队认同界定为：个体认识到自己属于特定团队的感知，同时也认识到作为团队成员给其带来的情感和价值意义（张燕、侯立文，2013）。较高团队认同水平提高团队凝聚力，减少团队内不同成员间偏差，帮助团队成员内化团队目标并有效激励团队为目标实现而努力（Stone & Crisp，2007）。

3.3　研究的整体框架设计

概括而言，本书设计了三个研究子项。子研究一，试图利用质性研究方法探究双元领导行为是否存在从高管到中层的上行下效现象，挖掘双元领导沿组织层次实现自上而下滴漏的内在过程及推动条件；子研究二，基于滴漏模型的研究范式，将领导者角度与下属角度结合起来，从组织高层领导及中层领导视角出发，探索组织内不同管理层级双元领导通过上行下效作用于团队创造力的整合效应；子研究三，基于团队互动行为视角，提出了团队领导双元行为影响团队创造力的路径模型，深入揭示双元领导的作用机理。

3.3.1 跨管理层级双元领导行为滴漏过程的质性研究

通过梳理既有研究不足，本书试图去探究组织不同管理等级的领导间能否通过有效行为协同对组织产生影响。因此，子研究一旨在探讨组织领导者为什么表现双元领导行为？跨管理层级不同管理者间是否存在双元领导行为的滴漏现象？高层管理者双元领导行为如何滴漏给中层管理者？滴漏的具体过程是什么？滴漏发生需要什么推动条件？

基于滴漏模型，高层领导认知和行为可沿组织层次由上而下滴漏和传递给中层领导（Wayne et al.，2008），即下层管理者所持有的认知观点和采取的具体行为，显著地受到高层管理者所倡导的价值观等影响。学者们关注伦理型领导（Mayer et al.，2009；Ruiz，Ruiz & Martínez，2011；Schaubroeck et al.，2012）、威权型领导（Farh & Cheng，2000；Li & Sun，2014）、服务型领导（Liden et al.，2014；凌茜、汪纯孝，2011）和辱虐管理（Liu，Liao & Loi，2012；Mawritz et al.，2012）等领导行为联动效应，但多数领导行为滴漏效应研究均采用理论剖析和实证研究方法检验滴漏存在的合理性及科学性，尚未有针对探析滴漏过程是什么的质性研究。尤其是对于双元领导而言，其本身的行为复杂性及依据情境变化的灵活转换性更需要贴近管理实践的研究，通过对实践行为的剖析来诠释其如何在组织内部发挥作用更有意义。

有学者认为，由于高层管理者角色榜样（role model）作用，下属有时会将领导视为"偶像"去尝试学习和模仿领导行为，这种尊称会转化为下属对领导行为特点的向往，会"爱屋及乌"地发自内心对此产生浓厚的兴趣和偏爱，并在实践中运用这些技能，从而实现一种行为仿效（Albert & Horowitz，2009）。这种榜样的简单模仿实际上是浅层次的行为追求，有时对于静态情境下解决某一单一惯例问题是有效的。但对于混沌状态产生的复杂的、不确定的矛盾问题而言，表面观察和模仿可能会造成下属行动的混乱。特别是，双元领导要求领导者利用矛盾思维和整合思维将相互对立但又相互关联的行为方式进行平衡（Bledow et al.，2009b），并运用管理智慧实现行为的权宜应变。倘若中层管理者没有恰当分析高层双元行为的内在逻辑，而只是机械地模仿，势必会导致其难以控制复杂局面，给团队活动带来负面影响。因此，我们认为，中层管理者在注意到高层管理者表现双元领导行为时，能够辨析其行为背后隐藏的、真正发挥作用的内在逻辑和思维方式，通过构建矛盾认知框架对其进行合理解释，并将感知到的矛盾认知进行内化，转化为自我思维模式的一部分，当遇到相似矛盾情境时能将形成的新认知图式外显化，以表现出与高层管理者相似的双元领导行为。观察学习在促进中层管理者信息加工和认知解释的过程中发挥重要作用。

总结来看，子研究一的研究焦点在于利用质性研究方法，运用扎根理论编码与建构理论，深入挖掘高管－中层管理者双元领导滴漏效应发生的具体过程，并试图去探寻推动滴漏过程发生的条件。

3.3.2　双元领导行为上行下效对团队创造力的影响机制研究

在子研究一中，我们利用质性研究方法，发现了双元领导从高管到中层的行为滴漏现象及内在过程。在子研究一基础上，子研究二将双元领导行为引入团队创造性活动过程，尝试利用实证研究证实高层管理者双元领导确实可以通过示范给中层管理者表现双元领导行为来作用于团队创造力。

作为维持组织运作的核心人物，高管通过制定战略规划、引进管理理念及管理业务冲突确保组织创新目标的实现。陈建勋（2011）也验证了高层管理者的双元领导行为通过平衡探索式学习和利用式学习的冲突活动，对组织协同技术创新的正向影响。由此可推理，高层管理者双元领导也会通过构建一种双元文化情境氛围，使团队成员识别出创造性过程的矛盾问题，进而更科学地从事创造性活动。

依据前述分析可知，团队创造力的创造过程和创造结果都应该关注新想法和新观点的新颖性和实用性。尤其是对于创新过程而言，由于新颖性和实用性对创新活动参与者认知资源和时间、精力资源的竞争性需求，可能导致创新活动者无法同时兼顾的局面。在这种情况下，管理者利用双元领导行为给予合理引导对矛盾处理和张力解决发挥着重要作用。此时，领导者可以利用开放式行为给团队成员提供更多自由空间，通过塑造积极的创新氛围，鼓励利用发散性思维积极思考，愿意冒险接受挑战性的工作任务，提出新的解决思路和想法，提高新想法和新方案的新颖性；但过度的激发和刺激可能导致团队成员盲目创新而不会考虑实现价值，造成创新成本的提高和资源的浪费，且一般创新项目具有时间成本，如果有限时间内团队成员不能协调"新"和"用"的关系，可能最后的创新成果也不再新颖。因此，伴随开放式行为的鼓励，领导者也要展现一定程度的闭合式行为，通过制定行为规范和明确创新目标，提醒团队成员适时关注新想法和新观点的应用价值，适当纠正成员行为偏差。由此，双元领导解决了团队创造力过程的竞争性问题，使团队成员不断反思创新性活动，提出既新颖又有用的想法和观点，提高团队创造力。因此，高层管理者的双元领导也能够对团队创造力产生积极影响。

对组织整体而言，组织是由多个参与主体构成的整合系统，组织内的高层管理者和中层管理者存在一种关联关系，表现在高层管理者的领导行为会自上而下地、潜移默化地影响中层管理者行为方式。基于滴漏模型，我们推理双元领导在高层管理者与中层管理者之间也会存在渗透效应，使上下行为表现一致。基于此，我们假设，高层管理者双元领导对中层管理者双元领导产生正向影响；中层管理者双元领导在高层管理者双元领导影响团队创造力的过程中发挥中介角色。

尽管高层管理者可以通过榜样示范的作用影响中层管理者表现相似行为，但在混沌模糊情境中，倘若中层管理者不能理解与认同高层管理者双元领导行为的科学性与合理性，不能根据环境变化来调整策略，可能造成其认知失调，引起混乱局面。已有研究表明，当个体表现高中庸思维时，其能深刻理解双元领导背后的动机，消除双元领导带来的不确定性（罗瑾琏、易明、钟竞，2018）。换句话说，中庸思维可以改变中层管理者的思维方式，使其一分为二地看待矛盾问题，对高层管理者双元领导与中层管理者双元领导表现的积极关系起调节作用。但是，当团队面对的创新任务对新颖性和实用性要求较高时，仅有管理者一方的矛盾处理动机是不够的，此时，团队成员需要具备创新角色期望，内在激发团队成员自觉面对矛盾与冲突，提升自我创造能力，进而提升团队创造力水平。因此，我们还考虑了创造力角色认同这一变量，考察其对中层管理者双元领导行为与团队创造力间关系的调节作用。

总结来看，子研究二的研究焦点在于证实高层管理者通过将双元领导行为传递给中层管理者，使其表现一致双元行为，继而对团队创造力产生影响；

同时，引入中庸思维和创造力角色认同作为边界条件，探究其在这一行为的上行下效作用过程发挥的调节作用。

3.3.3 团队领导双元行为对团队创造力的作用机理研究

子研究一的质性研究发现双元领导行为在不同管理等级间的滴漏现象，通过对具体的滴漏过程进行深入剖析，解释高管双元领导行为如何传递给中层管理者。子研究二试图去证实高管 – 中层双元领导行为对团队创造力的协同作用，验证双元领导存在的滴漏效应。在子研究一和子研究二的基础上，子研究三旨在探究团队层面的双元领导逐层滴漏效能，即双元领导行为滴漏给以团队领导为代表的中层管理者后又如何通过氛围塑造激发团队成员的思想，使其针对创新活动现状敢于表达建设性意见及观点，从而对团队创造力产生影响，具体的内在机理是什么。

双元领导将双元"既/又"认知的辩证思维方式内化于行为过程（O'Reilly & Tushman，2004），利用整合差异的复杂认知能力，协调看似不可调和但又互补促进的行为策略，以满足多样化需求（Rosing，Frese & Bausch，2011；陈建勋，2011；陈建勋、杨正沛、傅升，2009；Gebert，Boemer，Kearney，2010）。已有研究发现团队双元领导的科学性和有效性，证实了其对团队创新绩效（Zacher & Rosing，2015；韩杨、罗瑾琏、钟竞，2016）等远端结果的积极影响，延伸到创新过程近端行为——团队创造力上，团队领导的双元行为也可能会在激发团队成员积极创造性产出的过程中，利用闭合式行为通过制定规则和规范，确保团队创造性努力有价值，维持团队创造性活动有序进行，从而激发团队创造性产出。因此，本书以团队创新的前端行为为切入点，预期团队双元领导对团队创造力产生积极正向影响。

周京等（Zhou et al.，2001）、梁建和唐京（2009）指出只有当员工敞开心扉，针对问题勇于提出建设性意见和创新性思路来改善现状时，才能提升团队创新水平。因此，建言是刺激成员分享经验、整合智慧、协作创新的第一步（Zhou & George，2001）。有学者强调团队创造性努力必然以允许团队内部存在不同意见为前提，而同时，不同意见的存在又要求团队必须能够对这些不可避免的分歧进行有效管理（Bledow et al.，2009）。上级团队领导作为一种情境刺激源，对意见表达的开放性及指导性态度影响成员参与建言活动的信念及行为意向（梁建，2014），进而影响个体创造性努力程度。双元领导利用辩证思维灵活处理矛盾的战略性思考和行为路径方式，塑造的鼓励突破约束和勤于反思的双重情境氛围是否更能激发成员问题响应能力，敢于直面冲突，更主动地为提升团队效能建言献策，以有效管理团队成员的聪明智慧，最终转化为团队整体创造性成果，是进一步探析双元领导价值产生的关键。因此，团队双元领导行为有可能通过团队建言行为来作用于团队创造力。

人的社会行为同时受到外部情境和内在因素的影响（Barrick，Parks & Mount，2005）。作为一种独特的内在动机因素，团队认同激励成员愿意付出努力去实施对实现团队目标有显著意义的行为，即使这些行为可能给他们带来风险（Ellemers，De Gilder & Haslam，2004）。在复杂不确定情境中，我们预期团队认同会影响成员对领导双元行为表现的认知状态，进而影响团队集体互动和共享行为，从而发挥其调节作用。

总结来看，子研究三的研究焦点在于探讨团队双元领导通过团队建言行为对团队创造力产生影响，引入团队认同作为边界条件，探究其在团队双元领导与团队建言行为间发挥的调节作用。

本书总体的理论构思模型，如图 3-1 所示。

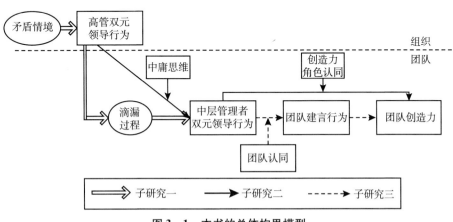

图 3-1　本书的总体构思模型

3.4　本章小结

首先，对本书研究所涉及的相关理论进行总结，以此为基础展开本书理论模型的构建；其次，对研究中的几个重要概念进行界定，包括"双元领导""团队创造力""团队建言行为""中庸思维""创造力角色认同""团队认同"；最后，进行了理论拓展，提出了三个子研究模型，构建了本书理论模型的整体框架，在后续第4、第5、第6章将针对具体的子研究内容进行详细介绍。

通过对已有文献的梳理，我们发现目前缺乏从组织多管理层级视角探究双元领导作用过程的系统研究。本章在第 3 章的基础上，旨在采用质性研究阐释复杂情境中组织不同管理层级领导行为间的依从关系，通过运用扎根理论的分析方法，利用深度访谈素材描绘矛盾情境中跨管理层级间双元领导行为存在的滴漏现象，挖掘了高管双元领导行为如何滴漏给中层管理者使其表现一致行为，识别了推动滴漏发生的情境条件，构建了跨管理层次双元领导行为滴漏过程的理论模型。既深入刻画了组织不同管理层级间领导行为上行下效的详细过程，也为企业内部不同层级领导协同提升创新绩效的实践提供管理启示。

4.1 研究问题的提出

创新型国家建设离不开创新型企业的支撑。创新型企业是指拥有自主知识产权和知名品牌，具有较强国际竞争力，依靠技术创新获取市场竞争优势的企业①。近年来，虽然创新型企业在加快自主创新、提升自主品牌方面取得突出成效，但仍面临技术复杂性与成熟度失衡及技术路线选择路径依赖与柔性协调矛盾等管理困境（罗瑾琏、唐慧洁、李树文等，2021；林海芬、胡

---

① 科学技术部，等. 关于开展创新型企业试点工作的通知 ［Z］. 2006.

严方、刘宏双，2019）。为了克服创新过程的矛盾冲突难题，众多创新型企业试图打破传统管理理念束缚，形成新的认知观念，进而选择合理的管理策略实现创新突破。例如，任正非提倡"灰度管理"，引导华为超越简单化和两极化，理性地运用创新矛盾中蕴含的能量，激发企业创新活力；马化腾遵循"灰度法则"，引领腾讯理性识别创新的多样性和模糊性，拓展创新"灰度"空间，提高创新灵动性。管理实践中的"灰度"本质上体现了管理者通过融合矛盾要素，追求相悖创新机会和目标（Zhang et al.，2015）。然而，在日趋不可测的混沌状态下，创新型企业系统内部元素及行为主体如何整合协调矛盾力量是其持续开展创新活动的关键。

此前，理论界在管理者对矛盾问题高度响应的重要性上达成一致（Smith & Lewis，2011）。研究表明，管理者基于复杂认知深刻解读与阐释矛盾力量的潜在关系，审视矛盾要素的共存方式，将矛盾整合在一个和谐整体，以应对外部非连续性变化（Smith & Tushman，2005；Kuusela，Kei & Maula，2017）。随着研究的深入，学术界引入了矛盾认知框架概念（Smith & Tushman，2005；Gilbert，2006），认为其是管理者处理矛盾元素的透镜（罗瑾琏、管建世、钟竞等，2018）。尽管有研究阐明矛盾认知指导管理者根据外部情境变化采取相应战略应对策略（Kuusela，Kei & Maula，2017），但并未就管理者如何利用矛盾认知识别矛盾元素、加工矛盾信息进而采取合理管理形式给予更深入地剖析，尤其是管理者如何利用矛盾认知解释矛盾情境，展现何种行为策略满足复杂任务需求更是悬而未决。

遵循高阶视角，相关研究阐述了企业高层管理者（CEO 或 TMT）能够接受矛盾假设，在更高战略层次上实现矛盾双方融合（罗瑾琏、赵莉、韩杨等，2016）。然而，组织创新的提升源于组织多方要素尤其是上下级互动过程的影响，仅从高管中心的单一视角展开研究，忽略了嵌入在组织中的其他参与体，例如，起桥梁作用的中层管理者，导致对管理互动过程的理解过于简化，影响管理实践的复杂适应性。滴漏模型为企业跨管理层级间的互动关系提供了理论启发（Liu，Liao & Loi，2012）。借鉴观察学习观点，中层观察高管目标行为，掌握行为背后的潜在法则，通过自我反思与内部信息解释加工，建立行为参考认知框架，并据此调控自身行为。而结合组织管理矛盾情境需要，面对高管行为特征，中层如何去观察和学习？如何去领悟领导的思维模式？如何将内化领导认知转化为自我行为？哪些因素推动了这一过程？等问题都有待解决。

基于上述现实问题与理论背景，本书试图从空间维度上去探索面对创新型企业复杂矛盾情境，企业管理者如何跨管理层级渗透其行为助力企业上下互动化解矛盾难题。具体解决以下两个关键问题：第一，创新型企业究竟面临哪些矛盾情境？矛盾情境兼顾需要何种领导行为？第二，跨管理层级的领导行为存在什么依从关系？即高管影响下的中层如何领悟与效仿其行为以协同应对矛盾情境？可能路径是什么？推动条件是什么？为探讨以上问题，本书采用质性研究方法，通过访谈 6 位创新型企业高管及与之配对的 20 位中层，运用扎根理论分析方法，揭示高管 - 中层领导行为间的上行下效关系，挖掘矛盾认知渗透推进行为滴漏的具体过程，识别推动滴漏发生的条件，为组织突破管理困境提供理论支撑。

4.2 文献回顾与研究框架

4.2.1 矛盾认知框架

认知指"个体对环境施加影响并给予一定形式和意义的心智模板"（Walsh，1995）。这种心智模板不仅包含知识结构，还为管理者知识加工提供一种透镜，使其运用相关知识思考和定义问题。然而，组织经营过程往往面临两难困境，例如，探索与利用、效率与灵活性等，能否有效处理矛盾是组织获取可持续竞争优势的前提，而组织高管的矛盾认知被认为是应对矛盾情境的先决条件（Smith & Tushman，2005）。吉尔伯特（Gilbert，2006）开展的一项多层纵向案例研究也发现，企业需要具备同一时间应对多元化甚至不一致情境的能力来应对外部环境非连续性变化，而促进能力发展的"过滤器"则是管理者的矛盾认知框架。

矛盾认知框架是指"管理者识别和接受同时存在的矛盾力量的心智模式"（Smith & Tushman，2005），包含情境张力与并置矛盾两个方面。情境张力为管理者识别矛盾塑造一种情境氛围,拓宽思维范围和理解问题的角度。并置矛盾是管理者审视和建构矛盾的方式,其将看似对立的两极整合在一个和谐整体中,建立内部互依性使矛盾要素共存。管理者利用矛盾认知协调矛盾依赖于其如何并置矛盾并作出合理解释,即管理者如何解读情境,接受相互矛盾的假设,运用经验、知觉勾勒心智草图,并利用这个心智草图存储信息、包容冲突以指导行动(Sharma,2000;邓少军、芮明杰,2009)。进一步,普兰贝克等(Plambeck et al.,2010)指出,结合高度复杂的情境信息,管理者也可能对同一事物同时做出威胁和机会的矛盾性解释,即强调相反力量的接受而非逃避,关注矛盾存在的相关关系而非此消彼长。这种矛盾性解释转变管理者模糊环境的线性理解方式,接受矛盾持久共存的可能性,形成与矛盾问题相关联的创造性解决方案(Miron-Spektor et al.,2018)。因此,管理者以相关知识和经验为基础,运用更复杂、灵活矛盾认知框架深刻解释冲突力量的潜在关系,做出取舍考量(尚航标、黄培伦,2010)。然而,现有研究并未就矛盾认知发生的具体过程及推动认知解释的情境条件给予更深入的剖析,尤其是管理者如何利用矛盾认知满足矛盾及复杂任务的竞争需求更是悬而未决。

4.2.2 滴漏模型

滴漏模型始于经济学领域,后拓展至组织行为学界,延伸为领导行为的滴漏模型,用来阐释领导行为或其认知由上而下传递和扩散至较低层次的人(Liu,Liao & Loi,2012)。依据该模型,组织的管理层级决定了领导的影响力会由上而下滴漏,并且这种影响是按照组织权力链自上而下顺序产生(Aryee et al.,2007)。滴漏模型下的领导效应打破传统领导单一角色的研究模式,强调跨管理层领导行为间的关联关系,有助于准确把握组织中的领导效能。

追溯已有研究发现,滴漏模型下的领导效应研究主要基于社会学习理论。社会学习理论旨在探索观察者如何通过观察学习形成对被观察者行为的现象认知,为其后来的行动提供指导。观察学习包括四个步骤:注意、保持、运动再现和自发(Bandura,1986)。然而,观察学习并非简单的模仿,而是一种内隐认知的变化过程,其通过为个体提供一种储存于记忆中的认知原型,使观察者经过理解和内化，选择合适方式在新情境中表现出来。尤其是在下属对领导的观察学习过程中，下属在内心形成关于领导者所具备的特质和行为的认知结构，表现为下属对领导的期望与信念（Uhl-Bien & Arena，2018）。信念刺激下属认知图式的改变，形成意义构建的组成部分，促进成员形成理解管理问题的认知基础，为其提供一种持久解释管理行为的潜在结构。随着新认知原型被激活，遇到相似情境会使下属在与领导交往过程有意识地选择性地参与、编码，形成与领导原型一致的描述。进一步，下属借鉴"认知 – 行为链"模型，实施与认知原型相符的一致性行为。

4.2.3　研究框架

刺激 – 机体认知 – 反应（SOR）理论认为，行为意图并非外部刺激下的机械式反应，而是有机体主动获取刺激并进行加工的内在认知活动。SOR 理论包含三个成分：刺激、机体认知状态和反应（张德鹏、陈春峰、张凤华，2021）。其中，刺激是一种影响因素，例如，现象、事件或特征；机体认知是刺激引发的心理状态及认知加工过程；反应是有机体最终的心理反应或行为反应。SOR 理论揭示了外因因素到意向行为之间的关系，指出个体认知或动机等个体因素在此过程中的重要作用（谢玉华、李路瑶、覃亚洲，2019）。由此，SOR 理论恰当地诠释"情境 – 认知 – 行为"的作用链过程，为本书构建企业管理者跨层级传输渗透其行为提供了理论框架，具体参见图 4 – 1。

具体来讲，作为一种刺激源，外部情境首先直接影响高管阐释与解读现状问题的认知框架，以对环境进行选择性情境分析，形成认知焦点。此时，高管的认知代表着管理者对于情境解读的思维模式，决定其采取何种行为策略有效应对（罗瑾琏、管建世、钟竞等，2018）。然而，传统研究多关注外部情境对某一层次领导刺激影响，忽略了组织各管理层次领导行为的联动反应。作为组织氛围的塑造者，高管行为特征也是一种外在情境刺激源，作用于中层管理者。中层主动获取刺激，并进行一系列认知加工活动，解释高管行为内在逻辑，形成自我认知状态，继而对其行为产生影响。滴漏模型为跨层级管理者领导行为的刺激反应关系提供了更清晰的研究思路。依照该模型，在确保组织有序运作过程，高管如何表现匹配情境变化的行为方式，中层如

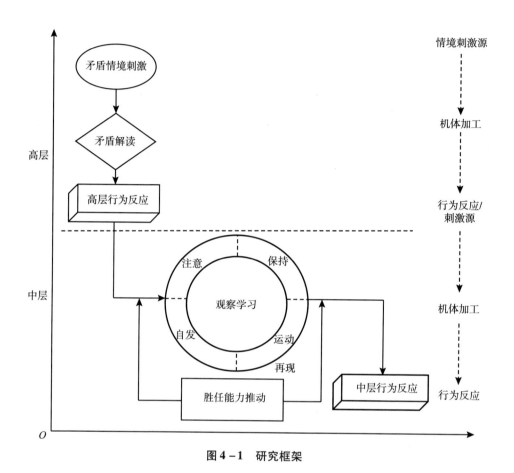

图 4 - 1　研究框架

何观察、解读并建构相应认知框架将高管行为积极传递，以保证高层意志的低层次贯彻，是滴漏研究的重要课题。从领导 - 下属互动过程角度讲，领导行为的滴漏反应是由下属对领导行为背后潜在思维逻辑及领导所传递信息的解释和认知水平决定的，是一种观察学习的过程。同时，行为滴漏能否顺利发生也受下属胜任能力的影响，关乎下属在互动关系中是否做出恰当反应。

　　因此，基于 SOR 理论，依据领导行为的滴漏模型框架，本书旨在提出组织内部上行下效化解管理困境的分析框架，即中层管理者如何领悟与仿效高管行为以协同互动应对情境挑战；进一步，依照观察学习的四步骤，从认知和能力视角探析双元领导行为滴漏发生的内在过程。这一分析框架旨在系统探索组织管理者协同解决矛盾和冲突问题的过程机制，为管理实践提供启示。

4.3　研究设计与方法

4.3.1　方法选择

本书焦点在于从空间维度上探索复杂矛盾情境下，创新型企业管理者如何跨管理层级渗透其行为助力企业上下互动化解矛盾。本书关键问题是矛盾情境中跨管理层管理者"如何"领悟行为、行为效仿过程是"怎样"，重点解决"如何"与"怎样"的问题，适合采用探索性案例研究方法（Eisenhardt，1989）。同时，本书利用结构化的扎根编码分析方法，刻画管理现象，识别学术构念，并挖掘其中的逻辑关系（毛基业，2020；李树文、罗瑾琏、胡文安，2022）。

4.3.2　研究对象的选择

由于探索性案例研究并非建立在广泛理论推论基础上，而是通过深入了解典型事实建构理论，因此研究者以理论抽样方式选取能为研究提供充足信息量的人或事作为研究对象。本书选择 6 家创新型企业的 6 位高管及其配对的 20 位中层为研究对象，对双元领导行为滴漏发生路径进行分析。研究问题决定所选研究对象满足如下条件：

（1）选取的高管受访者职位任期至少满三年，对组织环境及本职工作有清晰认识，尤其对自我行为有明确的辨识；配对的中层受访者与高管合作至少一年，彼此有紧密工作关系，能够清晰理解对方工作职能和管理风格，对高管行为作出合理评价。

（2）受访双方有工作内容互补，拥有多方位沟通渠道，双方能顺畅交流；在处理研发困境时曾获得高管建议，能正确领会高管战略意图，能将高管建议转化应用到工作过程中。

（3）基于理论构建和判断抽样，本书选取的受访者所在单位 A ~ F 分别属于 6 家不同行业，样本信息见表 4 - 1。受访企业行业分布具有代表性，均面临创新业务发展方向的选择、创新氛围的培育及创新瓶颈的克服等多种挑战。受访企业管理者有项目立项、研究、成果转化参与经验，意识到管理方式创新性和复杂性的重要性与紧迫性，能为本书研究提供专业访谈材料。

表4-1 样本基本信息

编号（高管）	企业性质	所处行业	配对编号（中层）	访谈总时长（分钟）
A	汽车自主设计	汽车制造	G1～G3	414
B	游戏开发	软件开发	G4～G7	552
C	消防设备研发	机械科技	G8～G11	633
D	高分子材料	化工材料	G12～G14	469
E	通信设备	信息技术	G15～G17	370
F	网络技术	互联网服务	G18～G20	395

总之，本书选取的受访者典型性符合研究主题的要求，其所在企业在创新产品研发上获得了显著业绩，企业的存续性为受访者提供了实施科学领导措施的情境条件，从而可以更好地观察高管与中层关联关系过程，也使本书研究结论更有解释力和说服力。

4.3.3 数据获取与分析策略

本书实施"两阶段筛选"程序来获取数据。第一次为实验性访谈，主要了解企业基本情况及中高层领导信息，目的是寻找潜在研究问题。此次访谈过程中，参照已有研究做法，对中高层领导进行行为特征调研，用来评估被访者是否符合调查要求。调研问卷设计参照罗辛等（Rosing et al.，2011）开发的双元领导行为量表，评估矛盾平衡状态，判断其是否为双元领导行为实施者，以确定被访对象。第二次为深度访谈，本书对6位高管及与其配对的20位中层进行半结构化访谈，提出开放式问题。例如，"创新过程中，上级领导矛盾或冲突的态度和看法？上级领导的行为有哪些特征？上级领导的行为对您的影响程度？您在管理过程中如何看待领导行为？"等问题。对访谈整个过程进行录音，详细了解领导互动过程中的关键事件。每次访谈由 1 名博士生导师和 2 名博士生组成访谈小组，博士生导师负责提问，2 名学生负责记录。数据整理过程中，课题组还通过电话、电子邮件等非正式信息渠道回访沟通，获取充足信息资料。此外，本书收集公司内部资料，包括内部管理文件、会议记录工作日志、汇报材料等二手资料，形成辅助材料，交叉检验访谈内容。6 位高管及其配对下属的访谈已达到理论饱和，因此停止了访谈。被调研人员为 26 人次，访谈时间共计 2800 分钟，字稿共计 39.6 万字。

本书采用结构化的扎根编码分析方法对访谈数据进行处理，通过系统性的概念化（形成一阶概念），之后再形成主题（二阶）和聚合构念，呈现有说服力的证据链，以便建构理论（毛基业，2020）。编码小组由 3 名博士生、1 名副教授和 1 名教授组成。3 名博士生广泛阅读相关文献并分别对素材进行编码，将编码结果与现有文献反复对比验证，确保编码信度。2 名教师对编码提出意见，对意见不一致的编码结果，不断讨论，最终形成一致意见。此外，本书在现有文献与编码涌现的理论构念间不断迭代比较，在原始数据和结论间形成牢固的证据链，确保结论的可靠性（Smith & Lewis，2011）。

4.4 矛盾情境识别与应对策略

4.4.1 组织矛盾情境

创新型企业的发展取决于其技术创新持续突破与创新成果产业化的联动效应（罗瑾琏、唐慧洁、李树文等，2021）。正如 C 指出，"既重视领先消防设备研发，突破防护装备研究技术难关，也强调产品的实用性和延续性"。但由于创新路径模糊性及复杂创新流程安排，使组织创新的矛盾和冲突凸显（罗瑾琏、管建世、钟竞等，2018）。例如，就创新过程的产品质量和成本问题，D 也认为，"两方面用哲学观点讲是对立与统一的矛盾体，就看怎么去平衡……好与坏是把质量分层级，不同层级满足不同需求……对每一个层级，保质量的同时要衡量成本，因为不管产品好坏都要维持生存"。可见，创新型企业需准确识别、接纳矛盾要素，有效兼顾与维持矛盾要素的动态平衡，助推企业持续竞争优势构建。借鉴史密斯等（Smith et al.，2011）矛盾分类的理论框架，本书发现，创新型企业至少面临 4 种矛盾问题：战略目标矛盾、学习导向矛盾、创新方式矛盾及权力结构矛盾，结果示例见表 4–2。

表 4–2　　　　　　　　　　　矛盾情境编码结果示例

二阶主题	一阶概念	访谈证据举例
战略目标矛盾	当期效益 – 长久发展	D：我非常关注企业现状，但不是说产品成熟了就可以赚钱了，而是要从长远去考虑对企业发展最健康的方式
	高质量 – 低成本	E：我们的产品被市场认同是技术领先质量过硬，又能在价格上发挥优势的结果
学习导向矛盾	本地搜寻 – 跨地域探索	B：做东西，既要看我的研发能做什么，哪些东西是需要我重新去做的，哪些是需要我研发去解决的；又要看我现在已有的是什么东西，能不能拿过来继续用，全面来看很多事情就容易多了
	强化相似知识 – 吸收互补知识	C：项目瓶颈期，只靠内部专家技术攻关收效甚微……我们聘请 2 名技术顶尖专家去攻克项目难题，给他们自由空间，按照他们的理念去设计产品，但有一个要求是我们内部专家必须参与其中，学习设计理念
创新方式矛盾	传承 – 创新	A：我们公司注重创新，自主创新是我们长期坚持的战略，但也不是盲目创新，是基于原有存在上的开发和改进
	突破创新 – 强化应用	C：既重视领先消防设备研发，突破防护装备研究技术难关，也强调产品的实用性和延续性
权力结构矛盾	民主决策 – 权威管理	F：在我们公司内部是鼓励多元化思考的，整个公司其实是倡导民主参与，来提高游戏设计创意多样性，但在游戏开发过程中更要严格控制和纠正偏差，保证事先所确定的设计方案能够按照既定的标准和目标实施下去

　　战略目标矛盾是组织强调保护现有业务以应对临时状况获得短期效益，还是拓展新领域、寻求新机会聚焦长期绩效的不可兼得目标。例如，D 谈到，"我们对页岩气、3D 打印机、石墨烯等前瞻性技术研究目前是投入期，在收入方面可能不会对研发部门提出硬性指标，后两三年才会给出衡量指标，我们要看到更长期的市场前景"。可见，组织战略目标得以实现的关键在于当

期效率与长久效益、高质量与低成本的"兼而得之",而不是"鱼与熊掌"。

当组织考虑是遵循不同逻辑模式,通过跨地域搜索来吸收互补性新知识,还是调动现有资源进行本地搜索强化相似知识时,组织更容易陷入学习导向矛盾的困境。例如,在面对原有市场格局破裂时,B 提到,"如打造原有高口碑互联网产品,我们内部资源完全可以应付,但目前原有市场格局已不再,不断成长的玩家的需求越来越多样化,这时研发就要不断去学习,做一款不一样的产品"。由此,开展跨地域搜索获取新知识与利用本地搜索巩固现有能力存在对抗性资源争夺,组织需要做到权衡协调和合理分配。

创新方式矛盾是组织依靠新设计或开发新渠道来拓展新市场,还是在既有知识基础上,改进已有设计,提高既有技能来满足现有顾客需求的创新活动矛盾。例如,G12 指出,"目前对公司核心业务来讲,主要是巩固原有技术,在应用领域进行延伸……同时也要发展种子业务,形成发展梯队"。创新方式失衡可能造成企业流于一致跟随而不是冒险推进,或沉于根本突破而放弃优化更新,导致组织陷入两难境地甚至威胁生存发展。

管理实践中,组织也面临决策权到底在组织较高层次上集中以展示权威管理,还是鼓励民主参与的自由裁量权的权力结构矛盾。正如 G2 所述,"有时候领导会拍脑袋决策,但领导的决策最终还是做不了,可能会耽误研发进展,这时候领导会召集各部门沟通讨论,给予部门权力去寻找问题解决方式,选择一种折中法"。这源于中国较高权力距离的文化特性,对组织决策提出更高要求。因此,提出以下命题:

命题 1:创新型企业运行过程呈现矛盾情境,包括战略目标矛盾、学习导向矛盾、创新方式矛盾及权力结构矛盾。

4.4.2 矛盾情境兼顾需要双元领导行为

由上述分析可知,矛盾元素对组织而言必不可少。作为掌控组织运行的关键人物,管理者在优化组织结构、改进运作流程及推动战略实施以解决矛盾难题中扮演关键角色。根据必要复杂性法则,管理需要复杂性来打败复杂性(盛昭瀚、于景元,2021)。因此,组织需要一种复杂的领导行为来应对外部动荡变化引致的混沌状态(Rosing, Frese & Bausch, 2011)。

本书研究发现，受访者能够做到同时实施开放激发与汇聚闭合行为，其中鼓励、支持与授权等是开放行为的表现，闭合行为则表现为掌控、责任与转化，编码结果见表4-3。就像A所述，"管理除了开放思想、人性化管理及颠覆先前管理经验以外，要注意对企业方向、操作过程及运行程序规范化的把控……但也不是参照标准行事，而是同时营造激发成员勇于尝试新事物、敢于突破思维局限、大胆创新的氛围"。此时，鼓励尝试与突破的激发行为调动员工工作激情，使"他们每天像打了鸡血一样热情高涨"（B），提升成员创造力，因而，开放行为促进创意探索；遵循规则与流程的聚合行为恰当纠正员工行为偏差，"适当地给他们降温，不然脑袋一热容易跑偏"（F），避免造成混乱局面，因而，闭合行为着力提升创新效率。因此，矛盾情境的兼顾需要双元领导行为。

表4-3　　　　　　　　　　　　高管双元领导行为特征表现

主范畴	子范畴	具体内涵	证据列示
双元领导行为：开放激发-闭合汇聚协同	鼓励与掌控	提供设计空间并控制局面	C：你给他们空间去设计，他们就能创造出很棒的东西，但有一句话是"船大难掉头"，我们整个单位这么多人，肯定会有很多内耗，涉及很多职能部门的分配和平衡问题，此时我可能更倾向于去控制
		鼓励产品革新并把握发展方向	B：有时即使看似一款很酷的游戏但收益不高，不过我还是鼓励他们去把东西做出来……做页游也会被很多压力束缚，有时很难满足用户需求，此时我可能会让他们转向手游
	资深与年轻	资深设计人才与年轻设计学生	A：之前在设计师的招聘上我们存在误区，将招聘大牌设计师放在首位，但从我们几届设计比赛的效果来看，这群大学生的能力也是不容小觑的，他们出的这些创意质量越来越高，有的打磨一下就可以马上使用
	激发与转化	激发创意氛围并监督成果转化	E：我们单位有着较高的创新氛围，但我的要求是不仅限于创意的思想，要去试错看你提的创意能不能行得通，我更多强调将研发成果进行转化，要把它变成生产力。然后我们还得去到市场给一些用户推广应用，因此市场回馈是我要掌握的，它不能跑得太偏，这样可能就会是无用功
	授权与责任	给定权力又明确责任	D：产品设计过程，部门内部肯定会有冲突，大家吵是没问题的，过程中每个人提出观点，最后达到一个平衡，这种原有流程和制度上的前进也是一种进步
		认可支持并适度平衡	F：有时候我会对部门经理讲，我认可你们的想法，这个想法很重要，但你们自己不要放弃，我们要合作取得一个平衡点，这对大家都好

在聚力创新过程中，创新型企业面临追随提高的渐进性创新与颠覆超越的突破性创新间的矛盾问题（林海芬、胡严方、刘宏双等，2019）。战略目标矛盾、学习导向矛盾、创新方式矛盾及权力结构矛盾的平衡与协调向引领组织发展的领导者发出挑战。而传统单一领导方式往往强调一方作用而忽略另一方互补关系，制约矛盾力量共同发展；此时，高管需将双方融进同一战略框架灵活处理，并非置双方于"非此即彼"的竞争关系上，通过开放激发与汇聚闭合的行为协同与持续调整缓解冲突局面，突破管理困境。因此，提出以下命题：

命题2：面对矛盾情境，高管需要展现开放与闭合的双元领导行为，从战略层通过开放激发与汇聚闭合实现矛盾的兼顾与融合。

4.4.3　高管－中层管理者的联动：双元领导行为存在滴漏现象

依据编码分析，在处理冲突和矛盾问题时，组织高管行为与中层行为存在密切的关联关系，顺次滴漏现象在材料中得到体现，编码结果见表4－4。

表4－4　　　　高管－中层双元行为滴漏表现编码结果（部分）

职能活动	管理层级	管理行为表现	证据举例
决策过程	高管	民主参与与控制执行	E：有风险问题时会召集部门领导及核心骨干开会，大家协商讨论该怎么解决……但最后如何做还是我这边参考讨论结果来定
	中层	民主参与与妥协折中	G16：一般遇到问题时，我会先了解大家的基本想法……根据总体方向和目标折中决策，是妥协的过程 G15：二级部门提出的想法我肯定会考虑，他们不说我也会主动要求发表意见，让他们提出新想法，但最后拍板的还是我
沟通方式	高管	激发式沟通与目标控制	C：我们向国际一流的人工智能团队看齐，做到技术领先……但我们要解决实战问题，考虑到产品价值是确保人民消防安全，所以提出科研与实战一体化……我们首先要目标一致，然后才会有顺畅沟通，否则一切都是空谈
	中层	开放沟通与标准遵循	G11：部门研发技术骨干每周会读 UnCover 的前沿论文，实时掌握技术最新动态，我给他们空间去探索兴趣……在初期你要给我一个标准，我们双方沟通是用数据说话

注：表中"↓"表示高管到中层的滴漏表现。

4.4.3.1 高层管理者：双元领导的示范效应

作为组织氛围和管理理念的塑造者，高管在组织运作过程中起模范带头作用，其工作过程应注重严于律己，积极引导，带动组织朝健康发展道路努力。"我不仅要对整个组织负责，还要对自己的行为负责，因为我的一举一动能被成员观察到，会对他们的行为产生影响"（A）。

在新产品投入方面，高管时刻保持开放心态和接受变革的意识，授予组织成员自主权力，激发成员创造性搜索，挖掘益于组织发展的潜在能力。但为了避免出现目标偏离，其又需要发挥管理智慧依据情境变化进行规范性战略选择。C 表示，"为了掌握技术发展替代过程，我们专门成立前沿技术跟踪团队，负责跟论文、会议或国际先进东西，跟踪过程结合每五年科研计划去筛选……哪个技术去投入、实现及与市场衔接问题我会听取他们的意见，但最后还是我来拍板"。这种管理过程既鼓舞员工创造性观念，又缓解了决策过程群体思维惯例化的弊端，展现双元领导行为。这种典型双元行为为组织成员树立了行为参考规范和标准，营造了组织灵活协调氛围，发挥表率作用引导成员利用审时度势的智慧，使其"利用全局思维从总体上衡量困境"（C）。这种价值观引导多通过领导讲话和学习研讨的方式，强化成员对双元管理理念的认识和理解。例如，G11 所述，"我蛮佩服领导处理问题'左右开弓'的魄力，我会去反思自我行为，找找差距"。而具体到复杂工作任务过程，高管多次召开中层会议针对创新任务流程予以讨论，"利用规范化去改进生产流程……部门之间沟通交流"（E），着力改进流程运作机制。

在这种模式下，高管通过率先垂范和榜样效应对下属传递明晰信息，即任何冲突和矛盾的解决是管理者运用开拓创新精神，采取开放激发行为探寻新策略，同时依照既有规则和标准，采用闭合汇聚行为适当调整，抑制偏离目标方向的过程，是领导者将认知资源和行为策略合理分配和有效平衡的结果。

4.4.3.2 中层管理者：双元领导行为的践行者

组织内部存在一个复杂知识场，"场"内的人会自然地相互影响、相互渗透。组织知识场为行动者提供了领悟组织使命责任的知识池和改变思维模式的认知源，助于上下级形成共同愿景、发展共享心智模式（Ciampi，Marzi &

Demi，2020）。按照组织等级关系，中层往往能接收到高管所传递的社会信息，通过对这些信息深入加工和行为过程聚合，试图效仿和践行高管行为，保证高管战略影响落地，以从真正意义上对整个组织产生影响。

巴斯等（Bass et al.，2016）指出，直接领导的认知、态度和行为对下属工作的认知、态度和行为具有阶式渗透效应。"针对部门工作问题，使用头脑风暴引发大家思考，讨论时争得面红耳赤……我会控制局面，这种方式也是借鉴大领导在经理座谈会上沟通模式设计的"（G6）。证据显示，部门领导在受到高管启发后，注意为成员营造一种开放式沟通氛围，从多角度进行选择和评价，引导成员提供建设性意见，促进决策方案质量和多样性的提高。G6 的下属也会评价道："在讨论初上级领导很少提出想法左右大家的思考……他适时掌控大局，在给予部门宽泛自主空间时，具有较强应变性……他会对讨论方向性纠偏，或提出转换讨论思路的想法，或重新抛出问题"。证据显示，在处理非结构化问题时，中层利用开放式鼓励方式保留员工任务处理方式自主权，同时通过闭合控制方式对团队发散性思维进行适度控制，在有效时间及资源约束下引导成员聚焦关键问题，以保证决策符合部门运行的目标。此外，在访谈中发现，中层也会在激励过程中运用双元观念，开放式行为下的"民主让员工体会自己价值"（G19），闭合式行为所表现的"该奖则奖，该罚则罚"（G19），保证了决策目标与执行之间的一致性，防止发生执行偏离，提高先前决策结果的执行能力。可以看出，中层也能通过观察学习高管行为展现出双元行为，解决组织面临的矛盾问题。

根据社会认知理论，在充满矛盾与复杂性的情境中，组织高管的双元行为为中层树立应对矛盾与冲突的榜样。此时，中层通过观察高管行为，获得了示范活动的象征性表象，通过解读、判断和推理，使知识资源、认知观念等实现跨层级流动和渗透，形成利于双元发展的集体共识与氛围，进而使高管与中层对组织实践中的矛盾性问题做出一致性诠释，形成统一认知加工方式，保证上下级双元价值观念的高度一致性，进而塑造中层双元行为。因此，高管双元领导行为激发中层展现双元领导行为，呈现出显著自上而下的扩散和传递，见表 4 - 4。由此，提出以下命题：

命题 3：高管双元领导具有示范作用，中层管理者表现出行为领悟与仿效，即高管双元领导行为对中层管理者存在滴漏现象。

4.5 双元领导行为滴漏过程

为了应对矛盾情境，一旦高管展现出双元领导行为，中层也践行相似行为与其匹配，此时，中层如何接受与诠释这一行为在双元领导行为滴漏过程至关重要。基于社会认知理论，在高管－中层互动过程，中层往往通过观察学习方式来取得高管示范行为的象征性表现。"上级领导善于用批判性思维去分析问题，受他影响，我也会尝试沿不同方向多角度思考"（G16）。随着双方交往程度的加深，中层对高管领导形成的社会感知调节了彼此对偶关系，使其对领导的认知图式不是一成不变地存储在记忆中，而是受矛盾情境刺激后被重新构造，形成较高的认知倾向和激活模式，促使其选择性地参与、编码，重新形成与领导原型相一致的信息。混沌边缘涌现的矛盾问题使中层更深入领会复杂领导原型信息，解读高管双元行为背后潜在的矛盾认知规律。依照"注意—保持—运动再现—自发"的观察学习过程，通过扎根编码分析发现，中层从感知高管双元行为到展现相似行为经历四个步骤：认知辨识、感知过滤、知觉顿悟和意义强化。编码结果见表4－5。由此，提出以下命题：

命题4：双元领导行为滴漏过程，由高管示范到中层管理者践行经历四个步骤：认知辨识、感知过滤、知觉顿悟和意义强化。

表4－5   双元领导行为滴漏过程

二阶主题	一阶概念	访谈证据举例
认知辨识	意识前瞻性	G8：所长喜欢提出冒险性的创意概念，但同时它们又被要求高效、重复和利用，需对创造性的东西进行适用性安排，在这方面其实我也有所学习
	解读战略意图	G18：我们这个行业一个决策失误可能整个部门就白做了，但我们很佩服老板的市场敏锐度，他能很好地去把握企业几年关注的点在哪里
	意会矛盾管理	G9：研究所的根本是创新推动的，但是你知道我们创造价值不仅是生存，也存在必然冲突，如做最好设计与保证财务上市盈利……先前并没有领会这一层意思，也是和所长沟通后才懂得如何兼顾

续表

二阶主题	一阶概念	访谈证据举例
意义强化	观点采择	G15：领导也是技术出身，有些技术难点沟通能聊得来，在沟通过程中我学会了他怎么去整合现有资源解决难题，也能刺激我去寻找问题解决方案
	主动精神	G12：作为部门领导，我要先意识到问题，如果觉得问题可控，基本是放手让他们去做，但我了解他们的思路，知道怎么想，这种处理方式也是做领导助理的时候学习的
	知识模仿	G17：其实上级领导的问题处理方式对我影响还蛮大的，在部门管理过程中我也会不自觉地去学着用他的一些管理手段

4.5.1 认知辨识

认知辨识是指中层注意并感知高层领导行为的战略意图，体会决策背后的逻辑变化，将更多看似对立的活动或元素融合起来。史密斯等（Smith et al.，2005）构建了矛盾认知框架，提出矛盾感知在前，矛盾区分和整合处理在后。因此，矛盾辨识是冲突解决的前提。例如，在如何处理创新过程中探索与利用矛盾时，G9 发现所长喜欢提出"寻求冒险性的创意概念，但同时它们又被要求高效、重复和利用，需要对创造性的东西进行适用性安排"。这种矛盾兼顾体现高管对矛盾对立面的重视，使中层认识到探索与利用既对立又统一的关系，不局限于提高一个方面而放弃另一方面。此时，高管应对矛盾的行为协调刺激中层正确解读高层愿景，包容矛盾力量，建构矛盾问题空间，积极识别行为背后隐藏的逻辑思维，从而保持意识前瞻性，以能实现矛盾的兼顾。例如，G10 所述，"视频结构化和文本化是所长先提出来的，但这项技术并非抛弃原有领域的完全创新，而是先前研发成果基础上的颠覆性创新"。中层在保持创新的前瞻性观念指导下，去"学习并尝试结合现有技术优势，预测项目发展方向，挖掘市场机遇，提高产品市场潜力"（G2）。因此，分析可看出，矛盾情境下高管起到情境设定的关键作用，在这种氛围支持下中层预先注意到高管行为表现，依据情境合理判断匹配行为的思维方式，以提高矛盾变化适应性。由此，提出以下命题：

命题4A：双元领导行为滴漏第一步是认知辨识，中层管理者感知到高层双元领导行为的战略意图，体会决策背后的逻辑变化。

4.5.2　感知过滤

感知过滤是观察者对来自周围矛盾情境刺激的选择性信息进行理解与解释的认知推论过程。访谈发现，中层受高管行为启发对工作目标、策略执行及工作流程进行内在解释，剖析工作任务本身的意义和价值，过滤自我感知的关键信息，形成协调矛盾的视野。如G7所述，"在上级领导带领下，公司整体氛围有改变，先前一味追求短期利益最大化……现在认识到只有活下去才有谈其他的权力……不能因为短期受益而去做长期后悔的事……我也会去不断反思管理过程的功能性失调部分……"。在谈及创新导致原有知识结构的认知冲突问题及反思思维模式转变时，G18指出，"大环境持续变化，现在都要求适时改变，这是不断否定自我的过程，最主要的是观念转换"。随着矛盾认知加深，中层会有意学习高管思考问题的方法，使自我思维能力得到潜移默化的改进。即，管理者善于将先前积累的经验与活动反馈的信息进行对比，利用启发获取的潜在信息推理形成抽象化认知图式和认知脚本，指导信息处理方式，以促进竞争性观念转换，获取解决矛盾问题的经验，应对组织整体均衡发展。由此，提出以下命题：

命题4B：双元领导行为滴漏第二步是感知过滤，中层管理者受高管行为启发对工作目标、策略执行进行内在解释，结合情境问题进行客观地剖析、反思和修正。

4.5.3　知觉顿悟

知觉顿悟是指观察者对潜意识加工记忆中存储的信息进行重组，打破原有思维定式，沿不同方向发散思考，利用获取的关键性启发信息激活新认知模式的过程。有学者提出管理认知具有自我增强的认知凝滞性，但却忽略了环境中的变动信息产生能力刚性（邓少军、芮明杰，2013）。特别是受高管榜样示范的影响，复杂管理情境更易激起中层尝试改变自我认知心理状态，打破原有线性思维缺陷，表现为认知结构的解除，最终从一种认知转变为另一种不同的认知重构过程。例如，在考虑游戏研发疲软处境时，如 G5 所述，"经理会上老板提出了一个我比较认可的观点……目前我们处于互联网情境下的粉丝经济，这就决定我们不仅是游戏公司，而是要从单纯游戏开发转向泛娱乐化，寻找新的增长点"。此时，中层更多采用启发式加工方式对高管行为的思维过程进行再认知，结合示范行为的关键特征和信息反馈，将已有认知结构同化，设定新的匹配情境的认知模式。就像 G14 所述，"与领导所倡导观点一致，我们希望通过削减成本改善利润，但技术上我们需要一个长期战略，而不是在技术上节省开支，这种平衡和度是要控制"。因此，外部环境的不确定性和模糊性充分激发中层逻辑思维的潜力，使管理者积极主动将矛盾要素内化到管理认知过程，激活认知知识基础，形成新的认知框架。由此，提出以下命题：

命题 4C：双元领导行为滴漏第三步是知觉顿悟，启发其接纳冲突信息的矛盾思维框架，活化获取的新知识，以促进新旧认知的交替重组。

4.5.4 意义强化

意义强化是指观察者通过内在动机推动，将设定后的认知理论化并产生心理共鸣，强化认知模板指导行为表现的过程。经过知觉顿悟，中层原有认知图式被重新构造，形成对环境变量非常敏感的新认知结构。当匹配矛盾力量的认知模式在中层头脑中得以强化时，中层善于依据矛盾形势变化相机采用灵活的行为策略予以应对，表现出矛盾协调与平衡能力。如 G13 所述，"上级领导经常提醒我们在信息不对称时代，要鼓励稳中有变，而非按部就班、墨守成规，否则就会失去企业灵性，这对我们部门管理是有借鉴意义的"。借鉴高管观点表现为内在认同的过程，此时，中层及时修正过去认知、态度和行为，使认知框架更加具体化和可操作化，在指导下属活动时"既有明确的方向和目标，又允许有适当的异见"（G18），继而将双元原则逐渐融入例行工作中，做出双元行为判断和决策。因此，面对复杂矛盾情境，中层需要经过直觉、推理、内化的认知图式来强化所感知到的高管双元行为的内在逻辑规律，从而在缓解矛盾过程中达成行为一致共识，指导其展现双元行为。由此，提出以下命题：

命题4D：双元领导行为滴漏第四步是意义强化，中层管理者在内化高管行为背后的矛盾认知后外显化为双元领导行为，协调与整合矛盾元素。

4.6　实现滴漏过程的条件

行为扩散与传递不仅取决于思维方式与思维过程的惯例改变（Catino & Patriotta，2013），还受到胜任能力影响。高管双元行为能否成功驱动中层展现一致行为取决于中层是否具备领悟高管行为意图的能力。本书发现推动滴漏发生的四种胜任能力：变异警觉能力、学习吸收能力、知觉重塑能力及包容平衡能力，编码结果见表4-6。

表4-6　　　　　　　　　　　中层管理者胜任能力编码分析结果

二阶主题	一阶概念	访谈证据举例
变异警觉能力	洞察感知	G10：研发中心包括信息、网络、安全部门，对技术的研究、储备能够做到敏锐观察及迅速评估，判断是否适应市场需求
	快速反应	G14：就像市场前沿技术这块，必须保证快速响应，因为慢下来相当于把机会拱手让给竞争对手，但快速响应也讲究策略，不能盲目追崇
学习吸收能力	经验积累	G16：而对我自身来讲，管理好部门实现组织利益是我的工作，那么可能我就会尝试去学习我认为能够符合我做事习惯的好的管理经验去模仿和学习，给自己的管理打开思路
	知识获取	G1：在组织内部有太多的知识需要去学习，搜索和领会一些与我工作相关的管理方法和经验，提升自己的管理能力是很有必要的
知觉重塑能力	智力启发	G6：定期部门经理例会是我比较期待的，会议期间各部门经理畅所欲言，领导对每个部门做出方向指示，在这个过程中我会获得很多经验，对我蛮有启发
	情景模拟	G13：对于管理经验每人有不同的理解，脑子里的思路仅限于一种想法，要尝试改变就要将其应用到情景中去

二阶主题	一阶概念	访谈证据举例
包容平衡能力	差异融合	G17：有冲突不一定是坏事，这里面要掌握一个度……部门内部一定是要允许差异存在，只要大家朝着一个方向走，这些差异都是可以接受的
	多方位思考	G15：部门活动是一个整体，所有部门决策都是在整合考量多个方面、从多个角度去综合做出的
	柔性协调	G8：对于部门中出现的冲突问题不能"一刀切"，毕竟每个人都会有自己的利益和观点考虑在内，这时我会从部门整体利益去适时协调，找到大部分人都能接受的范围

变异警觉能力是指管理者觉察外部环境动荡、市场发展趋势及竞争对手行动变化并迅速反应。基于与外部环境的互动，中层利用既有认知框架对所感知的情境赋予一定的形式和意义。高管 – 中层互动过程，一旦高管双元行为被中层注意到，其能"结合情境变化识别企业发展方向及变革时机"（G13），辨识支撑复杂行为的矛盾认知以匹配竞争需求，此时变异警觉能力成为推动意识转变的关键驱动因素。例如，G1 所述"针对市场形势不稳定，部门设计客户驱动的生产模式替代计划驱动的生产流程，替换非常耗时，但必须做……替换决策要与上级沟通，往往可能我们犹豫要不要这样做，但沟通后发现必须要做"。因此，变异警觉能力使中层辨析到矛盾认知，不会将思维限制在狭小空间而是更能利用全局性思考将多个业务板块整合起来进行通盘考虑，从而在整体上把握复杂性方向。

学习吸收能力是指行动者不断学习，对知识进行获取、消化与利用以产生新知识的能力。管理者通过评估组织内外已有知识和资源的价值，通过学习和整合将获取的资源和知识融入并转移到既有知识和资源池中，进而抓住有利于组织发展的机会。"从'分享互联网'到'发现好游戏'的产品转型始终都是产品价值观的体现，但却没能兼顾创作者的利益，这是我们目前需要解决的首要问题，好在公司有成功经验可以借鉴学习"（G7）。在高管 – 中层互动过程中，中层积极洞察不同行为方式的内在思维逻辑，理解蕴含的动机和价值观，通过有效经验学习启发推理契合情境变化的复杂认知内容和结构。

知觉重塑能力是指行动者通过改变原有知识及对外部环境或关键事件信息的解释模式，重新塑造感知和诠释信息意义的能力。类似于认知凝滞，知觉的相对稳定可能会使行动者忽略变动信息而错误地理解信息含义（Waldman & David，2019），产生能力刚性。此时，"部门变革其实是自我否定，说起来容易做起来难"（G4）。然而，面对模糊情境，中层发现原有知觉过程制约部门的动态适应性，很难带来理想绩效，对把握新机会和在矛盾中生存都是非常不利的。"'两条腿走路'给我很大启发，管理不是一成不变，要善于批判、反思、挑战自我"（G8），因此，反思原有认知与当前环境变化的匹配度，跳出线性认知束缚，重新审视现存问题，拓展解决问题新思路，对相似情境涌现新认知模式。

包容平衡能力是对管理过程中的矛盾张力及不一致采取包容性的态度，将矛盾元素并置与协调以发挥协同作用的能力。"完全自发的自主研发，部门会给予一定空间去尝试，让他们去犯错，但作为管理者我要明白这个产品对支撑部门发展是必需的"（G3）。可以看出，试错过程体现中层包容性态度，同时给予规范和明确方向的过程则需要进行平衡。中层旧认知被重塑后，结合复杂情境运用矛盾认知指导行为的意愿更强，此时需要一定程度的包容平衡能力来协调矛盾关系，避免混沌中的混乱局面出现。因此，具有包容平衡能力的领导者对所处环境中的变化与新事物保持着敏感性、好奇心，有序地推动矛盾认知的内部强化，从而影响到行为。

由此，提出以下命题：

命题5：滴漏过程需要中层管理者承载矛盾处理的胜任能力，包括变异警觉能力、学习吸收能力、知觉重塑能力及包容平衡能力。

4.7 本章小结

创新型企业是一个充满矛盾的复杂动态系统，存在战略目标矛盾（目标）、学习导向矛盾（知识）、创新方式矛盾（过程）及权力结构矛盾（关系）四种矛盾形式。这是对史密斯等（Smith et al. ，2011）四种矛盾形式的拓展和具化，尤其是对创新型企业所面对的混沌状态的刻画。

管理的核心即处理与兼顾情境（Mom，Chang & Cholakova，2019）。与传统单一领导方式相比，以"既/又"认知融合矛盾元素的双元领导契合了情境竞争性需求，适时转换行为以有效协同矛盾，为组织持续应对矛盾情境提供了方向（Zhang et al. ，2015；Rosing，Frese & Bausch，2011）。此时，高管双元领导能将不同矛盾力量进行有效整合，利用开放式行为与闭合式行为协同从更高战略层面实现矛盾的统一协调，成为组织应对矛盾情境的有效方式。然而，由于组织权力等级的存在，高管战略意图如何得到有效执行，使中层尝试采用柔性的问题解决方式，关系到组织管理悖论困境的突破。本书研究发现，高管 - 中层在激励策略、决策过程与沟通方式方面存在行为下行传递效应，即高管所展现的双元领导行为被中层辨识并仿效学习，转化到管理活动中，从而也表现出双元领导行为。

本书响应罗瑾琏等（2021）的呼吁，发现中层经过认知辨识、感知过滤、知觉顿悟及意义强化四个紧密相扣的矛盾认知渗透过程，理解高管双元行为合理性，接受行为不一致性，展现相似行为。具体而言：首先，当高管表现双元领导行为时，中层首先注意到该行为的特殊性，辨析到行为背后的思维方式；其次，将感知到的矛盾认知在自我意识中进行整合处理并进一步解释，过滤形成矛盾视野范围；再次，通过将抽象信息加工，启发、内化及更新心智模式，塑造更具情境意义的矛盾认知模式；最后，将矛盾认知外显化，利用形成的矛盾认知指导行为过程，展现双元领导行为。此时，伴随着双元领导的下行传递过程，中层需具备兼顾矛盾元素的胜任能力，包括变异警觉能力、学习吸收能力、知觉重塑能力和包容平衡能力。四种能力表征相互依存、相互促进，增强柔性适应能力，树立应对矛盾危机的信念，承载双元行为的滴漏。

综合上述分析，本书构建了矛盾情境下跨管理层级管理者协同应对矛盾和冲突的双元领导滴漏过程机制及推动条件，得出整体模型见图 4 - 2。

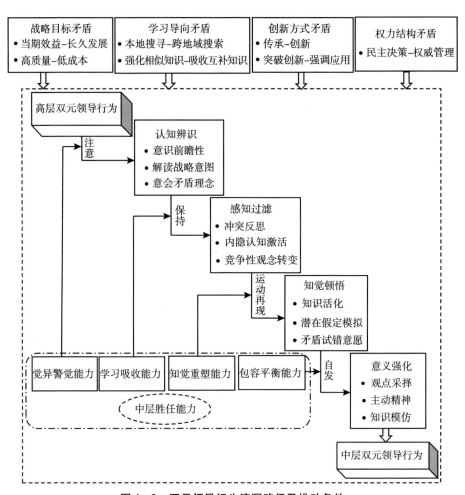

图 4-2 双元领导行为滴漏路径及推动条件

第 5 章

双元领导上行下效对团队
创造力的影响机制研究

在第 4 章基础上，本章基于社会认知理论和滴漏理论框架，探索组织内部不同管理层级间双元行为的关联关系对团队创造力的影响，构建了高管双元领导行为通过中层管理者双元领导行为提升团队创造力的影响机制模型，同时从中庸思维和创造力角色认同出发探究影响该机制发挥作用的干扰条件。通过对相关变量间关系梳理与推导，提出本研究的研究假设，通过实证模型证实双元领导行为存在从高管到中层的上行下效滴漏现象，继而对团队创造力产生显著影响，为后续研究奠定理论基础。

5.1　研究问题的提出

伴随全球市场竞争的日趋激烈，产业转型升级及技术革新推进的模糊性、动荡性及复杂性引致的混沌状态为组织带来错综复杂的张力与冲突问题。此时，组织不仅要充分利用当前资源创造市场价值确保竞争优势，还要具备卓越创新能力，以维持企业基业长青。所以，是否拥有强有力的杰出领导以化解矛盾是企业"茁壮成长"的一个重要特征（陈春花、赵曙明、赵海然，2004）。史密斯等（Smith et al.，2005）提出，领导效能源于包容和平衡战略冲突的矛盾认知能力。近年来，学者们将矛盾认知视为领导学研究的重要构念，认为优秀领导者的关键素质在于拥有复杂的认知能力和柔性的行为方式，根据管理过程的实际需求选择适用领导方式并做出适当性调整（Tushman，Smith & Binns，2011；O'Reilly & Tushman，2011），展现出双元领导行为（Mom，Van Den Bosch & Volberda，2009；Rosing，Frese & Bausch，2011）。双元领导的本质是对管理实践中客观存在矛盾问题表现出较高容忍度（Miron-Spektor，Erez & Naveh，2011），运用矛盾思维方式选择恰当的领导行为（Bledow et al.，2009），并通过执行多重角色将相反领导行为融合起来（Gebert，Boerner & Kearney，2010），以满足组织竞争性需求及实现多重目标（Schreuders & Legesse，2012）。此外，任正非在华为"寒冬"时刻明确提出了"灰度"哲学，马化腾在互联网冲击下总结出腾讯七条"灰度"求生法则，这些管理现实均揭示了高层管理者利用复杂认知模式指导双元领导展现以接受和解决组织运营过程矛盾冲突的关键作用。因此，作为创新资源的分配者、发展理念的塑造者，高层管理者是否能快速识别和理解外部情境变化，如何通过双元行为与复杂环境的良好匹配平衡和协调愈发凸显的矛盾，关乎组织生存与发展两难困境的突破，是现有理论界和实践界亟须深入探究的问题。

从目前有关高管双元领导的相关文献看，已有研究在基本理论框架、逻辑关系和实证等方面取得了初步进展。尽管有学者证实了高层领导者及其展现的双元领导行为在引领组织双元创新（ambidextrous innovation）上的关键角色（陈建勋、杨正沛、傅升，2009），但并未就如何利用矛盾管理思维分配创新资源平衡诸如探索和利用等貌似冲突的创新活动内在机制给予更深入的探析。罗辛等（Rosing et al.，2011）指出，科学的领导行为有助于创造性活力的激发。然而，作为组织创新的原动力，创造力实现过程往往陷入只关注挑战性创意刺激而忽略创意有效性的陷阱之中，导致创造力的"多而无用"（孙永磊、宋晶，20115）。特别是，团队是维持组织运行的基本工作单元（O'Reilly & Pfeffer，2000；赵可汗等，2014），团队创造力是知识经济时代企业持续竞争优势的根本来源（Shin & Zhou，2007）。根据角色扮演理论，高层领导对组织的影响是全局性的，因此从高层管理者视角探讨双元领导缓解团队创造力新颖性与实用性矛盾共存问题更有必要，对创造力的持续提升更有价值。虽然已有研究表明，团队成员近端的直线领导双元领导行为对团队创新绩效（韩杨、罗瑾琏、钟竞，2016）及团队目标学习取向（管建世、罗瑾琏、钟竞，2016）有显著促进作用，那么位于团队成员远端的高层领导对团队创造力是否具有同样的效果？如果是，这种影响是如何发生的？其内在的作用机制是什么？在哪些边界条件影响下更易产生影响？对于这些问题的澄清，有助于拓展双元领导理论研究。

进一步来讲，虽然由于组织管理等级的存在划分出高层管理者和中层管理者，但不同等级的领导行为并不是毫无关联，而是会从上而下扩散开来形成领导行为的滴漏效应（trickle-down effect），即组织中的高层领导的影响会借助管理层次潜移默化地渗透给中层领导，中层领导通过加工、理解和领会高层领导战略意图表现出与高层相似领导行为，并最终对员工行为产生影响（Mayer et al.，2009；Liu，Liao & Loi，2012）。研究发现，道德型领导（Mayer et al.，2009；Ruiz，Ruiz & Martínez，2011；Schaubroeck et al.，2012；何静、张永军，2017）、服务型领导（凌茜等，2010；Liden et al.，2014）和威权领导（Li & Sun，2015）等对员工的影响均存在从高管到中层管理者的滴漏效应。刘东等（Liu et al.，2012）及马维茨等（Mawritz et al.，2012）从团队层面证实了辱虐管理的滴漏效应。然而，高不确定性的外部环境中，现有文献对双元领导是否也存在高层通过作用于中层影响团队创造力的串联效应，相关研究匮乏。因此，借鉴上述思路，本书着重于深入分析中层管理者如何灵活地诠释高层双元行为背后统筹兼顾的思维逻辑和认知过程，主动应对冲突引致的协调性问题，展现与其一致的双元领导行为，进而促进团队创造力的提升。

值得一提的是，较高层次领导行为渗透到较低层次领导者影响团队活动反应的递推过程能否发生及传递效应强弱受情境特征的约束（王震、许灏颖、杜晨朵，2015）。更为特别的是，如若较低层次领导者错误地过滤较高层次领导行为表现信息，搜索到相反的行为逻辑（Li & Sun，2015），可能会导致对组织运行消极影响的不恰当行为产生。为了理解矛盾情境中高层管理者与低层管理者双元领导行为关系，考虑到中庸思维作为一种极具中国传统文化特色的元素，时时刻刻作用于人们的言行（何轩，2009），深刻影响着组织成员对获取信息的解读。因此，从本土情境出发，本书引入中庸思维作为调节变量，探讨其在高层管理者双元领导与中层管理者双元领导关系中的作用。此外，基于规范参照群体理论（normative reference group theory），面对大量创造性风险时，团队成员是否积极表现创造性活动依赖于团队领导对创造力价值的认同程度（刘伟国等，2018），因为其只有意会到上级领导的高度承诺和示范参与，才能打破心理安全（Edmondson，Dillon & Roloff，2007），从而积极参与创造力提升活动。因此，本书同时引入领导创造力角色认同作为调节变量，进一步探究中层管理者双元领导对团队创造力产生影响的边界条件。

综上所述，本书基于社会信息加工理论和规范参照群体理论，旨在探寻高层管理者双元领导行为对团队创造力影响的内在机理，分析中层管理者双元领导行为在其中发挥的中介作用。即通过跨层面考察双元领导行为是否存在滴漏效应，并将中庸思维和领导创造力角色认同纳入理论框架，加深研究者对双元领导滴漏效应的理解，研究概念模型见图 5 – 1。本书期望深化和拓展现有双元领导和团队创造力的本土化研究，并为实践中如何有效发挥各组织层级间的协同关系提供启示和参考。

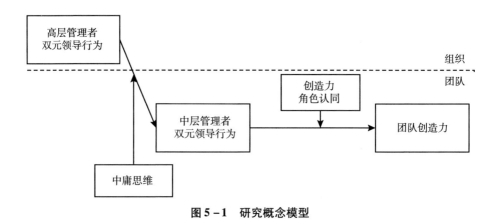

图 5 – 1　研究概念模型

5.2　理论基础与研究假设

5.2.1　高管双元领导与团队创造力的关系

依照组织解释观，高层管理者除了通过设定组织结构、划分管理层次及制定行为规范等硬件系统维持组织稳定运作以外（Finkelstein & Hambrick，1996），更为重要的是其还能借助愿景描绘、文化培育及价值观阐述等意义构建的软件策略为组织成员提供解读环境及形成集体行动的参照性认知（王辉等，2011）。错综复杂的管理情境中充斥着诸多既矛盾又统一的管理悖论问题，此时，需要高层管理者具备接受矛盾并解决矛盾的复杂认知能力，利用全局观把矛盾元素整合在一个大的战略系统中建构战略意图（Smith & Tushman，2005），有效地实现组织资源的整合与利用，在矛盾中实现整体和谐与顺势而变。具体到指导组织运行的领导行为上，矛盾情境需要高层管理者双元领导行为的展现。双元领导是领导者利用矛盾思维将相互对立但又相互关联的行为方式进行平衡，根据具体情境变化要求实现行为策略之间的柔性转换，从而发挥矛盾力量协同增效作用的领导模式（罗瑾琏等，2016）。双元领导本质上是战略性的矛盾思维方式在领导者行为中的体现（Rosing，Frese & Bausch，2011）。作为对整个组织生存与发展起决定性作用的核心人物，高层管理者双元领导通过融合不同的领导风格，利用强烈的环境感知能力分析动荡多变的复杂局势，对管理冲突表现出更高的容忍度，从而能够更好地解决张力。换言之，高层管理者双元领导强调相悖行为的兼容与权变（Rosing，Frese & Bausch，2011），这种行为焦点使组织容易形成一种建构和传递愿景、塑造双元理念的情境，使组织成员习得内在矛盾价值观和突破矛盾困境局面的基本信念，以辩证的感知、思考和解决问题的方式应对变幻莫测的不确定情境。

团队创造力是团队经过准备（prepare）、创新聚焦（innovation focus）、创造选择（create choice）、孵化（incubation）和收敛性思考（convergent thinking）的认知历程（Leonard & Swap，1999）。团队创造力并非个体创造力的简单加总（王黎萤、陈劲，2010），而是基于问题情境的团队成员异质性和多元化的复杂社会互动过程。先前对团队创造力前置因素的相关研究主要遵循行为研究的视角，关注结构构成、情境特征等因素对团队创造力产生的影响。但随着研究的逐步深入及与实践活动表现出的差异，学者们发现团队创造力过程信息、认知、观念与意见的融合和迸发过程，强调团队成员思考问题的"顿悟式转换"（Barlow，Scratchley & Hakstian，2000），而行为取向的研究只是分析了团队创造力的表象特征，无法揭示"团队加工"的过程黑箱，不能很好地诠释团队创造力的本质。因为团队创造力不仅表现出新颖性的特征，且需是有价值的、有用的，即表现为实用性（Im & Workman，2004）。新颖性倾向于"新"，具备敢于打破常规、寻求突破的高变化特性；实用性突出"用"，着眼于新想法的未来实际效用价值。在共同提升团队创造力的过程中，二者不可或缺（Amabile et al.，1996）。但由于新颖性强调孵化和发散性思考的创意激发，而实用性关注聚焦和收敛性思考的创意转化，因此，二者挑战团队成员思维方式，彼此竞争认知资源（Im & Workman，2004），从而使团队面临着在有限精力和资源条件下如何同时兼顾的矛盾性问题。所以对于高难度和高度变化的创造性任务，团队内部潜在的矛盾认知处理方式是影响团队创造性行为的最为关键的要素（Faraj & Sproull，2000；Rico et al.，2008），对解释团队如何通过内隐协同更好地激发团队成员的创造性活力具有明显的驱动作用。

领导是组织成员参与活动的社会信息源，成员对领导行为的认知和领导所传递信息的处理，进而进行正确的诠释，才能促进领导效应真正发挥。尽管目前尚未有关于探讨高层管理者双元领导与团队创造力之间关系的实证证据，但是依据社会信息加工理论，我们可以推断两者存在显著正向关系。社会信息加工理论认为，个人依据其在工作环境中获取的信息线索进行社会知觉、判断和推理的阐释过程，这种阐释进一步影响其转变态度、调节行为（Salancik & Pfeffer，1978）。因此，当高层管理者采取双元领导行为时，能为团队成员提供恰当处理矛盾问题的信息，使他们将时间、精力等投入为团队带来最大利益的工作活动中，形成一种更加开放的沟通氛围，最终激发其创造性思维及创造性产出。具体而言，高层管理者双元领导的开放式行为通常会鼓励冒险和非传统行为，勇于打破常规（陈璐、杨百寅、井润田，2015），更愿以新思想和新视角去审视组织与环境之间的互动关系，构建组织与环境的意义系统（王辉、忻蓉、徐淑英，2006），在管理实践中会传递出其对创新性工作的支持态度。此时，团队成员会接收到这一信息线索，会在团队成员相互之间的互动过程中传递接收到的复杂的解释性信息。开放性氛围给予团队成员更多的思想空间去寻找和编码信息获取更为积极的体验和感知（Reiter-Palmon & Illies，2004），随着信息处理水平的提高，越来越多新奇的创造性想法被提出。高层管理者双元领导的闭合性行为强调监督和控制，试图通过制定规则和规范保证创造性行为的互动过程及效率，使员工明白未来的创造性目标及实现程度，设置严格的内部管理运营机制提醒创造性目标实现过程中注意资源竞争和创新陷阱等关键性问题，一旦团队成员领会到这种传递意图（communicating meaning），其在参与创造性努力过程中不会只强调新颖性，而是更科学地投入资源和精力去提出更多有意义的建议和观点，着眼于去发现和解决市场中遇到的实际问题，强调对现有知识的完善与深化，注重产品、服务的实用性和适用性。基于辩证思维的高层管理者双元领导通过兼顾开放式行为与闭合式行为建立了这样一种情景，即要求高层管理者明确目标及前进方向，并可掌握最新技术与知识动态，继而既保证了团队成员创造性行为的自主性及自由度，又维持了创造性行为的有序化及生产率。开放式与闭合式两种行为协同起来为团队成员提供知觉化的信息处理方式，通过正确解读高层管理者战略意图激发团队知识动力，增加团队成员成就感，恰当地平衡新颖性与实用性。陈璐、杨百寅和井润田（2015）证实了集合运营性领导与创造性领导的战略型领导与高管团队创造力之间存在积极关系。据此，我们提出如下假设：

假设 H1：高层管理者双元领导对团队创造力有显著正向影响。

5.2.2 中层双元领导在高管双元领导与团队创造力间的中介效应

中层管理者是"处在组织战略最高点和操作核心层之间的位置的人员"（Mintzberg，1989）。根据高层梯队理论（Hambrick & Mason，1984），组织运行的结果某种程度上是高管特质、价值和领导行为的反应。按照组织等级关系，中层管理者往往能接收到高层管理者所传递的某种意义的社会信息，通过对这些信息深入加工和行为过程聚合，试图去效仿和践行高层管理者的行为，保证高管的影响落地，从而真正意义上对整个组织产生影响。也就是说，中层管理者行为风格与高管有关联关系，即高管 - 中层管理者所展现的领导行为具有滴漏效应（Liu，Liao & Loi，2012；Mawritz et al.，2012）。由于角色榜样作用（role modeling）（Bandura，1977），高层管理者通过个体行为和人际互动，向下属表示组织鼓励的行为，通过沟通和交流促进下属行为表现（Brown，Treviño & Harrison，2005）。而对于中层管理者而言，由于高管具备资源分配权，对中层管理者的绩效考核、晋升机会有重要决定权，因此，中层管理者会尽力尝试学习和体会高管的一言一行，在处理具体工作过程保持与高管的一致性。值得注意的问题是，如果中层管理者并不能领会高管真正的行为意图，没有深入地分析高管行为背后的潜在因素而仅去模仿外显行为，不仅容易导致资源浪费，而且还可能造成工作压力和紧张情绪，从而更不利于问题的解决。因为，班杜拉（Bandura，1977）指出，社会学习过程是人的行为和环境的相互作用，观察学习和自我调节共同引发了人的行为。因此，中层管理者作为行为观察者除了仿效高管领导示范行为，还应该注意周围环境的变化状态，将获取的环境信息及感知到的领导行为信息进行结合、解码、分析和提取，深刻领悟支撑领导行为表现的逻辑，然后进行自我行为的调整。

针对具备行为和认知复杂性的双元领导，中层管理者应该意识到管理过程中固有存在的矛盾和悖论，发现高管双元领导行为在解决这些冲突与张力问题上的有效性，并愿意利用辩证思维方式去思考，尝试去调整不同甚至相反的行为以适应动荡情境，从而表现一致的双元领导行为。吉普森等（Gibson et al.，2004）强调领导积极营造"支持、信任、遵守纪律和敢于担当"的双元情境对组织顺利推进的重要作用。具体到对培育组织文化起关键作用的高管上，一方面，其表现出开放式行为，意指高管通过营造支持、信任的自由空间，鼓励组织以更冒险、积极和多样化的方式去探索推动组织跨越式发展的新路径，拓展思路去应对挑战，而不能形成路径依赖和行为惯性，此时，中层管理者会敏锐地意识到指导工作过程中鼓励、激发对组织创造性活力的刺激更有意义，尤其是在复杂多变的高度不确定性环境下，更应该为下属提供重构问题的支持性氛围，刺激他们运用批判性思维去质疑和挑战现状，表现出开放式行为特征。另一方面，高管双元领导的闭合式行为通过制定行为规范和标准，旨在宣传遵守纪律和敢于担当在确保战略目标实现和工作任务顺利推进过程的重要性，防止过度开放引起的混乱，此时，中层管理者识别高管监督和控制的重要性，尤其是在产品或服务的知识转化阶段，中层更注重规则和赏罚条例来纠正下属的思想认知偏差，避免造成创新目标偏离，表现出闭合式行为特征。当高管将开放式行为和闭合式行为并置时，实则是暗示相悖元素的协调和平衡的可能性，甚至能够发挥互补协同作用，这种信息形成中层管理者的矛盾思维模板和双元信念基础（Tripsas & Gavetti，2000），使其在问题处理过程中能够容纳并有效整合多样化、矛盾性信息（Nadkarni & Narayanan，2007），影响其界定问题的方式，最终促进双元领导行为选择。

相比传统单层次配对研究，领导行为的滴漏效应模式打破对中层管理者扮演单一领导角色的局限性认识，开始重视其同时具有的领导和下属双重角色（Mayer et al.，2009），即中层管理者在组织中起桥梁作用，同时负责对上层战略意图的贯彻及对下属的指导，因此如果中层领导能力的不足将导致上层领导（或整个组织）的意志无法有效体现到员工的行为中去（薛会娟、杨静，2014）。由于中层管理者是团队成员近端领导，与团队互动更加频繁和直接，所以，团队成员有更多机会获取中层管理者展现双元领导行为的信息和动机，从而指导团队更有效地从事创造性活动。也就是说，中层管理者双元领导与团队创造力之间存在相关关系。具体而言，中层管理者通过开放式行为鼓励成员不断冒险，激发成员认知直觉，强化信息处理能力，刺激创造性热情和创意思考，提出更多新颖性的想法和观点。但过度开放的过程却会导致团队的混乱局面，使创意观点难以聚焦，此时，领导者需要改变原有管理方式，把握全局以适应情境变化科学引导成员活动，即通过闭合式行为为团队成员活动建立规则，关注任务完成的效率和结果，强调关注新知识和新创意的价值和实用性，保证创造力目标的实现。因此，双元领导通过合理分配认知资源，将互补领导行为模式集于一个相互耦合的领导行为策略中，既防止群体思维固化又控制目标偏离局面，发挥了互补行为的协同效应，实现了新颖性与实用性的有序平衡状态，最终提高了团队整体的创造力水平。韩杨、罗瑾琏和钟竞（2016）及察赫尔等（Zacher et al.，2015）分析了双元领导在处理团队创新过程张力过程中发挥的关键作用，因此，我们预期对于团队创新的前端行为——团队创造力该影响作用仍有效。

迈尔等（Mayer et al.，2009）运用实证数据检验了中层道德型领导对高层道德型领导与群体越轨行为及群体组织公民行为间的关系起完全中介作用。李艳等（Li et al.，2015）指出管理者的威权行为可以对员工建言行为产生影响，主管威权行为在其中承担着传递责任。刘东等（Liu et al.，2012）运用多阶段、多来源、多层次的数据证实了部门领导的辱虐型监管通过团队领导的辱虐型监管，进而对团队成员的创造力产生消极影响。通过梳理相关研究推测，双元领导在组织不同管理层次存在滴漏效应，即高层管理者双元领导能被中层管理者感知，通过解释和整合复杂情境中的矛盾信息，提升认知判断能力和认知模式转换能力，表现出与高管一致的双元领导行为，随后带动团队成员结合任务要求合理分配时间和精力，以最大热情投入到创造性活动中，提升团队创造力。

假设 H2：高层管理者双元领导对中层双元领导有显著正向影响。

假设 H3：中层管理者双元领导对团队创造力有显著正向影响。

假设 H4：中层管理者在高层管理者双元领导对团队创造力影响过程中起中介作用。

5.2.3　中庸思维对高管双元领导与中层双元领导间关系的权变影响

中庸思维是个体在特定情境中思考如何整合外在条件与内在需求，并采取适当行为的思维方式（吴佳辉、林以正，2005）。作为一套元认知的实践思维体系（杨中芳，2009），中庸思维承认事物整体蕴含的矛盾对立元素和力量，反对两极的过激与偏执，引导个体在考虑问题乃至处理具体工作事件时顾全大局，认清两种元素间复杂的互动关系，倡导根据时机的变化审时度势，找到能够包容对立力量的方法，制定恰到好处的决策方案，最终在行为上追求达到平衡且和谐的状态。高中庸思维的领导者立足多角度看待和分析问题，充分兼顾外部环境信息与自身内在需求，构建和谐氛围，维持组织效率，表现为多方思考、整体性及和谐性的行为特征。

借鉴文化资本理论（韦森，2009），中庸思维作为一种核心文化价值观和认知系统潜移默化地影响人们的思想、情感和行为（陈岩等，2018）。本书推断中庸思维对高管双元领导与中层管理者双元领导之间的关系可能存在调节作用。具体而言，当中层管理者注意到高管展现双元领导行为时，具备较高中庸思维的中层管理者倾向于从多个角度思考和衡量组织面临的复杂现状，力图从全局出发换位思考，追求整合性和和谐性，因此，其对高管行为的关注不仅限于行为本身，而是使用多种认知参考框架谨慎地对行为背后隐藏的深层次意图进行合理归因，结合对信息和矛盾的考量，站在对方角度敏锐地发现问题并通盘考虑，提高中层管理者对高管行为的评价和认同度。孙旭、严鸣和储小平（2014）认为中庸思维是一种包含注意力转换和认知重构的认知加工策略。因此，高中庸思维的中层管理者对高管双元领导的相悖行为及行为转换有着比较准确的直觉判断，具备较好地处理应对突发状况的心理认知准备，将注意力转移到如何平衡和兼顾矛盾元素上来，通过扩展内化认知策略帮助中层管理者更新矛盾认知和提升认知适应能力，形成提高采取双元行为的内在动机。反之，低中庸思维的中层管理者通常只是关注内在需求，不能实现与外在条件的整合，尤其是在具体任务处理过程中不能仅局限于事物的某一方面而不能把握全局，因此，当高层管理者表现出双元领导行为时，其单单注意到自我行为与高管行为表面的差异，而没有去细察是否应该根据具体情境而选择更灵活的行为方案，因而，难以适应领导行为的转变而导致上下级认知矛盾冲突的增加，形成认知偏见，更不利于中层双元领导行为的表现。罗瑾琏、易明和钟竞（2018）探究了中庸思维对双元领导与权力感知间关系的负向调节作用。从侧面佐证了中庸思维作为一种认知系统，对领导行为信息进行理性加工可以指导中层管理者一致性行为的表现，有利于整合与平衡矛盾元素，消除不确定性情境下的混乱。据此，我们提出如下假设：

假设 H5：中庸思维在高层管理者双元领导与中层管理者双元领导行为间起调节作用，中层管理者中庸思维越高，双元领导由高层到中层的渗透效应越强。

5.2.4 创造力角色认同对中层双元领导与团队创造力关系的权变影响

创造力角色认同是个体把自己定义为富有创造力个体的程度（Farmer，Tierney & Kungmcintyre，2003），反映了个体对自我的角色期望和角色承诺。根据角色认同理论，个体倾向于按照自我概念和角色身份来思考和行动（Leary & Tangney，2003），角色认同可以激励角色表现。因此，角色认同感影响了个体分析问题的视角、制定决策逻辑及处理问题的方式，个体角色认同感越强，其行为受到认同的影响就越强（Stryker，1980）。创造力是为复杂任务难题找到创造性解决之道的过程，具有不可预测性和高风险性（Hirst，Van Knippenberg & Zhou，2009）。创造力提升过程依赖于个体是否将创造力作为核心价值观（Farmer，Tierney & Kungmcintyre，2003）。而从创造力成分角度看，较高的创造力角色认同为组织成员的创造性努力提供了一种内源动力，使其更易由衷地参与到创新进程中，尽管其中涉及诸多错误的和可能失败的新方案、新方法（Coelho & Augusto，2010）。王仁忠等（Wang et al.，2014）也发现创造力角色认同与创造力正相关。成员对创造力的期待和角色要求刺激成员较高的敏感性和适应性，提升成员的积极情绪和工作旺盛感，促使他们乐意付出更多的时间、精力及资源提升思维深度，以探寻更具有个性化的问题解决策略（Bass et al.，1987）。因此，具有高度创造力角色认同的人具有较高的创造性工作动机，认同创造力价值，视自己为创造力的践行者，进而采取与创造性角色要求一致性的行为。

对于创造性工作团队而言，团队领导掌握着创造性资源，担当关键风险，把握创造目标（Jung，Chow & Wu，2003）。因此，团队领导的行为和态度是团队整体行动的关键线索，成员依此来调整自身工作行为（Kelley，1952）。规范参照群体理论指出，设定行为规范的关键参照对象的态度和期望是人们估计自己下一步采取什么行动的重要指引（Kelley，1952；Merton，1957）。据此推理，创造力角色认同在中层管理者双元领导与团队创造力间起调节作用。具体而言，在存在高不确定性和风险性的团队创造力过程中，当领导者表现出双元领导的开放式行为时，高创造力角色认同的团队能够捕捉领导在处理风险时的支持和鼓励态度，促使团队成员更灵活地结合外部获取和内部分享讨论的知识探讨新方案或新的问题解决思路，因此，团队成员更愿积极开拓思路，尝试利用各种有效途径去探寻解决问题的新办法（Grand et al.，2016）。另外，团队领导表现出的闭合式行为通过制定一些行为规范，及时纠正团队成员行为偏差，预防危机，为成员创新行为提供了保障，此时，具备高创造力角色认同的团队成员更乐意全心投入到冒险进行创造性试错转化过程中，因为，双元领导的闭合式行为消除团队成员担心自我创造力的想法是否对团队绩效产生不利影响的顾虑，从而可以更放心大胆地去探寻新思路、新方法。当双元领导表现出开放式行为与闭合式行为的转换时，高创造力认同团队更加准确地解读竞争性需求，形成关于创造力价值的统一看法，进行深度沟通与协作，对创造力过程中的矛盾保持较高的容忍度，敢于面对潜在失败风险，营造试错学习空间，提升团队构思应对冲突的新方案的能力（Weisz，2004），最终提升团队整体创造力（Gong et al.，2013）。而对于具备低创造力角色认同的团队来讲，双元领导的相反行为差异及行为转换可能造成团队成员对创新活动的工作压力与紧张情绪，倾向于去规避可能出现的创造性失误，失去参与创造性活动的兴趣，也不会主动地寻找创造性解决问题的方法，寻求有助于产生创新想法的新知识和信息，弱化团队整体创造力水平。据此，本书提出如下假设：

假设 H6：创造力角色认同在中层管理者双元领导与团队创造力间起调节作用，创造力角色认同越高，团队创造力水平越强。

5.3 研究设计

5.3.1 样本选取和数据收集

本书选取高新技术企业中的领导和研发团队作为研究对象，这是因为：第一，作为知识密集、技术密集的经济实体，高新技术企业既需要利用内外有效资源发展现有业务，实现短期效益最大化，又需要具备较强的高端技术创新和开发能力，追求长期持续发展，此时，业务发展方向的选择、运转节奏的把握及创新瓶颈的克服对企业提出更多的挑战；第二，面对变革转型的新挑战，高新技术企业中的管理者需要处理降低成本、提高效率、拓展市场和创新经营模式等问题，更注重管理方式创新及组织创新氛围的培育，采取更灵活的领导模式推动组织突破转型困境，加快企业转型升级；第三，相较于一般团队，研发团队既能有效聚集优秀资源转化为现存生产力，又能不断创造新知识、新想法、新资源以满足创新性任务需求，从而更能及时应对迅速变化的环境并做出灵活反应，因此，研发团队给企业带来的价值更大。

为避免横截面数据造成的局限性，本书分两时段对上海、江苏和山东的高新技术企业开展问卷调查。调研前，调查人员先与被调研企业管理层进行联系，向其介绍本次调研目的，了解企业目前的运营状况及组织管理架构大体的情况，以准确把握研究对象；而后与人力资源部负责人进行沟通，向其介绍需要调查的团队（部门）特征及问卷填写过程中的注意事项后，以确保调研过程的可控性。具体而言，第1阶段从2016年5月开始至2016年6月结束，采用现场回收的方式请企业中层管理者填写由企业所处行业类型、中层管理者人口统计学变量及高层管理者双元领导行为变量所构成的领导问卷，共发放60份，回收有效问卷52份，回收率为86.67%。间隔2个月后，我们于2016年9月至12月通过现场回收和电子邮件的方式发放第2阶段调查问卷，接受调查的为与第1阶段领导配对团队的内部员工，填写包括团队及团队成员人口统计学变量、中层管理者双元领导变量及创造力角色认同变量的团队员工问卷，此阶段，请中层管理者填写包括中庸思维变量和团队创造力变量的调查问卷，以了解团队整体创造力水平。此次共发放团队匹配问卷300份，剔除匹配不成功、团队整体呈现规律性及题目评分都相同的无效问卷后，回收有效成员问卷266份，有效问卷回收率为88.67%；发放团队领导问卷52份，回收有效问卷52份，有效问卷回收率为100%。管理者样本和团队样本的特征统计情况分别见表5-1和表5-2。

表5-1　　　　　　　　　管理者样本特征统计（N=52）

人口特征变量	类别	样本数	占比（%）
性别	男	36	69.23
	女	16	30.77
年龄	25岁及以下	3	5.77
	26~35岁	11	21.15
	36~45岁	24	46.15
	46岁及以上	14	26.92
学历	本科及以下	23	44.23
	硕士	24	46.15
	博士	5	9.62
职位任期	2年及以下	17	32.69
	3~5年	22	42.31
	6~8年	10	19.23
	9年及以上	3	5.77

续表

人口特征变量	类别	样本数	占比（%）
团队成立年限	1 年及以下	5	9.62
	2～4 年	27	51.92
	5～7 年	14	26.92
	8 年及以上	6	11.54
团队规模	5 人及以下	9	17.31
	6～10 人	18	34.62
	11～15 人	16	30.77
	16 人及以上	9	17.31
与上级领导合作年限	1 年及以下	6	11.54
	2～4 年	27	51.92
	5～7 年	11	21.15
	8 年及以上	8	15.38
行业类型	电子通信及电子元件	14	26.92
	计算机软件服务	13	25.00
	制造业	7	13.46
	食品化工	11	21.15
	金融业	4	7.69
	科学研究	3	5.77

表 5 – 2　　　　　团队成员样本特征统计（$N = 266$）

人口特征变量	类别	样本数	占比（%）
性别	男	190	71.43
	女	76	28.57
年龄	25 岁及以下	70	26.32
	26～35 岁	161	60.53
	36～45 岁	27	10.15
	46 岁及以上	8	3.01

续表

人口特征变量	类别	样本数	占比（%）
学历	本科及以下	107	40.23
	硕士	105	39.47
	博士	54	20.30
与直接领导者合作年限	1 年及以下	48	18.05
	2~4 年	75	28.20
	6~8 年	95	35.71
	9 年及以上	48	18.05

管理者样本特征统计如表 5-1 所示。从性别分布来看，男性领导者有 36 位，占 69.23%，女性有 16 位，占样本总数的 30.77%；从年龄结构来看，36~45 岁的管理者最多，有 24 位，占样本总数的 46.15%，46 岁及以上的管理者有 14 位，占样本总数的 26.92%；从学历结构来看，拥有本科及以下学历者与硕士学历者基本持平，分别占样本总数的 44.23% 与 46.15%；从职位任期看，管理者主要任期在 3~5 年，占样本总数的 42.31%，其次为 2 年及以上，占样本总数的 32.69%，说明样本调研对象职位流动性较大，不易形成管理惯性及行为依赖；从团队成立年限看，2~4 年团队最多，占样本总数的 51.92%，其次为 5~7 年，占比 26.92%；从团队规模来看，拥有 6~10 人的团队有 18 个，占样本总数的 34.62%，拥有 11~15 人的团队有 16 个，占比 30.77%，有 9 个团队的成员人数为 5 人及以下，9 个团队的成员人数为 16 人及以上；从行业类型看，调研对象主要分布在电子通信及电子元件、计算机软件服务及食品加工等行业，分别占比 26.92%、25.00% 及 21.15%，说明样本具有一定代表性。

团队成员样本特征统计如表 5-2 所示。从性别分布来看，男性有 190 位，占 71.43%，女性有 76 位，占样本总数的 28.57%，符合研发团队男性较多女性较少的情况；从年龄结构来看，主要集中分布在 26~35 岁，占样本总数的 60.53%，25 岁及以下的有 70 位，占样本总数的 26.32%，可以看出研发团队呈现年轻化态势；从学历结构来看，拥有本科及以下学历者与硕士学历者基本持平，分别占样本总数的 40.23% 与 39.47%；从与直接领导者合

作年限看，95 位合作 6～8 年，占比 35.71%，75 位合作 2～4 年，占
比 28.20%。

5.3.2　研究工具的选择

5.3.2.1　双元领导的测量

依据前述双元领导的内涵界定，双元领导表现为领导者对两种相悖行为
的平衡与协调，以发挥互补协同作用。陈建勋、杨正沛和傅升（2009）、陈
建勋（2011）及孙永磊和宋晶（2015）的研究中，利用变革型领导和交易型
领导来表征双元领导。在凯勒等（Keller et al.，2015）的研究中，利用探
索式行为和利用式行为来表征双元领导。罗瑾琏、赵莉和钟竞（2016）的研究
中，利用授权型领导与命令型领导来表征双元领导。罗辛等（Rosing et al.，
2011）利用开放式行为与闭合式行为表征双元领导，并开发了 14 条目量表，
后经察赫尔等（Zacher et al.，2014，2015）证实，该量表具有较高的信效
度。对双元领导而言，领导者不仅在实践中重视如何处理双元行为的平
衡，更重要的是，需要具备复杂的矛盾认知系统。此时，强调合理分配
认知资源，关注变异增减的开放式行为与闭合式行为，更能凸显双元领
导者复杂认知的应用，满足矛盾问题的竞争需求。罗瑾琏等（2017）利用
该量表研究了中国情境下双元领导行为对团队创新绩效的影响作用机制和
路径，同时指出在西方情景下开发的双元领导行为量表适合中国组织情景。
因此，本书借鉴罗辛等（Rosing et al.，2011）开发的双元领导两维度量
表，并对原始英文量表进行了双向翻译，同时结合访谈过程管理者反馈的
意见进行措辞修订，最终形成本书的双元领导量表，开放式领导行为和闭
合式领导行为各有 7 条测量条目，测量采用 Likert 5 点量表进行（"1"代
表非常不同意，"5"代表非常同意），具体如表 5-3 所示。

表 5 –3　　　　　　　　　　双元领导的测量量表

行为方式	序号	测量题项
开放式行为（OL）	OL1	领导容许成员用不同的方式完成任务
	OL2	领导鼓励尝试不同的想法
	OL3	领导通常鼓励冒险
	OL4	领导尽量给予成员独立思考和行动的可能性
	OL5	领导给予成员拥有自己想法的空间
	OL6	领导允许成员犯错
	OL7	领导鼓励成员从错误的经验中学习
闭合式行为（CL）	CL1	领导监督和控制目标完成
	CL2	领导为活动建立规则
	CL3	领导采取矫正行动纠正成员错误
	CL4	领导监督成员遵守规则
	CL5	领导关注任务的统一完成
	CL6	领导对成员犯错给予处罚
	CL7	领导坚持按计划行事

在处理方式上，本书旨在探究矛盾力量的相互强化影响，发现双元行为的协同效应，以实现行为价值最大化，因此，借鉴蒙等（Mom et al.，2009）、察赫尔等（Zacher et al.，2015）、何等（He et al.，2004）及韩杨、罗瑾琏和钟竞（2016）的研究，采用互补领导行为的交互乘积项计算双元领导行为得分。在具体操作过程中，参考察赫尔等（Zacher et al.，2015）及韩杨、罗瑾琏和钟竞（2016）的相似研究，取两变量因子得分均值测量各变量，进行均值中心化处理后计算乘积项测量。本书中，高层管理者双元领导和中层管理者双元领导采用同一套量表由不同的主体分别进行评价，其中高层管理者双元领导由其直接下属（如中层管理者）在第一阶段打分评价，中层管理者双元领导由团队成员在第二阶段报告评价。

5.3.2.2　团队创造力的测量

由于研究视角的差异，学者们对团队创造力的维度划分及测量也会有所不同。皮罗拉－默洛等（Pirola-Merlo et al.，2004）利用客观指标和主观评价两种方式衡量团队创造力水平，其中客观指标包括专利数量、新产品数量等，主观评价包括测量新颖性、有用性、创造性和创新性的 4 个测度条目。陈明辉等（Chen et al.，2005）的研究中，采用创造性、生产率和创新性三个指标衡量团队创造力。汉克（Hanke，2006）的研究中，利用 9 个测量条目衡量团队创造力的有用性和新颖性。申载双等（Shin et al.，2007）的研究中，利用 4 个测量条目测度团队创造力的想法新颖性（newness of idea）和想法有用性（usefulness of idea）。王艳子等（2012）借鉴陈明辉等（Chen et al.，2005）及汉克（Hanke，2006）的研究，结合团队情境设计了中国本土的测量量表，该量表后被证实具有较高的信效度。由于本研究试图探寻中国情境下创造力活动过程的矛盾力量应对问题，因此，王艳子等（2012）以新颖性和实用性两维度设计的 12 条目量表更符合研究需求，其中新颖性和实用性各有 6 条测量条目，由中层管理者在第 2 阶段进行评价，测量采用 Likert 5 点量表进行（"1"代表非常不同意，"5"代表非常同意），具体如表 5 - 4 所示。

表 5 - 4　　　　　　　　　　　　团队创造力的测量量表

维度划分	序号	测量题项
新颖性（XY）	XY1	团队经常想出一些新颖性的解决问题的方式、方法
	XY2	团队经常提出与过去差异显著的想法
	XY3	团队经常提出背离常规思维的想法
	XY4	团队经常开发或设计出功能独特的产品
	XY5	团队开发或设计的产品往往挑战了该类产品的现有创意
	XY6	团队开发或设计的产品往往为该类产品提供了新的创意
实用性（SY）	SY1	团队经常想出一些实用性的解决问题的方式、方法
	SY2	团队提出的想法具有应用价值
	SY3	团队提出的想法能够付诸实践
	SY4	团队提出的想法能够产生预期的结果
	SY5	团队开发或设计的产品满足了市场需求
	SY6	团队开发或设计的产品获得了顾客满意度

5.3.2.3　中庸思维的测量

本书采用吴佳辉和林以正（2005）编制的13条目中庸思维量表，包括多方位思考、整体性和和谐性三个维度。多项研究表明，该量表的测量内容与理论定义一致，在中国情境下有较高的信效度（陈建勋、凌媛媛、刘松博，2010；赵可汗等，2014；罗瑾琏、易明、钟竞，2018）。本书中，该量表由中层管理者在第2阶段进行评价，然后求得每个维度测量题项的平均值，最后将三个维度平均值加总，得到中庸思维总分。测量采用 Likert 5点量表进行（"1"代表非常不同意，"5"代表非常同意），具体如表5-5所示。

表 5-5　　　　　　　　　　　　中庸思维的测量量表

维度划分	序号	测量题项
多方位思考（DS）	DS1	在讨论时，我会兼顾相互争执的意见
	DS2	我习惯从多方面的角度来思考同一件事情
	DS3	在意见表决时，我会听取所有的意见
	DS4	做决定时，我会考虑各种可能的状况
整体性（ZT）	ZT1	我会试着在意见争执的场合中，找出让大家都能够接受的意见
	ZT2	我会试着在自己与他人的意见中，找到一个平衡点
	ZT3	我会在考虑他人的意见后，调整我原来的想法
	ZT4	我期待在讨论的过程中，可以获得具有共识的结论
	ZT5	我会试着将自己的意见融入他人的想法中
和谐性（HX）	HX1	我通常会以委婉的方式表达具有冲突的意见
	HX2	意见决定时，我会试着以和谐的方式让少数人接受多数人的意见
	HX3	我在决定意见时，通常会考虑整体气氛的和谐性
	HX4	做决定时，我通常会为了顾及整体的和谐，而调整自己的表达方式

5.3.2.4　创造力角色认同的测量

本书采用法默等（Farmer et al.，2003）开发的创造力角色认同量表，以反映团队成员作为创造力活动者的角色认同中心度，共有 3 个测量条目。多项研究表明，该量表具有较高的信效度（马君、赵红丹，2015；刘伟国等，2018）。本书中，该量表由团队成员在第 2 阶段进行评价，测量采用 Likert 5 点量表进行（"1"代表非常不同意，"5"代表非常同意），具体如表 5 - 6 所示。

表 5 - 6   **创造力角色认同的测量量表**

序号	测量题项
CRI1	我经常思考要让自己变得更富有创造性
CRI2	对于如何成为有创造力的员工，我没有清晰的概念[a]
CRI3	成为一个具有创造力的个体是我角色中的一个重要部分

注：a 为反向描述题。

5.3.2.5 控制变量的测量

樊景立、梁建和陈志俊（2008）认为，实证研究中需要将自变量之外的外生变量实现有效控制，使其对因变量的影响效应最小化。但由于实证研究过程并不能控制所有影响因变量的相关变量，因此，为了变量间关系的准确性，我们借鉴已有研究成果，控制可能影响因变量的一些重要变量。

借鉴刘东等（Liu et al.，2012）的相关研究，在个体层面，我们控制了团队成员的性别、年龄、学历及与直接领导的合作年限等变量。男女性别差异反映了思维方式的不同，男性往往偏理性思维，而女性偏感性思维（李嘉、张骁、杨忠，2009）。年龄反映个体创新意识和创新冲动，年龄越大，创新动机越弱。学历反映了成员专业知识的深度和广度及思维模式，是影响创新的重要因素（Mumford & Gustafson，1988；George & Zhou，2007）。与直接领导的合作年限反映了对领导行为特征及处事方式的了解程度，影响领导 - 成员交换关系，与创造力息息相关（罗瑾琏，赵莉，钟竞，2016）。借鉴李艳等（Li et al.，2015）的相关分析，在团队层面，我们控制了团队规模、团队成立年限及与上级领导合作年限等变量。团队规模影响团队内部成员间沟通的频繁程度；团队成立年限影响成员间的默契配合程度，都对团队创造力产生影响（Harrison et al., 2002）。与上级领导合作年限影响下级领导对上级管理者行为的熟悉程度，与创造力紧密相关。

5.4 数据分析与假设检验

5.4.1 信度分析

信度（reliability）是指测量结果的一致性或稳定性（李怀祖，2004）。本书采用修正题项总体相关系数（CITC）与内部一致性系数（Cronbach'α 系数）来判断各测量量表是否具有良好信度。首先，当测量条目的 CITC 小于 0.300 时，该测量条目会直接被删除；当测量条目的 CITC 小于 0.500 时，如果删除该条目能使量表总信度系数提高，那么该条目会被删除。此外，按照纽莉（Nunnally，1994）提出的衡量标准，当 Cronbach'α 系数大于 0.700 时，表示该量表具有较好的信度。对于高层管理者双元领导行为、中层管理者双元领导行为、团队创造力、中庸思维及创造力角色认同五个构念的信度系数检验结果逐一显示在表 5-7 至表 5-11 中。

表 5-7　　　　　　　高层管理者双元领导量表的信度分析结果

行为方式	条目	CITC	删除该项后的 Cronbach'α	总体的 Cronbach'α
高管 开放式行为（HOL）	HOL1	0.689	0.855	0.908
	HOL2	0.683	0.864	
	HOL3	0.708	0.847	
	HOL4	0.716	0.838	
	HOL5	0.726	0.832	
	HOL6	0.662	0.876	
	HOL7	0.747	0.832	

续表

行为方式	条目	CITC	删除该项后的 Cronbach'α	总体的 Cronbach'α
高管 闭合式行为（HCL）	HCL1	0.659	0.833	0.864
	HCL2	0.624	0.853	
	HCL3	0.670	0.828	
	HCL4	0.673	0.826	
	HCL5	0.662	0.834	
	HCL6	0.688	0.824	
	HCL7	0.753	0.823	

表 5 - 8　　　　　　　中层管理者双元领导量表的信度分析结果

行为方式	条目	CITC	删除该项后的 Cronbach'α	总体的 Cronbach'α
中层 开放式行为（MOL）	MOL1	0.676	0.904	0.910
	MOL2	0.740	0.895	
	MOL3	0.728	0.897	
	MOL4	0.724	0.897	
	MOL5	0.756	0.893	
	MOL6	0.793	0.889	
	MOL7	0.700	0.899	
中层 闭合式行为（MCL）	MCL1	0.593	0.884	0.890
	MCL2	0.715	0.870	
	MCL3	0.663	0.876	
	MCL4	0.718	0.869	
	MCL5	0.712	0.870	
	MCL6	0.719	0.870	
	MCL7	0.677	0.875	

表 5 – 9   团队创造力量表的信度分析结果

维度划分	条目	CITC	删除该项后的 Cronbach'α	总体的 Cronbach'α
新颖性（XY）	XY1	0.541	0.847	0.853
	XY2	0.620	0.834	
	XY3	0.658	0.825	
	XY4	0.597	0.836	
	XY5	0.726	0.812	
	XY6	0.703	0.816	
实用性（SY）	SY1	0.551	0.778	0.790
	SY2	0.563	0.774	
	SY3	0.595	0.769	
	SY4	0.606	0.766	
	SY5	0.677	0.754	
	SY6	0.694	0.723	

表 5 – 10   中庸思维量表的信度分析结果

维度划分	条目	CITC	删除该项后的 Cronbach'α	总体的 Cronbach'α
多方位思考（DS）	DS1	0.601	0.787	0.813
	DS2	0.679	0.752	
	DS3	0.604	0.767	
	DS4	0.631	0.764	
整体性（ZT）	ZT1	0.672	0.795	0.879
	ZT2	0.681	0.768	
	ZT3	0.749	0.7401	
	ZT4	0.756	0.716	
	ZT5	0.714	0.763	
和谐性（HX）	HX1	0.768	0.801	0.852
	HX2	0.774	0.779	
	HX3	0.729	0.877	
	HX4	0.766	0.833	

表 5 - 11   创造力角色认同量表的信度分析结果

条目	CITC	删除该项后的 Cronbach'α	总体的 Cronbach'α
CRI1	0.700	0.769	
CRI2	0.752	0.710	0.831
CRI3	0.640	0.815	

5.4.1.1 高层管理者双元领导行为的信度分析

表 5 - 7 中，高层管理者的开放式行为与闭合式行为的 Cronbach'α 系数都在 0.850 以上，总量表的 Cronbach'α 系数为 0.845。所有测量条目的 CITC 值均大于 0.600，而删除条目后的 Cronbach'α 系数没有得到改善。因此，高层管理者双元领导测量量表信度良好。

5.4.1.2 中层管理者双元领导行为的信度分析

表 5 - 8 中，中层管理者的开放式行为与闭合式行为的 Cronbach'α 系数都在 0.890 以上，总量表的 Cronbach'α 系数为 0.861。所有测量条目的 CITC 值均大于 0.590，而删除条目后的 Cronbach'α 系数没有得到改善。因此，中层管理者双元领导测量量表信度良好。

5.4.1.3 团队创造力的信度分析

表 5 - 9 中，团队创造力的新颖性与实用性的 Cronbach'α 系数都在 0.790 以上，总量表的 Cronbach'α 系数为 0.870。所有测量条目的 CITC 值均大于 0.540，而删除条目后的 Cronbach'α 系数没有得到改善。因此，团队创造力测量量表信度良好。

5.4.1.4 中庸思维的信度分析

表 5 - 10 中，中庸思维的多方位思考、整体性与和谐性的 Cronbach'α 系数都在 0.810 以上，总量表的 Cronbach'α 系数为 0.858。所有测量条目的 CITC 值均大于 0.600，而删除条目后的 Cronbach'α 系数没有得到改善。因此，中庸思维测量量表信度良好。

5.4.1.5 创造力角色认同的信度分析

表 5-11 中，创造力角色认同的 Cronbach'α 系数为 0.831，大于 0.700，且所有测量条目的 CITC 值均大于 0.640，而删除条目后的 Cronbach'α 系数没有得到改善。因此，创造力角色认同测量量表信度良好。

5.4.2 效度分析

效度分析主要检验量表的内容效度（content validity）和结构效度（constructive validity）。其中，内容效度是指测量量表是否涵盖了它所要测量的某一构念的所有项目，其更多的是靠研究者在观念的定义上或者语义上的判断，即内容效度是一种质性的效度，主要依赖于逻辑的处理而非统计上的分析，依赖于研究对象对理论定义的认同。本书所采用的测量量表从两个方面保证其内容效度：第一，本书测量条目的设置多数都参考了现有的成熟量表，这些量表都经过大量经验研究的检验，得到相关领域学者的广泛认可；第二，在借鉴成熟量表的过程中，本书采用双向翻译的方法以提高测量量表的内容效度。

结构效度是指测量量表的实际测评结果与所建立的理论构念的一致性程度，由聚合效度和区分效度两部分组成。聚合效度是指测量同一构念的不同题项（观察变量）的一致性，可以由潜变量提取的平均方差抽取量（average variance extracted，AVE）来测量。AVE 评价了观察变量相对于测量误差而言所解释的方差总量，AVE 愈大，观察变量对潜在变量解释的总体方差愈大，相对的测量误差愈小，一般的判别标准是 AVE 要大于 0.5（吴明隆，2011）。区分效度是指测量不同构念（潜变量）之间的差异化程度。对于区分效度的简单检验方法为：将平均方差抽取量 AVE 的平方根，与该潜变量与其他潜变量之间的相关系数进行比较，如果前者大于后者，则说明每一个潜变量与其自身的测量项目分享的方差，大于与其他测量项目分享的方差，从而说明测量量表具有良好的区分效度（吴明隆，2011）。

5.4.3 验证性因子分析

依据分析目的而言，因子分析的过程分为探索性因子分析（exploratory

factor analysis，EFA）和验证性因子分析（confirmatory factor analysis，CFA）。

就探索性因子分析而言，测量变量的理论架构是因子分析后的产物，在进行量表编制的预试时，都会先进行探索性因子分析，不断尝试，以求得量表最佳的因子结构，所要达成的是建立量表的结构效度，即探索性因子分析主要用于量表的开发，探索变量的因子结构（吴明隆，2011）。

相比较而言，验证性因子分析的进行已经假设了以哪些观察变量来测量潜变量，研究者所要探究的是量表因子结构模型是否与实际收集的数据相契合，指标变量可以有效作为因子构念（潜变量）的测量变量。即验证性分析偏重于检验假定的观察变量与假定的潜在变量间关系（吴明隆，2011）。验证性因子分析的本质是使用结构方程模型的测量模型来验证潜变量和观察变量之间的关系。采用验证性因子分析检验效度时，一般使用结构方程模型来分析考察模型适配度。福克萨尔等（Foxall et al.，1992）的研究指出：验证性因子分析的很多拟合指标都容易受样本量和题项数量的影响，因此有必要综合多个观测指标对模型拟合程度进行分析。本书选取了两种评价指标：第一，绝对拟合效果指标。卡方自由度比（χ^2/df）、渐进残差均方和平方根（RMSEA）、适配度指数（GFI）、调整后适配度指数（AGFI）。第二，相对拟合效果指标。规范拟合度指数（NFI）、比较拟合指数（CFI）。

由于本书测量量表均参考和借鉴国内外顶尖期刊研究中的成熟量表，均已经假设了用哪些观察变量来测量潜变量，因此，相对于 EFA，本书采用CFA 来检验效度更适合。综上所述，本书采用的验证性因子分析检验指标及评价标准归纳如表 5 - 12 所示。

表 5 - 12　　　　　　　验证性因子分析检验指标及评价标准

检验指标	适配临界值
χ^2/df	<3（理想）；<5（良好）
RMSEA	<0.05（适配良好）；0.05 ~ 0.08（适配合理）
GFI	>0.90
AGFI	>0.90
NFI	>0.90
CFI	>0.90
聚合效度（AVE）	>0.50
区分效度	AVE 的平方根大于该潜变量与其他潜变量之间的相关系数

5.4.3.1　高层管理者双元领导量表的验证性因子分析

借鉴先前双元领导的相关研究，本书从高层管理者的开放式行为与闭合式行为两维度来测量高层管理者双元领导，每个维度包含 7 个观测指标。运用最大似然法估计本书的预设模型，并借助 AMOS 22.0 对相关指标逐步进行分析。高层管理者双元领导验证性因子模型如图 5 - 2 所示；验证性因子分析参数估计结果如表 5 - 13 所示；潜变量间相关系数如表 5 - 14 所示。

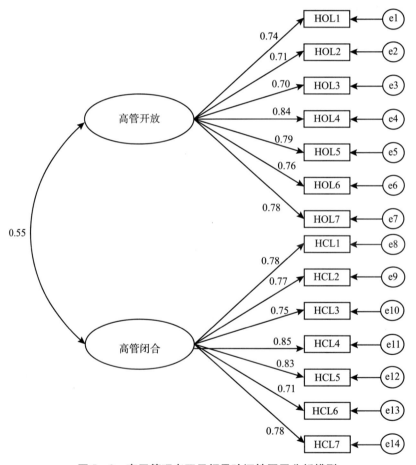

图 5 - 2　高层管理者双元领导验证性因子分析模型

表 5 – 13   高层管理者双元领导量表的验证性因子分析参数估计结果

潜变量	观察变量	标准化负荷	CR	AVE
高管开放式行为（HOL）	HOL1	0.74	0.91	0.58
	HOL2	0.71		
	HOL3	0.70		
	HOL4	0.84		
	HOL5	0.79		
	HOL6	0.76		
	HOL7	0.78		
高管闭合式行为（HCL）	HCL1	0.78	0.92	0.61
	HCL2	0.77		
	HCL3	0.75		
	HCL4	0.85		
	HCL5	0.83		
	HCL6	0.71		
	HCL7	0.78		
指标值	$\chi^2/\mathrm{df} = 1.415$，RMSEA $= 0.049$，GFI $= 0.981$，CFI $= 0.933$，NFI $= 0.986$，TLI $= 0.981$			

注：CR 代表组合信度；AVE 值代表平均方差提取量。

表 5 – 14   高层管理者开放式行为与闭合式行为的相关系数

潜变量	高管开放式行为	高管闭合式行为
高管开放式行为	0.762	
高管闭合式行为	0.33*	0.781

注：*p < 0.050，**p < 0.010；对角线上的数据为平均方差提取量的平方根 $\sqrt{AVE}$。

由图 5 – 2、表 5 – 13 和表 5 – 14 可以看出模型的信效度检验及拟合适配度结果，具体分析如下：

（1）模型拟合适配度方面。$\chi^2/\mathrm{df} = 1.415 < 2$，RMSEA $= 0.049 < 0.05$，GFI $= 0.981 > 0.90$，CFI $= 0.933 > 0.90$，NFI $= 0.986 > 0.90$，TLI $= 0.981 > 0.90$，均达到最低可接受标准，说明适配度较好。

（2）信度方面。高层管理者的开放式行为与闭合式行为的观察变量的标准化负荷均在 0.70 以上，满足观察变量信度检验的最低值 0.50 标准；同时，观察变量的组合信度（CR）分别为 0.91 和 0.92，满足潜在变量信度检验的最低值 0.60 标准，因此，可以判断各潜在变量信度良好。

（3）效度方面。观察变量的 AVE 值分别为 0.58 和 0.61，高于 0.50 的最低可接受标准，表明具有良好的聚合效度；潜变量 AVE 的平方根分别为 0.762 和 0.781，大于潜变量间的相关系数 0.33，表明潜变量之间的区分效度良好。

5.4.3.2　中层管理者双元领导量表的验证性因子分析

运用最大似然法估计本书的预设模型，并借助 AMOS 22.0 对相关指标逐步进行分析。中层管理者双元领导验证性因子模型如图 5 – 3 所示；验证性因子分析参数估计结果如表 5 – 15 所示；潜变量间相关系数如表 5 – 16 所示。

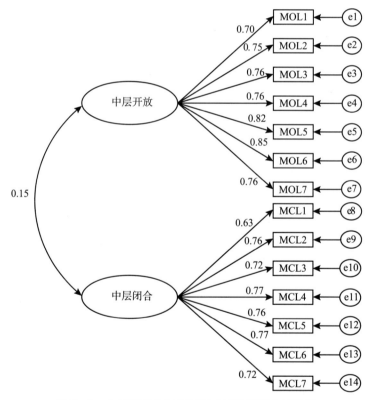

图 5 – 3　中层管理者双元领导验证性因子分析模型

表 5 - 15　　　　中层管理者双元领导量表的验证性因子分析参数估计结果

潜变量	观察变量	标准化负荷	CR	AVE
中层开放式行为（MOL）	MOL1	0.70	0.91	0.60
	MOL2	0.75		
	MOL3	0.76		
	MOL4	0.76		
	MOL5	0.82		
	MOL6	0.85		
	MOL7	0.76		
中层闭合式行为（MCL）	MCL1	0.63	0.89	0.54
	MCL2	0.76		
	MCL3	0.72		
	MCL4	0.77		
	MCL5	0.76		
	MCL6	0.77		
	MCL7	0.72		
指标值	$\chi^2/df = 3.210$，RMSEA = 0.041，GFI = 0.977，CFI = 0.919，NFI = 0.987，TLI = 0.903			

注：CR 代表组合信度；AVE 值代表平均方差提取量。

表 5 - 16　　　　中层管理者开放式行为与闭合式行为的相关系数

潜变量	中层开放式行为	中层闭合式行为
中层开放式行为	0.775	
中层闭合式行为	0.28 *	0.745

注：* p < 0.050，** p < 0.010；对角线上的数据为平均方差提取量的平方根 $\sqrt{AVE}$。

由图 5 - 3、表 5 - 15 和表 5 - 16 可以看出模型的信效度检验及拟合适配度结果，具体分析如下：

（1）模型拟合适配度方面。$\chi^2/df = 3.210 < 5$，RMSEA = 0.041 < 0.05，GFI = 0.977 > 0.90，CFI = 0.919 > 0.90，NFI = 0.987 > 0.90，TLI = 0.903 > 0.90，均达到最低可接受标准，说明适配度较好。

（2）信度方面。中层管理者的开放式行为与闭合式行为的观察变量的标准化负荷均在0.60以上，满足观察变量信度检验的最低值0.50标准；同时，观察变量的组合信度（CR）分别为0.91和0.89，满足潜在变量信度检验的最低值0.60标准，因此，可以判断各潜在变量信度良好。

（3）效度方面。观察变量的AVE值分别为0.60和0.54，高于0.50的最低可接受标准，表明具有良好的聚合效度；潜变量AVE的平方根分别为0.775和0.745，大于潜变量间的相关系数0.28，表明潜变量之间的区分效度良好。

5.4.3.3　团队创造力量表的验证性因子分析

运用最大似然法估计本书的预设模型，并借助AMOS 22.0对相关指标逐步分析。团队创造力验证性因子模型如图5-4所示；验证性因子分析参数估计结果如表5-17所示；潜变量间相关系数如表5-18所示。

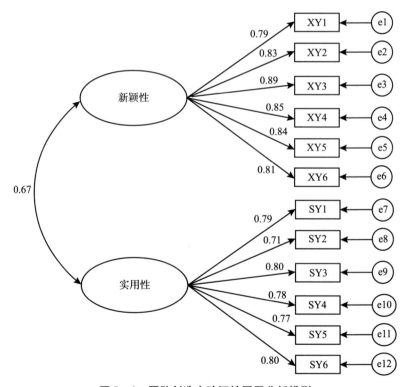

图5-4　团队创造力验证性因子分析模型

表 5 – 17　　　　　团队创造力量表的验证性因子分析参数估计结果

潜变量	观察变量	标准化负荷	CR	AVE
新颖性（XY）	XY1	0. 79	0. 93	0. 70
	XY2	0. 83		
	XY3	0. 89		
	XY4	0. 85		
	XY5	0. 84		
	XY6	0. 81		
实用性（SY）	SY1	0. 79	0. 89	0. 58
	SY2	0. 71		
	SY3	0. 80		
	SY4	0. 78		
	SY5	0. 77		
	SY6	0. 80		
指标值	$\chi^2/df = 1.544$，RMSEA $= 0.037$，GFI $= 0.910$，CFI $= 0.975$，NFI $= 0.945$，TLI $= 0.925$			

注：CR 代表组合信度；AVE 值代表平均方差提取量。

表 5 – 18　　　　　团队创造力新颖性与实用性的相关系数

潜变量	新颖性	实用性
新颖性	0. 837	
实用性	0. 549 **	0. 762

注：* p < 0.050，** p < 0.010；对角线上的数据为平均方差提取量的平方根 $\sqrt{AVE}$。

由图 5 – 4、表 5 – 17 和表 5 – 18 可以看出模型的信效度检验及拟合适配度结果，具体分析如下：

（1）模型拟合适配度方面。$\chi^2/df = 1.544 < 2$，RMSEA $= 0.037 < 0.05$，GFI $= 0.910 > 0.90$，CFI $= 0.975 > 0.90$，NFI $= 0.945 > 0.90$，TLI $= 0.925 > 0.90$，均达到最低可接受标准，说明适配度较好。

（2）信度方面。团队创造力的观察变量的标准化负荷均在 0. 70 以上，满足观察变量信度检验的最低值 0.50 标准；同时，观察变量的组合信度（CR）分别为 0.93 和 0.89，满足潜在变量信度检验的最低值 0.60 标准，因此，可以判断各潜在变量信度良好。

（3）效度方面。观察变量的 AVE 值分别为 0.70 和 0.58，高于 0.50 的最低可接受标准，表明具有良好的聚合效度；潜变量 AVE 的平方根分别为 0.837 和 0.762，大于潜变量间的相关系数 0.549，表明潜变量之间的区分效度良好。

5.4.3.4　中庸思维量表的验证性因子分析

运用最大似然法估计本书的预设模型，并借助 AMOS 22.0 对相关指标逐步分析。中庸思维验证性因子模型如图 5-5 所示；验证性因子分析参数估计结果如表 5-19 所示；潜变量间相关系数如表 5-20 所示。

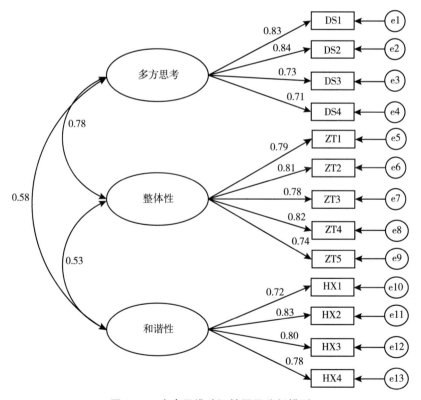

图 5-5　中庸思维验证性因子分析模型

表 5 – 19　　　　　团队创造力量表的验证性因子分析参数估计结果

潜变量	观察变量	标准化负荷	CR	AVE
多方位思考（DS）	DS1	0.83	0.86	0.61
	DS2	0.84		
	DS3	0.73		
	DS4	0.71		
整体性（ZT）	ZT1	0.79	0.89	0.62
	ZT2	0.81		
	ZT3	0.78		
	ZT4	0.82		
	ZT5	0.74		
和谐性（HX）	HX1	0.72	0.90	0.70
	HX2	0.83		
	HX3	0.80		
	HX4	0.78		
指标值	$\chi^2/df = 1.132$，RMSEA = 0.031，GFI = 0.930，CFI = 0.958，NFI = 0.944，TLI = 0.947			

注：CR 代表组合信度；AVE 值代表平均方差提取量。

表 5 – 20　　　　　　　中庸思维潜变量的相关系数

潜变量	多方思考	整体性	和谐性
多方思考	0.781		
整体性	0.437 **	0.787	
和谐性	0.454 **	0.431 **	0.837

注：* p < 0.050，** p < 0.010；对角线上的数据为平均方差提取量的平方根 $\sqrt{AVE}$。

由图 5 – 5、表 5 – 19 和表 5 – 20 可以看出模型的信效度检验及拟合适配度结果，具体分析如下：

（1）模型拟合适配度方面。$\chi^2/df = 1.132 < 2$，RMSEA = 0.031 < 0.05，GFI = 0.930 > 0.90，CFI = 0.958 > 0.90，NFI = 0.944 > 0.90，TLI = 0.947 > 0.90，均达到最低可接受标准，说明适配度较好。

（2）信度方面。中庸思维的观察变量的标准化负荷均在 0.70 以上，满足观察变量信度检验的最低值0.50标准；同时，观察变量的组合信度（CR）分别为0.86、0.89和0.90，满足潜在变量信度检验的最低值0.60标准，因此，可以判断各潜在变量信度良好。

（3）效度方面。观察变量的AVE值分别为0.61、0.62和0.70，高于0.50的最低可接受标准，表明具有良好的聚合效度；潜变量AVE的平方根分别为0.781、0.787和0.837，大于潜变量间的相关系数0.437、0.454和0.431，表明潜变量之间的区分效度良好。

5.4.3.5 创造力角色认同量表的验证性因子分析

运用最大似然法估计本书的预设模型，并借助AMOS 22.0对相关指标逐步分析。创造力角色认同验证性因子模型如图5-6所示；验证性因子分析参数估计结果如表5-21所示。

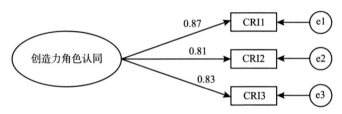

图5-6 创造力角色认同验证性因子分析模型

表5-21 创造力角色认同量表的验证性因子分析参数估计结果

潜变量	观察变量	标准化负荷	CR值	AVE
创造力角色认同	CRI1	0.87	0.88	0.70
	CRI2	0.81		
	CRI3	0.83		

由图5-6和表5-21可以看出模型的信效度检验及拟合适配度结果，具体分析如下：

（1）信度方面。创造力角色认同观察变量的标准化负荷均在0.80以上，满足观察变量信度检验的最低值0.50标准；同时，观察变量的组合信度（CR）为0.88，满足潜在变量信度检验的最低值0.60标准，因此，可以判断潜在变量信度良好。

（2）效度方面。观察变量的 AVE 值为 0.70，高于 0.50 的最低可接受标准，表明具有良好的聚合效度。

5.4.3.6 整体模型的验证性因子分析

本书还采用验证性因子分析方法对各变量间的区分效度进行检验，以避免出现由于变量间区分度较低而导致研究结果受到影响的情况。本书运用 AMOS 22.0 进行一系列竞争模型的验证性因子检验，包括 1 个五因子模型，4 个四因子模型，3 个三因子模型，2 个二因子模型和 1 个单因子模型。验证性因子分析结果如表 5-22 所示。

表 5-22 整体模型的验证性因子分析结果

模型	因子	χ^2/df	GFI	CFI	NFI	TLI	RMSEA
模型 1	五因子：HAL、MAL、TC、ZY、CRI	1.355	0.955	0.920	0.972	0.930	0.034
模型 2	四因子：HAL + ZY、MAL、TC、CRI	1.728	0.899	0.821	0.883	0.854	0.076
模型 3	四因子：HAL + CRI、MAL、TC、ZY	1.761	0.883	0.813	0.877	0.843	0.122
模型 4	四因子：MAL + ZY、HAL、TC、CRI	1.813	0.791	0.800	0.767	0.725	0.126
模型 5	四因子：MAL + CRI、HAL、TC、ZY	1.870	0.791	0.786	0.757	0.806	0.131
模型 6	三因子：HAL + ZY + CRI、MAL、TC	2.291	0.735	0.763	0.753	0.764	0.159
模型 7	三因子模型：MAL + ZY + CRI、HAL、TC	2.356	0.730	0.746	0.740	0.742	0.163
模型 8	三因子模型：HAL、MAL、TC + ZY + CRI	2.496	0.721	0.709	0.713	0.794	0.171
模型 9	二因子模型：HAL + TC + ZY + CRI、MAL	2.806	0.657	0.610	0.631	0.690	0.188

模型	因子	χ^2/df	GFI	CFI	NFI	TLI	RMSEA
模型 10	二因子模型：MAL + TC + ZY + CRI、HAL	2.773	0.658	0.619	0.638	0.601	0.186
模型 11	单因子模型：HAL + MAL + TC + ZY + CRI	3.654	0.607	0.666	0.645	0.603	0.228

注：HAL 代表高层管理者双元领导；MAL 代表中层管理者双元领导；TC 代表团队创造力；ZY 代表中庸思维；CRI 代表创造力角色认同。"+"代表因子间的组合。

结果显示，五因子模型中 $\chi^2/df = 1.355 < 2$，RMSEA $= 0.034 < 0.050$，GFI $= 0.955 > 0.90$，CFI $= 0.920 > 0.90$，NFI $= 0.972 > 0.90$，TLI $= 0.930 > 0.90$，均达到完全适配标准。而其他四因子模型、三因子模型、二因子模型和单因子模型等竞争模型的适配指数都未达到适配标准，说明本书预设的五因子模型是合理的。

5.4.4 共同方法偏差分析

共同方法偏差指由于同一数据来源或评分者、同样的测量环境、项目语境以及项目本身所造成的预测变量与效标变量之间人为的共变现象（Podsakoff et al.，2003）。为了研究结论的准确性和科学性，学者们需要通过多种方法来控制或减轻共同方法偏差。由于本书高层管理者双元领导、中庸思维和团队创造力等变量均由中层管理者独立报告，因此，数据间可能存在共同方法偏差问题。本书采用三种方法对共同方法偏差问题进行检验。首先，在问卷设计阶段，我们对问卷变量采用混编题项的方式进行排序，消除被试者对变量间因果联系进行猜测所产生的一致性动机。其次，在问卷调研过程中，本书采用两种时点获取问卷的方式，在第 1 时点测量中层管理者所感知到的高层管理者双元领导水平，在第 2 时点测量中层管理者自我中庸思维水平及感知到的团队整体创造力水平。这种分时点的测量方法从时间上、心理上和方法上对相关变量进行了有效分离，一定程度上避免变量间的人为共变性问题。最后，利用哈曼（Harman）单因子检测方法检验共同方法偏差问题。本书参考周浩和龙立荣（2004）的做法，将本书所涉及的所有变量题项一起做探索性因素分析，通过无旋转的主成分分析，发现被析出的第一个因子只解释了 26.47% 的总方差，并未占到总方差变异解释（75.54%）的一半，说明共同方法偏差问题并不能影响本书研究结论。通过综合运用上述检验方法判断，本书不存在共同方法偏差问题。

5.4.5 团队数据聚合性分析

本书所提出的假设模型是基于组织和团队层次的概念构思，因而需要通过较低层次的数据聚合对研究假设模型进行验证。而在测量上，代表团队层次变量的中层管理者双元领导和创造力角色认同由团队成员个体报告聚合而成。因此，在进行数据聚合之前，我们首先需要检验数据聚合的合理性，分别考察组内一致性系数 R_{wg}、组内相关系数 ICC1 和组间相关系数 ICC2 三个指标来判断数据的可汇聚性。已有研究指出，R_{wg} 取值介于 0~1 之间，越接近 1 表示团队内个体成员评分一致度越高，一般取 0.70 作为临界值，即 $R_{wg} > 0.70$，表明由个体层次向团队层次聚合具有足够的一致性程度；同时，组内相关系数 ICC1 > 0.05，组间相关系数 ICC2 > 0.50 的经验标准，说明个体数据有向组织和团队聚合的可行性。本书测量变量的数据聚合检验结果如表 5 – 23 所示。

表 5 – 23　　　　　　　　　　　数据聚合性检验结果

变量	R_{wg}	ICC1	ICC2
中层管理者开放式行为	0.907	0.285	0.671
中层管理者闭合式行为	0.888	0.284	0.670
创造力角色认同	0.834	0.341	0.725

聚合结果显示，各研究变量的 R_{wg} 均高于 0.70，ICC1 均大于 0.05，ICC2 均大于 0.50，满足数据聚合判定标准，因此，数据在团队层次上的聚合是有效的。

5.4.6 描述性统计与相关分析

本书各主要变量的均值、标准差及变量间相关系数如表 5 – 24 所示。由

表 5 - 24

变量的描述性统计及相关系数

变量	1	2	3	4	5	6	7	8	9	10	11	12
1 性别	1											
2 年龄	0.125	1										
3 学历	0.201	0.06	1									
4 与直接领导的合作年限	0.156	0.105	0.204	1								
5 团队规模	0.134	0.180	0.137	0.175	1							
6 团队成立年限	0.074	0.052	0.037	0.048	0.127	1						
7 与上级领导合作年限	0.153	0.207	0.189	0.238	0.226	0.182	1					
8 高层管理者双元领导	0.046	0.034	0.068	0.094	0.188	0.221	0.130	1				
9 中层管理者双元领导	0.148	0.107	0.139	0.164	0.218	0.232	0.208	0.453**	1			
10 中庸思维	0.203	0.223	0.227	0.197	0.063	0.140	0.109	0.215	0.248*	1		
11 创造力角色认同	0.130	0.147	0.168	0.173	0.032	0.236	0.228	0.333*	0.372*	0.361*	1	
12 团队创造力	0.212	0.136	0.209	0.215	0.146	0.167	0.305*	0.446**	0.509**	0.397**	0.254*	1
均值	1.29	1.900	1.800	2.540	2.48	2.40	2.40	1.444	2.131	3.704	3.801	3.766
标准差	0.453	0.690	0.753	0.987	0.980	0.823	0.891	0.326	0.278	0.342	0.256	0.449

注：*** $p < 0.010$，** $p < 0.050$，双尾检测。

表可知，高层管理者双元领导与中层管理者双元领导及团队创造力显著正相关（r = 0.453，p < 0.010；r = 0.446，p < 0.010）；中层管理者双元领导与团队创造力显著正相关（r = 0.509，p < 0.010）；中庸思维与团队创造力显著正相关（r = 0.397，p < 0.010）；创造力角色认同与团队创造力显著正相关（r = 0.254，p < 0.050）。结果表明，可以进一步展开假设检验以验证变量间因果关系。

5.4.7 假设检验

5.4.7.1 主效应检验

本书运用多层次线性模型（HLM），对研究模型进行检验。研究假设 H1 提出高层管理者双元领导对团队创造力有显著正向影响，检验结果如表 5 - 25 中的模型 4 所示。由模型 4 可知，在控制团队成员性别、团队成员年龄、团队成员学历及与直接领导合作年限等控制变量之后，高层管理者双元领导与团队创造力显著正相关（β = 0.20，p < 0.010）。因此，研究假设 H1 获得支持。

表 5 - 25 　　　　　　　　　　多层次线性模型检验结果

变量		中层管理者双元领导行为			团队创造力			
		模型 1	模型 2	模型 3	模型 4	模型 5	模型 6	模型 7
截距		4.31 **	4.33 **	4.32 **	4.17 **	4.25 **	4.16 **	4.21 **
第一层次控制变量和自变量	团队成员性别	0.03	0.03	0.04	0.05	0.02	0.04	0.02
	团队成员年龄	0.04	0.02	0.01	0.03	0.04	0.03	0.05
	团队成员学历	0.01	0.03	0.03	0.06	0.03	0.04	0.03
	与直接领导合作年限	0.06	0.04	0.02	0.07	0.05	0.05	0.04
	团队规模	0.02	0.03	0.02	0.04	0.03	0.01	0.02
	团队成立年限	0.08	0.02	0.04	0.05	0.03	0.02	0.03

变量		中层管理者双元领导行为			团队创造力			
		模型1	模型2	模型3	模型4	模型5	模型6	模型7
第一层次控制变量和自变量	与上级领导合作年限	0.03	0.05	0.046	0.04	0.06	0.04	0.05
	中层管理者双元领导					0.29*	0.14*	0.19*
	创造力角色认同							0.12
	中层管理者双元领导×创造力角色认同							0.15*
第二层次自变量	高层管理者双元领导		0.27**	0.16*	0.20**		0.15	
	中庸思维			0.07				
	高层管理者双元领导×中庸思维			0.14*				
	R^2	0.06*	0.13*	0.18*	0.11*	0.16*	0.22*	0.25*

注: ** $p < 0.010$, * $p < 0.050$。

5.4.7.2 中介效应检验

研究假设 H4 提出中层管理者双元领导在高层管理者双元领导与团队创造力间起中介作用。依据马蒂厄等（Mathieu et al.，2007）的中介检验程序，由表 5 - 25 模型 2 可知，高层管理者双元领导与中层管理者双元领导显著正相关（β = 0.27，p < 0.010），研究假设 H2 获得支持；由表 5 - 25 模型 5 可知，中层管理者双元领导与团队创造力显著正相关（β = 0.29，p < 0.050），研究假设 H3 获得支持；由表 5 - 25 模型 6 可知，中层管理者双元领导显著解释了团队创造力的变异量（R^2 = 0.22），且仍与团队创造力显著正相关（β = 0.14，p < 0.050），同时，高层管理者双元领导与团队创造力的关系变得不再显著（β = 0.15，p > 0.050）。因此，中层管理者双元领导在高层管理者双元领导与团队创造力间起完全中介作用，研究假设 H4 获得支持。

5.4.7.3 中庸思维调节效应检验

研究假设 H5 提出中庸思维在高层管理者双元领导与中层管理者双元领导间起调节作用。由表 5 - 25 模型 3 可知，高层管理者双元领导与中庸思维的交互项与中层管理者双元领导显著正相关（β = 0.14，p < 0.050）。进一步，参考艾肯等（Aiken et al.，1991）提出简单坡度分析（simple slope analysis）程序，本书以调节变量均值高于和低于一个标准差为界绘制交互作用图，结果如图 5 - 7 所示。具体来说，相比较低中庸思维的中层管理者，高中庸思维的中层管理者更容易增强高层管理者双元领导对中层管理者双元领导的正向影响，形成显著的正向效应。

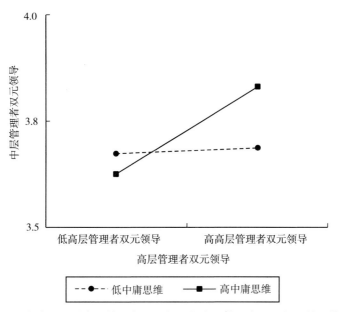

图 5 - 7　中庸思维对高层管理者双元领导与中层管理者双元领导的调节作用

5.4.7.4　创造力角色认同调节效应检验

研究假设 H6 提出创造力角色认同在中层管理者双元领导与团队创造力间起调节作用。由表 5 - 25 模型 7 可知，中层管理者双元领导与创造力角色认同的交互项与团队创造力显著正相关（β = 0.15，p < 0.050）。进一步，参考艾肯等（Aiken et al.，1991）提出简单坡度分析（simple slope analysis）程序，本书以调节变量均值高于和低于一个标准差为界绘制交互作用图，结果如图 5 - 8 所示。具体来说，相比较低创造力角色认同的团队来讲，高创造力

角色认同的团队更容易增强中层管理者双元领导对团队创造力的正向影响，形成显著的正向效应。

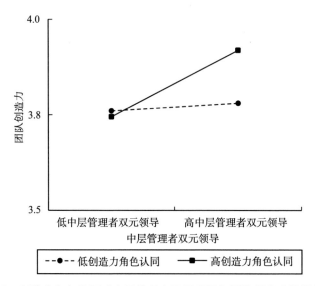

图5-8　创造力角色认同对中层管理者双元领导与团队创造力的调节作用

5.5　本章小结

　　本章的主要目的在于探讨高管理者双元领导如何通过中层管理者双元行为的滴漏对团队创造力的影响作用机制。通过对52位中层管理者及与其配对的266名团队成员的两时点问卷调研，运用HLM对所获取有效数据进行分析，验证了中层管理者双元领导在高层管理者双元领导影响团队创造力的过程中扮演着完全中介角色，证实了在组织中双元领导滴漏效应的存在。同时，从思维特征和角色认知出发，验证了中庸思维和创造力角色认同的边界调节作用。具体而言，当中层管理者中庸思维水平较高时，高层管理者双元领导对中层管理者双元领导的正向影响更强，也即当高层管理者表现双元领导时，中层管理者也易展现双元领导。当团队创造力角色认同较高时，中层管理者双元领导对团队创造力的正向影响更强，即当中层管理者表现双元领导行为时，团队创造性努力的水平更高，更有助于团队创造力水平的提升。假设与实证检验结果如表 5 - 26 所示。

表 5 - 26 假设与实证检验结果

研究假设	实证结果
假设 H1：高层管理者双元领导对团队创造力有显著正向影响	支持
假设 H2：高层管理者双元领导对中层双元领导有显著正向影响	支持
假设 H3：中层管理者双元领导对团队创造力有显著正向影响	支持
假设 H4：中层管理者双元领导在高层管理者双元领导对团队创造力影响过程中起中介作用	支持
假设 H5：中庸思维在高层管理者双元领导与中层管理者双元领导行为间起调节作用，中层管理者中庸思维越高，双元领导由高层到中层的渗透效应越强	支持
假设 H6：创造力角色认同在中层管理者双元领导与团队创造力间起调节作用，即团队整体创造力角色认同越高，团队创造力水平越强	支持

第6章
团队领导双元行为对团队
创造力的作用机理研究

从高管到中层完成双元领导行为滴漏后又如何对团队创造力产生持续性显著影响一定程度上决定了组织整体的创新实现。此时，以团队领导为代表的中层管理者如何通过构建上下级及成员间的互动氛围激发团队成员的创新意见和思想表达，使其付出更多的创造性努力解决创新工作中的困难问题尚未在现有研究中得到充分重视与体现。本章在第4章和第5章的基础上，通过对相关研究的分析，旨在进一步打开团队领导双元行为与团队创造力间关系"黑箱"，构建以团队建言行为中介变量及团队认同为调节变量的路径模型，从团队层面验证双元领导的效应结果，拓宽双元领导的作用链。

6.1 研究问题的提出

在当今市场需求多元化、技术革新动态化的知识经济新时代，管理实践派开始探索不同的领导作为、创新动机及科学管理模式对组织长期生存和持续发展的重要影响（Isaksen & Lauer，2002）。在中国经济转型发展时期，优秀本土企业领导者表现出的复杂行为和认知思维方式，例如，任正非"悖论式整合"和"灰度思维"的卓越特质（武亚军，2013），平衡了复杂动态环境下的矛盾竞争格局，灵活地实现了战略匹配，推动了创新跨越式发展，提升了市场竞争能力。领导行为在引领创新实践、激发创新活力过程中至关重要，而究竟何种领导行为可以合理配置有限优质资源，满足不确定的、复杂的和矛盾的竞争需求成为理论界和实践界迫切需要解决的关键问题。近年来，领导理论研究打破了传统行为风格的束缚，涌现出更多新型领导行为模式，例如，复杂型领导（complexity leadership）、互依型领导（interdependent leadership）、悖论式领导（paradoxical leadership）和双元领导（ambidextrous leadership）等，表现出"百花齐放"的格局。基于双元性理论和领导理论基础，双元领导表现出行为不一致性，其利用整合差异的复杂认知能力，创造性地包容与协调张力活动，并通过互补领导行为的有效平衡，柔性选择合理行为策略以匹配多样化矛盾需求，以在稀缺资源的有效配置中实现创新价值最大化及持续发展。

在创新驱动成为引领企业发展"新常态"的时代背景下，已有研究证实了团队双元领导存在的合理性和科学性，探究了其对团队创新（Rosing，Frese & Bausch，2011；Zacher & Rosing，2015；韩杨、罗瑾琏、钟竞，2016）、协同技术创新（陈建勋，2011）及优势战略融合（陈建勋、杨正沛、傅升，2009）产生的积极影响。学者们认为，相对于传统的单一领导风格，双元领导之所以能实现创新价值和战略优势最大化，是因为基于辩证思维和权变理论，双元领导可以处理创新过程中的矛盾和张力，灵活匹配创意知识探索和创新想法应用的竞争行为，不断深化和调整资源配置方式以兼顾不同的战略需求（Ancona et al.，2001）。随着以扁平化方式展开的团队创造行为的日渐普及，作为团队创新的驱动力，团队创造力的有效激发和提升成为推动现代企业可持续发展的强大动力。文献回顾表明，科学的领导行为可以有效激发团队的创造性活力，显著地促进团队创造力的提升（Rosing，Frese & Bausch，2011）。大部分研究将团队创造力视为产生新颖性的创新想法过程，关注独特的、冒险的、挑战性的创意刺激。而有研究认为，仅仅强调新奇想法的团队创造力易使团队陷入无尽探索而无效益的恶性循环中，导致创造力的"多而无用"（孙永磊、宋晶，2015），因此，创造力的研究需要同时重视创意想法的实用性，追求有益的、有效的、可实现的创意观点（Amabile et al.，1996；Im & Workman，2004）。但随之而来的问题是，由于创造力的新颖性和实用性的行为关注焦点不同，实践活动中可能出现顾此失彼的风险，进而导致二者之间出现矛盾的竞争需求，故如何合理配置资源实现二者的平衡和协调对持续提升团队创造力更有意义。基于双元性理论，双元领导对团队创新产生的协同增强效应为探寻创造力的提升路径，同时兼顾和平衡新颖性与实用性提供了新的研究思路，但目前鲜有研究涉及。因此，探究团队双元领导对团队创造力产生的协同效应对于提高团队创新管理效率、激发团队创新活力有着重要的实践意义。

在强调效率和协作的团队运转过程中，团队创造力的激发依赖于团队成员创造性观点的合理化建议活动，即只有当员工敢于并善于主动分享自己的想法，针对现有问题提出建设性意见和创新性思路来改善现状时，才能保证团队创新活动的顺利推进（Zhou & George，2001；梁建、唐京，2009）。建言活动是刺激成员做出创造性努力，鼓励团队协作创新的第一步（Zhou & George，2001）。同时，作为一种为提高工作效能而向上级领导提供有用信息的角色外行为（Detert & Burris，2007），员工是否表现出主动建言行为取决于他所处的情境条件，尤其是直接上级领导的行为方式（Lord & Brown，2001）。已有研究表明，领导行为对员工意见表达的开放性、支持性及指导性态度可显著提高成员的建言信念和行为意向，愿意付出额外的努力积极参与建议活动（梁建，2014），而基于"既/又"认知基础协调矛盾元素的双元领导与建言行为的关系却没有得到学者们的足够重视。且以往关于建言行为的研究多局限于个体层面，解释领导行为与员工建言行为之间的作用机制。有研究认为，个体层面的研究结论未必适合团队层面，且个体建言活动并不能体现成员间的互动过程，因此，学者呼吁建言行为的研究应该从个体层面拓展到团队层面，深入探寻领导行为如何通过激发团队成员间的集体释义过程，进而提升团队创造力。鉴于此，本书研究的核心在于探究团队双元领导对团队创造力的影响及团队建言行为的中介传导机制，并根据特征激活理论检验团队集体认同对团队双元领导与团队建言行为之间关系的调节效应，研究概念模型见图6-1。

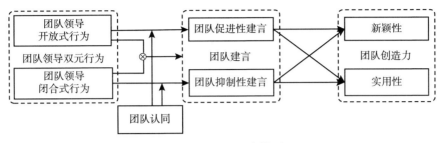

图 6 - 1　研究概念模型

6.2　理论基础及研究假设

6.2.1　团队双元领导与团队创造力

团队创造力是新奇的和有益的想法、产品、过程或服务在团队层面产生的过程（Shin & Zhou，2007）。团队创造力不仅表现出新奇性、新颖性的特征，而且其需要是有价值的、有用的，即表现为实用性。新颖性倾向于"新"，具备敢于打破常规、寻求突破的高变化特性，与新知识的探索性活动近似；实用性突出"用"，是着眼于新想法的未来实际效用价值，更侧重新知识的应用层面。在共同提升团队创造力的过程中，二者交替循环，不可或缺。但由于新颖性表现出孵化和发散性思考的创意激发过程，而实用性关注的是聚焦和收敛性思考的创意转化，因此，二者的行为焦点相互矛盾，彼此竞争认知资源，从而使团队创造力活动充满悖论和挑战。这与德拉津等（Drazin et al.，1999）所界定的团队创造力相一致，即团队创造力并非个体创造力的简单权变加总，而是团队层面的复杂社会互动过程。这种复杂过程要求团队可以为成员提供更宽裕的互动空间，推动创意知识的交叉和整合，以实现协同互补效应。

在探究触发团队创造力产生的关键因素时，越来越多的学者将研究焦点集中于领导行为这一情景因素上。尤克尔（Yukl，2009）呼吁寻找一种更综合复杂的特殊领导行为模式以平衡和协调团队互动过程中的矛盾与行为冲突。因为优秀的领导者具备行为和认知复杂性，即可以同时平衡多种不同甚至相悖的行为风格，并依据特定情境差异化地匹配相应行为策略，表现为双元领导。罗辛等（Rosing et al.，2011）用开放式领导行为与闭合式领导行为来表征双元领导。开放式领导强调突破惯例束缚，鼓励挑战现状；闭合式领导注重建立行为标准，规划目标路径。基于认知发展理论，团队创造力是团队领导与成员通过同化和顺应的相互作用过程调整行为状态，从而达到符合情境变化的动态平衡。双元领导对团队创造力的协同效应表现在：双元领导通过开放式行为鼓励成员不断冒险，敢于尝试多样化方式完成任务，激发成员试错性学习并宽容成员所犯的错误，以同化团队成员的认知直觉，强化成员的信息处理能力，从而刺激成员的创造性热情，提出更多新颖性的想法和创意，但过度开放和强化的过程却会导致团队活动的混乱，难以形成创意想法的聚焦，而不断陷入"搜寻困境"。此时，领导者需要改变原有的认知结构和行为方式，以顺应情境变化科学引导成员活动，即双元领导通过闭合式行为模式为团队成员的活动建立规则，关注任务完成的效率和结果，强调关注新知识和新创意的价值和实用性，保证创造力目标的实现。虽然团队创造力的新颖性和实用性彼此矛盾，但二者对提升团队整体创新效果来说是必不可少的。此时，双元领导通过合理分配认知资源，将互补领导行为模式集于在一个相互耦合的领导行为策略中，既防止了群体思维固化又控制了意见冲突局面，发挥了互补行为的协同效应，实现了新颖性与实用性的平衡状态，最终提高了团队整体的创造力水平。韩杨、罗瑾琏和钟竞（2016）及察赫尔等（Zacher et al.，2015）证实了双元领导在解决团队创新过程张力过程中发挥的关键作用，而对于团队创新的前端行为——团队创造力，该影响作用仍有效。

因此，本书提出如下假设：

H1：双元领导对团队创造力有积极正向影响。

H1a：双元领导对新颖性有积极正向影响。

H1b：双元领导对实用性有积极正向影响。

6.2.2 团队建言行为在团队双元领导与团队创造力间的中介效应

作为一种促进导向的角色外行为，建言是员工对与工作相关的想法、观点或意见的有意表达（Dyne，Ang & Botero，2010）。早期建言的定义多着眼于员工个体行为，而团队是复杂的动态系统（Frazier & Bowler，2015），单独个体行为并不能反映团队成员间的互动作用机制，本书回应埃雷斯等（Erez et al.，2002）及弗雷泽等（Frazier et al.，2015）的呼吁，从团队层面出发探讨为改善团队整体效能而提出建设性意见或抑制问题发生的预警性信息的团队建言行为。依据建言内容不同，梁建等（Liang et al.，2012）提出了二维建言模型——促进性建言（promotive voice）和抑制性建言（prohibitive voice）。促进性建言是主动提出改善工作单位或组织整体运行状况的新观点或新想法；抑制性建言则是针对工作实践中阻碍组织效率的现存或潜在问题（如有害行为，不恰当的程序、规范或政策等）提出预防性的观点。前者以创新性的思路探寻未来组织发展的理想状态，后者通过防患于未然的警告避免可能出现的过程损失。本书采用此二分方法来表征团队建言行为。

建言行为因挑战现状而具有潜在风险，其发生很大程度上受到领导风格和行为的影响（梁建，2014）。就团队而言，团队成员是互依的、共担责任及共享知识的创新共同体，群体建设性意见的表达益于团队资源及关注焦点的聚焦，因此需要扮演监控角色和促进角色的团队领导统一协调。双元领导通过开放式领导行为鼓励成员敢于试验不同的问题处理方式，允许工作过程中存在误差，提供独立思考及批判思考的空间，创造了成员尝试新方法的心理安全氛围，利于维持成员建言的初始动机（Milliken，Morrison & Hewlin，2003），从而令团队成员敢于对当前工作任务提出自己的想法，勇于自由发表建设性的意见。戴克等（Dyck et al.，2005）指出领导开放行为让员工相信工作中的积极误差是持续学习的基础。另外，抑制性建言是对与团队目标不相匹配的规则和系统的批判，使团队意识到实践中存在的问题，从而纠正偏差，抵消阻碍团队活动的消极力量。虽然这种反向意见的提出会因可能的负面影响而给自身带来风险，但这些预警性信息是为了明示团队活动过程中存在的问题，是基于解决或防止因过程损失带来的负向效应的合理化方式，这也与双元领导的闭合式领导行为纠正偏差的活动相一致。闭合式领导行为鼓励成员采取正确行动，通过对成员具体指导及时纠正成员活动中出现的问题，确保目标实现。这种鼓励成员敢于纠正偏差的领导氛围，使成员有责任感和义务感大胆建言，愿意为团队效能的改进表达意见与看法，而不怕被贴上"离经叛道者"的标签（Liang & Farh，2008）。

建言行为不仅是挑战性的批评行为，更是为了改善现状而进行的革新性的、创新导向的沟通行为，因此，提出合理化建议的过程是组织实现创新和变革的必要环节（Dyne & Lepine，1998）。建言行为所表达的创新性想法通过团队内部的讨论修正及成员间共享，为成员提供了创造性思路，进而转化到创新实践中，保证团队创新活动的顺利推进，因此，建言活动是创新驱动力（Dyne & Lepine，1998）。团队整体表现出的建言行为所形成的建言氛围激发整个团队的发散性和创造性思考，通过争辩和整合不同观点来提出更多建设性的方案，并主动寻找在团队中可实施创意方案的途径，提升团队创造力，这与梁建和唐京（2009）的研究发现相一致，即成员主动性的建言行为最终转变为创新绩效。周京等（Zhou et al.，2001）认为，当领导乐于与员工探讨心中的想法，努力为员工提供与工作相关的信息，积极寻找改善工作绩效的措施时，以信息型方式提供的反馈信息能增强员工对任务活动的兴趣，而员工对工作任务好奇、积极改变及挑战现状是发现新问题、产生新想法的重要来源。

因此，本书提出如下假设：

H2：团队建言行为在团队双元领导与团队创造力关系间起中介作用。

H2a：促进性建言在团队双元领导与新颖性关系间起中介作用。

H2b：促进性建言在团队双元领导与实用性关系间起中介作用。

H2c：抑制性建言在团队双元领导与新颖性关系间起中介作用。

H2d：抑制性建言在团队双元领导与实用性关系间起中介作用。

6.2.3　团队认同对团队双元领导与团队建言关系的调节效应

团队认同是团队成员用同一团队目标代替个体自我理想，进而认同彼此的团队感知行为，是成员间情感上的认同感和依存感（Van der Vegt & Bunderson，2005；Carmeli，Gelbard & Goldriech，2011）。工作团队内所有成员对于团队的认同水平会影响到团队的互动过程和产出。基于社会交互理论，团队成员的复杂行为受到外部情境因素及成员自我构建因素的交互影响。根据范·克尼彭贝格等（Van Knippenberg et al.，2007）构建的理论框架模型，团队认同属于自我概念中自我建构的重要成分。而建言行为是个体因素主导下的对外部情境因素的反应（Ryan，Daniel & Oestreich，1991），因此，团队认同是否对团队双元领导与团队建言行为之间的关系起干预调节作用值得进一步探究。

对于创造性工作团队而言，领导掌握着创造性资源，担当关键风险，把握创造目标（Jung，Chow & Wu，2003）。因此，上级领导的行为和态度是团队整体行动的关键线索，成员依此来调整自身工作行为（Kelley，1952）。首先，作为一种"社会性黏合剂"，团队认同使团队成员间不存在偏见和刻板效应（Van der Vegt & Bunderson，2005），强调团队整体使命感和责任感，为了共同的团队目标而努力，而这种努力通常包括信息和知识的分享（Carmeli，Gelbard & Goldriech，2011）。因此，当团队认同较高时，团队成员积极塑造自身在团队活动中扮演的有价值、有意义和有能力的角色，激发成员主动意识，关注彼此的意见表达，尤其当发现阻碍团队进步的关键问题时，成员可以畅所欲言，敢于分享对问题的认识，提出自己的建设性意见和想法以解决问题（李锐、凌文辁、方俐洛，2010）。双元领导灵活处理张力和冲突的过程为成员解决矛盾问题构建了支持氛围，这种氛围使成员对自我角色在团队中的价值有着更高的评价，愿意为维护团队地位积极应对工作过程中挑战，包括伴随风险的角色外行为。因此，在这种高责任感和认同感的驱动下，团队成员对工作变化在保持积极开放性的同时也意识到行为的规范性，从而激发自我参与更多增强团队效用的活动，愿意承担风险提出利于改变现状的建设性意见和观点。而当团队集体认同较低时，团队成员较低的归属感担心自己的建议遭受其他成员的报复而选择顺从，对团队目标表现出更多的不作为，尤其当团队领导表现出行为不一致的双元领导策略时，可能由于缺乏正式的反馈机制，更易造成低团队认同成员的认知恐慌和角色压力，选择"知而不言"，进而减少建言行为。其次，创造力是为复杂任务难题找到创造性解决之道的过程，具有不可预测性和高风险性（Hirst，Van Knippenberg & Zhou，2009）。创造力提升过程依赖于个体是否将创造力作为核心价值观（Farmer，Tierney & Kungmcintyre，2003）。团队认同所形成的归属感为组织成员的创造性努力提供了一种内源动力，使其更易由衷地参与到创新进程中，在其面对错误的或可能导致创新失败的方案和方法时可以直接指明问题，以保证创新进程有序开展（Coelho & Augusto，2010）。因此，在存在高不确定性和风险性的团队创造力过程中，当领导者表现出双元领导的开放式行为时，高团队认同的团队能够捕捉领导在处理风险的支持和鼓励态度，促使团队成员更灵活地结合外部获取和内部分享讨论的知识探讨新方案或新的问题解决思路，因此，团队成员更愿积极开拓思路，尝试探索和提出更多有效途径去解决问题（Grand et al.，2016），进而提升团队整体建言水平。而对于具备低团队认同团队来讲，双元领导的相反行为差异及行为转换可能造成团队成员对创新活动的工作压力与紧张情绪，倾向于去规避可能出现的创造性失误，也不会主动地去分享创造性解决问题的方法，不利于团队建言行为的发生。

因此，本书提出如下假设：

H3：团队认同在团队双元领导与团队建言行为之间起调节作用，即团队认同水平越高，团队越能表现积极建言行为。

H3a：团队认同在团队双元领导与团队促进性建言之间起调节作用，团队认同水平越高，团队越能表现较高促进性建言行为。

H3b：团队认同在团队双元领导与团队抑制性建言之间起调节作用，团队认同水平越高，团队越能表现较高抑制性建言行为。

6.3　研究设计

6.3.1　样本选取与数据收集

考虑到整体研究的一致性与研究结果的可行性，且由于大样本数据收集耗时较长，从经济性与有效性出发，本章所使用的样本数据与第 5 章的样本数据一起合并收集。同样，为了避免共同方法偏差问题，本书使用了团队领导/主管问卷和团队员工问卷两套问卷，采用配对方式填答问卷。其中，团队建言行为及团队集体认同由团队成员自我评定，团队领导评定问卷包括团队和团队领导的人口统计学变量及团队创造力变量。具体的团队样本特征与团队成员样本特征的统计情况详见本书的第 5 章。

6.3.2　研究工具的选择

6.3.2.1　双元领导的测量

本书对于双元领导的测量与第 5 章相同，采用罗辛等（Rosing et al.，2011）开发的开放式行为与闭合式行为量表来表征双元领导，共 14 个题项。在操作方式上，同样采用参考以往相似研究，取两个变量因子得分的均值测量各变量，进行均值中心化处理后计算乘积项测量（Zacher & Rosing，2015；韩杨、罗瑾琏、钟竞，2016）。详见本书第 5 章。

6.3.2.2　团队创造力的测量

本章对于团队创造力的测量与第 5 章相同，借鉴陈明辉等（Chen et al.，2005）及汉克（Hanke，2006）的研究，采用王艳子等（2012）以新颖性和实用性两维度设计的 12 条目量表来评价。详见本书第 5 章。

6.3.2.3　团队建言行为的测量

对于建言行为的测量，目前采用较多的是范·戴恩等（Van Dyne et al.，1998）6 条目量表、弗雷泽等（Frazier et al.，2015）6 条目量表及梁建等（Liang et al.，2012）10 条目量表。上述量表得到相当多研究的验证，均具有较高的信度和效度。而由于本书是中国情境下的经验研究，所以针对中国情境开发的测量工具更贴合研究需求。同时，建言不仅是提出改善现状的建设性意见，也包括大胆表明阻碍工作实践问题的过程，因此，梁建等（Liang et al.，2012）的促进性建言和抑制性建言的两维度划分方法更能符合建言本质。由此，本书采用梁建等（Liang et al.，2012）针对中国情境开发的建言行为两维度测量工具，分别是促进性建言（5个条目）和抑制性建言（5个条目），共10个条目。由于本书将该构念直接建构在团队层次，所以根据"参考物转移"模型（Morrison，Wheeler-Smith & Kamdar，2011），原测量条目中的参照物由"我"变成"团队整体"。在整合每个团队的员工回答后，形成关于团队建言水平的整体描述。测量采用Likert 5点量表进行（"1"代表非常不同意，"5"代表非常同意），具体如表6-1所示。

表6-1　　　　　　　　　　团队建言行为的测量量表

维度划分	序号	测量题项
团队促进性建言（TCJ）	TCJ1	成员能积极主动地解决影响团队的问题，并为其提出建议
	TCJ2	成员能积极主动地为利于团队的新项目提出建议
	TCJ3	成员能提出建议以完善团队的工作流程
	TCJ4	成员能主动提出有利于完成团队目标的建议
	TCJ5	成员能提出建设性建议以完善团队的运营
团队抑制性建言（TYZ）	TYZ1	成员能积极主动地报告工作场所管理协作中出现的问题
	TYZ2	成员能对其他同事存在的可能阻碍工作绩效的不良行为提出建议
	TYZ3	即使有异议，成员也诚实地指出可能给团队造成严重损失的问题
	TYZ4	即使这将破坏与其他同事的关系，成员也敢于指出团队中出现的问题
	TYZ5	团队即使会令他人难堪，成员也敢于就影响团队效能的问题表达观点

6.3.2.4　团队认同的测量

本书采用谢夫纳等（Schaeffner et al.，2015）修正的团队层面认同量表，反映团队成员对团队的归属感和依赖感的4个测量条目。经多项研究表明，该量表具有较高的信效度。本书中，该量表由团队成员在第二阶段进行评价，测量采用 Likert 5 点量表进行（"1"代表非常不同意，"5"代表非常同意），具体如表 6 - 2 所示。

表 6 - 2　　　　　　　　　　　　团队认同的测量量表

维度划分	序号	测量题项
团队认同 （TI）	TI1	团队成员将整个团队而不是团队内的小群体放在主要位置
	TI2	即使团队受到外部攻击，我们仍能紧密团结在一起
	TI3	当团队成员与其他人（不属于团队的）讨论团队时，他/她常倾向于说"我们"而不是"他们"
	TI4	当有人赞扬团队时，每个团队成员都有像是夸赞自己的自豪感

6.3.2.5　控制变量的测量

根据以往团队创造力的相关研究发现，团队所属行业类型、团队成立年限（Shin & Zhou，2007）及团队规模（Duffy & Stark，2000）等变量可能会影响团队创造力，因此，将上述团队特征变量作为控制变量。

6.4　数据分析与假设检验

6.4.1　信度分析

与第 5 章的信度分析一致，本章也采用修正题项总体相关系数（CITC）与内部一致性系数（Cronbach'α 系数）来判断各测量量表是否具有良好信度。本书认为中层管理者包括团队领导的部分，且本书在收集数据时，也认真挑选了部门及团队领导作为本书研究中层管理者的样本代表，因此，本章的团队领导双元领导行为数据与第 5 章中层管理者双元领导数据一致。同样，团队创造力测量也与第 5 章使用同一套数据进行信度分析。在本书第 5 章中，针对团队领导双元领导行为与团队创造力的信度分析显示，量表具有良好的信度。团队建言行为与团队集体认同的信度系数检验结果如表 6 - 3 和表 6 - 4 所示。

表 6 - 3 　　　　　　　　团队建言行为量表的信度分析结果

维度划分	条目	CITC	删除该项后的 Cronbach'α	Cronbach'α
团队促进性建言（TCJ）	TCJ1	0.838	0.949	0.954
	TCJ2	0.875	0.943	
	TCJ3	0.885	0.941	
	TCJ4	0.896	0.939	
	TCJ5	0.869	0.944	
团队抑制性建言（TYZ）	TYZ1	0.878	0.961	0.966
	TYZ2	0.890	0.959	
	TYZ3	0.918	0.955	
	TYZ4	0.915	0.956	
	TYZ5	0.906	0.906	

表 6 - 4 　　　　　　　　团队认同量表的信度分析结果

条目	CITC	删除该项后的 Cronbach'α	Cronbach'α
TI1	0.561	0.761	0.792
TI2	0.604	0.739	
TI3	0.650	0.714	
TI3	0.596	0.743	

6.4.1.1　团队建言行为的信度分析

表 6 - 3 中，团队建言行为的促进性建言与抑制性建言的 Cronbach'α 系数都在 0.950 以上，总量表的 Cronbach'α 系数为 0.928。所有测量条目的 CITC

值均大于 0.830，而删除条目后的 Cronbach'α 系数没有得到改善。因此，团队建言行为测量量表信度良好。

6.4.1.2 团队认同的信度分析

表 6-4 中，团队认同的 Cronbach'α 系数为 0.792。所有测量条目的 CITC 值均大于 0.560，而删除条目后的 Cronbach'α 系数没有得到改善。因此，团队认同测量量表信度良好。

6.4.2 效度分析

与第 5 章效度检验相一致，本章也对所涉及变量的内容效度和结构效度进行检验分析。其中，本章所使用测量量表也采用已发表在国内外顶级期刊的成熟测量条目，且采用双向翻译的方法对量表进行转译，保证了测量量表的内容效度。而对结构效度而言，本章也采用 AVE 评价聚合效度，判别标准是 AVE 大于 0.5（吴明隆，2011）。将平均方差抽取量 AVE 的平方根，与该潜变量与其他潜变量之间的相关系数进行比较测度区别效度。

6.4.3 验证性因子分析

由于本书测量量表均参考和借鉴国内外顶尖期刊研究中的成熟量表，均已经假设了用哪些观察变量来测量潜变量，因此，采用 CFA 来检验测量效度。本章测量指标与评价标准与第 5 章一致。其中，团队双元领导行为与团队创造力的验证性因子分析显示，量表具有良好的效度，故本章不再重复验证其效度。

6.4.3.1 团队建言行为量表的验证性因子分析

借鉴先前团队建言行为的相关研究，本书从促进性建言与抑制性建言两维度来测量团队建言行为，每个维度包含 5 个观测指标。运用最大似然法估计本书的预设模型，并借助 AMOS 22.0 对相关指标逐步分析。团队建言行为验证性因子模型如图 6 - 2 所示；验证性因子分析参数估计结果如表 6 - 5 所示；潜变量间相关系数如表 6 - 6 所示。

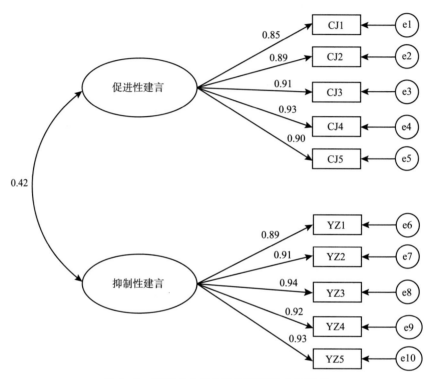

图 6 - 2　团队建言行为验证性因子分析模型

表 6 - 5　　　　团队建言行为量表的验证性因子分析参数估计结果

潜变量	观察变量	标准化负荷	CR	AVE
团队促进性建言（TCJ）	TCJ1	0.85	0.953	0.804
	TCJ2	0.89		
	TCJ3	0.91		
	TCJ4	0.93		
	TCJ5	0.90		

续表

潜变量	观察变量	标准化负荷	CR	AVE
团队抑制性建言（TYZ）	TYZ1	0.89	0.964	0.843
	TYZ2	0.91		
	TYZ3	0.94		
	TYZ4	0.92		
	TYZ5	0.93		
指标值	$\chi^2/df = 1.645$，RMSEA $= 0.049$，GFI $= 0.935$，CFI $= 0.982$，NFI $= 0.971$，TLI $= 0.976$			

注：CR 代表组合信度；AVE 值代表平均方差提取量。

表 6 – 6 　　　　　　团队促进性建言与团队抑制性建言的相关系数

潜变量	团队促进性建言	团队抑制性建言
团队促进性建言	0.897	
团队抑制性建言	0.562**	0.918

注：* p < 0.050，** p < 0.010；对角线上的数据为平均方差提取量的平方根 $\sqrt{AVE}$。

由图 6 – 2、表 6 – 5 和表 6 – 6 可以看出模型的信效度检验及拟合适配度结果，具体分析如下：

（1）模型拟合适配度方面。$\chi^2/df = 1.645 < 2$，RMSEA $= 0.049 < 0.05$，GFI $= 0.935 > 0.90$，CFI $= 0.982 > 0.90$，NFI $= 0.971 > 0.90$，TLI $= 0.976 > 0.90$，均达到最低可接受标准，说明适配度较好。

（2）信度方面。团队建言行为的观察变量的标准化负荷均在 0.85 以上，满足观察变量信度检验的最低值 0.50 标准；同时，观察变量的组合信度（CR）分别为 0.953 和 0.964，满足潜在变量信度检验的最低值 0.60 标准，因此，可以判断各潜在变量信度良好。

（3）效度方面。观察变量的 AVE 值分别为 0.804 和 0.843，高于 0.50 的最低可接受标准，表明具有良好的聚合效度；潜变量 AVE 的平方根分别为 0.897 和 0.918，大于潜变量间的相关系数 0.562，表明潜变量之间的区分效度良好。

6.4.3.2　团队认同量表的验证性因子分析

运用最大似然法估计本书的预设模型，并借助 AMOS 22.0 对相关指标逐步分析。团队认同验证性因子模型如图 6 - 3 所示；验证性因子分析参数估计结果如表 6 - 7 所示。

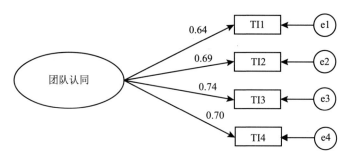

图 6 - 3　团队认同验证性因子分析模型

表 6 - 7　　　　　　　　团队认同量表的验证性因子分析参数估计结果

潜变量	观察变量	标准化负荷	CR 值	AVE
团队认同	TI1	0.64	0.794	0.502
	TI2	0.69		
	TI3	0.77		
	TI4	0.70		
指标值	$\chi^2/\mathrm{df} = 1.410$，RMSEA $= 0.043$，GFI $= 0.991$，CFI $= 0.991$，NFI $= 0.984$，TLI $= 0.972$			

由图 6 - 3 和表 6 - 7 可以看出模型的信效度检验及拟合适配度结果，具体分析如下：

（1）模型拟合适配度方面。$\chi^2/\mathrm{df} = 1.410 < 2$，RMSEA $= 0.043 < 0.05$，GFI $= 0.991 > 0.90$，CFI $= 0.991 > 0.90$，NFI $= 0.984 > 0.90$，TLI $= 0.972 > 0.90$，均达到最低可接受标准，说明适配度较好。

（2）信度方面。团队认同观察变量的标准化负荷均在 0.60 以上，满足观察变量信度检验的最低值 0.50 标准；同时，观察变量的组合信度（CR）为 0.794，满足潜在变量信度检验的最低值 0.60 标准，因此，可以判断潜在变量信度良好。

（3）效度方面。观察变量的 AVE 值为 0.502，高于 0.50 的最低可接受标准，表明具有良好的聚合效度。

6.4.3.3　整体模型的验证性因子分析

本章还采用验证性因子分析方法对各变量间的区分效度进行检验，以避免出现由于变量间区分度较低而导致研究结果受到影响的情况。本章运用 AMOS 22.0 进行一系列竞争模型的验证性因子检验，包括 1 个五因子模型，2 个四因子模型，3 个三因子模型，1 个两因子模型和 1 个单因子模型，结果如表 6-8 所示。

表 6-8　　　　　　　　　　整体模型的验证性因子分析结果

模型	χ^2	df	$\Delta\chi^2$	χ^2/df	GFI	CFI	TLI	RMSEA
五因子模型	224.725	160		1.405	0.921	0.985	0.982	0.039
四因子[a] 模型	608.260	164	383.535 ***	3.709	0.811	0.896	0.880	0.101
四因子[b] 模型	671.083	164	446.358 ***	4.092	0.794	0.882	0.863	0.108
三因子[a] 模型	862.474	167	637.749 ***	5.165	0.732	0.838	0.815	0.125
三因子[b] 模型	1056.682	167	831.957 ***	6.327	0.710	0.792	0.764	0.142
二因子模型	1338.427	169	1113.702 ***	7.920	0.636	0.727	0.693	0.162
单因子模型	2825.931	171	2601.206 ***	16.523	0.445	0.381	0.312	0.242

注：四因子[a]——开放式领导 + 闭合式领导；四因子[b]——开放式领导 + 促进性建言；三因子[a] 模型——开放式领导 + 闭合式领导 + 团队认同；三因子[b] 模型——开放式领导 + 闭合式领导 + 促进性建言；二因子模型——开放式领导 + 闭合式领导 + 促进性建言、抑制性建言 + 团队认同——单因子模型：开放式领导 + 闭合式领导 + 促进性建言 + 抑制性建言 + 团队认同；$\Delta\chi^2$ 均是与五因子模型比较的结果。*** 表示 p < 0.001。

结果显示，五因子模型的各项拟合指标均达到理想水平（$\chi^2/df = 1.405 < 3$，GFI = 0.921 > 0.90，CFI = 0.985 > 0.90，TLI = 0.982 > 0.90，RMSEA = 0.039 < 0.05），并在统计学意义上显著优于其他竞争模型，由此表明，各变

量具有良好的区别效度。

6.4.4 团队数据汇聚性分析

本书研究对象属于团队层面，团队创造力以团队领导为测量对象，属于团队层面测量，而双元领导、团队建言行为及团队认同是团队员工个体测量结果，因此，需将个体层面测量数据聚合到团队层面。本书利用内部一致性指数 R_{wg}、组内相关系数 ICC1 和组间信度系数 ICC2 来判断数据的可汇聚性，结果如表 6 – 9 所示。已有研究指出，R_{wg} 取值介于 0 ~ 1 之间，越接近 1 表示团队内个体成员评分一致度越高，一般取 0.70 作为临界值，即 $R_{wg} > 0.70$，表明由个体层次向团队层次聚合具有足够的一致性程度；同时，组内相关系数 ICC1 > 0.05，组间相关系数 ICC2 > 0.50 的经验标准，说明个体数据有向团队聚合的可行性。

表 6 – 9　　　　　　　　　团队层次数据聚合性检验结果

变量	R_{wg}	ICC1	ICC2
开放式领导行为	0.907	0.285	0.671
闭合式领导行为	0.888	0.284	0.670
促进性建言	0.771	0.290	0.676
抑制性建言	0.729	0.219	0.772
团队认同	0.941	0.304	0.690

聚合性分析结果如表 6 – 9 所示，各变量的 R_{wg} 均高于 0.7，ICC1 均大于 0.05，ICC2 均大于 0.5，满足数据聚合判定标准，因此，数据在团队层次上的聚合是有效的。

6.4.5 描述性统计和相关分析

本书相关变量的均值、标准差和相关系数分析结果如表 6 – 10 所示。由

表 6－10 可知，开放式领导与闭合式领导之间存在正向相关关系（r＝0.283，p＜0.050），说明双元领导的两种行为之间不是连续体的两端，领导者可以实现两种行为的共存，发挥互补协同效应；控制变量与团队创造力不显著相关；开放式领导、闭合式领导、促进性建言、抑制性建言与团队创造力的新颖性和实用性均显著相关，为进一步验证假设模型提供了支撑。

表 6－10　　　　　　　　　　**变量的描述性统计及相关系数**

变量	1	2	3	4	5	6	7	8	9	10
1 行业类型	1									
2 团队成立年限	0.228	1								
3 团队规模	0.015	－ 0.109	1							
4 开放式领导	0.017	0.084	－ 0.265	1						
5 闭合式领导	－ 0.058	－ 0.213	－ 0.041	0.283 *	1					
6 促进性建言	－ 0.064	0.032	－ 0.092	0.487 **	0.316 *	1				
7 抑制性建言	－ 0.104	－ 0.162	0.009	0.345 *	0.391 **	0.562 **	1			
8 团队认同	0.166	－ 0.073	－ 0.241	0.575 **	0.311 *	0.313 *	0.308 *	1		
9 新颖性	0.081	－ 0.029	0.010	0.313 *	0.344 *	0.440 **	0.547 **	0.141	1	
10 实用性	0.198	0.041	－ 0.140	0.390 **	0.386 **	0.363 **	0.446 **	0.256	0.549 **	1
均值	3.10	2.40	6.50	3.912	3.673	3.542	3.523	3.676	3.907	3.625
标准差	1.361	0.693	1.421	0.488	0.444	0.724	0.918	0.331	0.535	0.485

注：＊p＜0.050，＊＊p＜0.010，双尾检测。

6.4.6　假设检验

本书运用 SPSS 22.0 进行回归分析检验，包括团队双元领导对团队创造力的主效应、团队建言行为的中介效应及团队集体认同的调节效应，结果见表 6－11 和表 6－12。此外，所有变量的 VIF 最大值为 2.214＜3，表明假设模型不存在多重共线性问题。

表6-11　　层次回归分析结果

变量	新颖性					实用性				
	模型1	模型2	模型3	模型4	模型5	模型6	模型7	模型8	模型9	模型10
行业类型	0.081	0.124	0.132	0.108	0.120	0.193	0.232	0.239	0.207	0.220
团队成立年限	-0.009	-0.067	0.033	-0.038	0.038	0.023	-0.037	0.048	0.008	0.055
团队规模	0.087	0.042	0.006	0.080	0.044	-0.052	-0.114	-0.143	-0.056	-0.082
中层双元领导	0.429**			0.253	0.195	0.477***			0.389*	0.316
团队促进性建言		0.454***		0.318*			0.368***		0.160*	
团队抑制性建言			0.566***		0.471**			0.480*		0.325*
Adjusted R^2	0.115	0.145	0.262	0.174	0.347	0.217	0.125	0.223	0.219	0.286
ΔR^2	0.176	0.203	0.311	0.070	0.162	0.218	0.134	0.223	0.018	0.078
F值	2.664*	3.162*	5.521**	3.153*	4.894**	4.529**	4.649**	14.653***	3.868**	5.081**

注：*** $p<0.001$，** $p<0.01$，* $p<0.050$。

表 6 – 12　团队认同对双元领导与团队建言行为间的调节作用

变量	团队促进性建言			团队抑制性建言		
	模型 11	模型 12	模型 13	模型 14	模型 15	模型 16
行业类型	-0.086	-0.101	-0.154	-0.083	-0.105	-0.156
团队成立年限	0.092	0.099	0.104	-0.099	-0.087	-0.083
团队规模	0.021	0.034	0.024	0.091	0.110	0.101
双元领导	0.551***	0.514**	0.627***	0.496***	0.440*	0.546***
团队认同		0.076	0.366*		0.117	0.389*
团队双元领导 × 团队认同			0.496**			0.467**
Adjusted R^2	0.246	0.234	0.349	0.267	0.197	0.296
ΔR^2	0.291	0.004	0.117	0.236	0.009	0.203
F 值	5.156**	4.111**	5.556***	4.272**	3.502**	4.578**

注：*** $p < 0.001$，** $p < 0.010$，* $p < 0.050$。

6.4.6.1　主效应分析

为了检验双元领导对团队创造力的主效应，本书运用了模型1和模型6，见表6-11。结果显示，在控制了行业类型、团队成立年限和团队规模后，双元领导对新颖性（M1：$\beta = 0.429$，$p < 0.01$）和实用性（M6：$\beta = 0.477$，$p < 0.001$）具有显著的正向影响，研究假设H1a和研究假设H1b得到验证。另外，本书发现双元领导对实用性的影响超过了新颖性，可知双元领导在激发研发团队成员贡献新颖性想法的同时，对保证创意想法的"落地"更有效，从而避免研发团队为追求"技术领先"而出现"产品落后"的困境，保证团队创造力的持续发展。

6.4.6.2　中介效应分析

进一步验证团队建言行为在团队双元领导与团队创造力关系间起到的中介作用，见表6-11。根据巴伦等（Baron et al.，1986）提出的中介检验程序：第一，自变量双元领导显著解释因变量团队创造力，研究假设H1a和研究假设H1b已得证；第二，自变量双元领导显著解释中介变量团队建言行为，如表6-12模型11和模型14所示，双元领导对促进性建言（M11：$\beta = 0.551$，$p < 0.001$）和抑制性建言（M14：$\beta = 0.496$，$p < 0.001$）具有显著的正向影响；第三，自变量和中介变量同时进入回归方程之后，中介变量仍可显著解释因变量，而自变量对因变量的解释作用变得不显著（完全中介效应）或显著性水平明显下降（部分中介效应）。例如，模型5和模型9所示，在同时加入双元领导和促进性建言后，促进性建言对新颖性（M4：$\beta = 0.318$，$p < 0.05$）和实用性（M9：$\beta = 0.160$，$p < 0.05$）仍具有显著正向影响，而双元领导对新颖性（M4：$\beta = 0.253$，$p > 0.05$）的影响不再显著，对实用性（M9：$\beta = 0.389$，$p < 0.05$）的显著性水平明显下降，表明促进性建言在双元领导与新颖性和实用性关系间起中介作用，研究假设H2a和研究假设H2b得到验证；同理，如模型5和模型10所示，在同时加入双元领导与抑制性建言后，抑制性建言对新颖性（M5：$\beta = 0.471$，$p < 0.01$）和实用性（M10：$\beta = 0.325$，$p < 0.05$）仍具有显著正向影响，而双元领导对新颖性（M5：$\beta = 0.195$，$p > 0.05$）和实用性（M10：$\beta = 0.316$， p > 0.05) 的影响不再显著，表明抑制性建言在双元领导与新颖性和实用性关系间起完全中介作用，研究假设 H2c 和研究假设 H2d 得到验证。另外，本书发现抑制性建言对团队创造力的影响大于促进性建言，原因可能是：对研发团队成员而言，相比较为团队持续创新提出改进方案和创造性思路的促进性建言活动，抑制性建言行为不仅需要成员具备冒险精神和勇气，更重要的是掌握专业的业务知识和问题识别能力，投入更多的时间和精力为团队创造力的提高提供更有益的、科学的建议以解决影响团队创新目标实现的问题，因此，团队整体的抑制性建言行为对团队创造力的影响作用更大。

6.4.6.3 团队认同的调节作用

为了避免变量间的多重共线性问题，在检验团队认同在双元领导与团队建言行为关系间的调节效应前，本书首先对双元领导和团队认同进行了中心化处理，将中心化后的分数相乘计算交互作用项。根据温忠麟、侯杰泰和张雷 (2005) 的调节作用检验程序：第一，做控制变量（行业类型、团队成立年限和团队规模）和自变量（双元领导）对调节变量（促进性建言和抑制性建言）的回归；第二，做自变量（双元领导）和调节变量（团队认同）的回归；第三，做双元领导与团队认同的交互项对促进性建言和抑制性建言的回归，结果如表 6 - 12 所示。模型 13 和模型 16 显示，在增加交互作用项后模型的整体解释力具有增量意义（M13：$\Delta R^2 = 0.117$，$p < 0.001$；M16：$\Delta R^2 = 0.202$，$p < 0.001$)，同时双元领导与团队认同的交互项对促进性建言（M13：$\beta = 0.496$，$p < 0.05$）和抑制性建言（M13：$\beta = 0.467$，$p < 0.05$）具有显著的正向影响，表明团队认同的调节作用显著，研究假设 H3a 和研究假设 H3b 得到验证。

参考艾肯等（Aiken et al., 1991）提出简单坡度分析（simple sope analysis）程序，本书以调节变量均值高于和低于一个标准差为界绘制交互作用图，结果如图 6 - 4 和图 6 - 5 所示。根据图 6 - 4 可知，当团队认同程度较高时（$\beta = 1.123$，$p < 0.05$），双元领导对促进性建言有显著增强作用，而当团队认同程度较低时（$\beta = 0.131$，$p > 0.05$），双元领导对促进性建言的影响作用不显著；根据图 6 - 5 可知，当团队认同程度较高时（$\beta = 1.013$，$p <$

0.05），双元领导对抑制性建言有显著增强作用（β = 0.079，p > 0.05），而当团队认同程度较低时，双元领导对抑制性建言的影响作用不显著。表明团队认同对双元领导与团队建言行为关系间有显著调节效应。

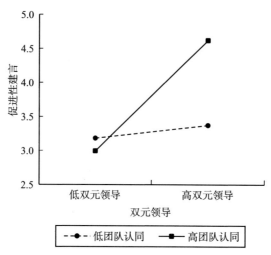

图 6 - 4 团队认同对团队双元领导和团队促进性建言关系的调节效应

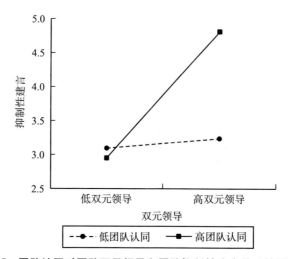

图 6 - 5 团队认同对团队双元领导和团队抑制性建言关系的调节效应

6.5 本章小结

本章以 52 个研发团队领导/主管及其 266 名团队配对成员为样本，基于双元性理论、认知发展理论和社会交互理论，构建了理论模型以探索团队双元领导对团队创造力提升的重要性，并探究了团队建言行为的中介作用和团队认同的调节作用。具体假设与实证检验结果如表 6 - 13 所示。研究结果表明，团队双元领导对团队创造力有显著的正向影响；团队建言行为在团队双元领导与团队创造力关系间发挥着中介传导作用；团队认同对团队双元领导与团队建言行为间的关系起增强调节作用。以上研究结论对双元领导和创新管理理论研究及企业管理实践均有重要的意义。

表 6 – 13   **假设与实证检验结果**

研究假设	实证结果
H1：双元领导对团队创造力有积极正向影响	支持
H1a：双元领导对新颖性有积极正向影响	支持
H1b：双元领导对实用性有积极正向影响	支持
H2：团队建言行为在团队双元领导与团队创造力关系间起中介作用	支持
H2a：促进性建言在团队双元领导与新颖性关系间起中介作用	支持
H2b：促进性建言在团队双元领导与实用性关系间起中介作用	支持
H2c：抑制性建言在团队双元领导与新颖性关系间起中介作用	支持
H2d：抑制性建言在团队双元领导与实用性关系间起中介作用	支持
H3：团队认同在团队双元领导与团队建言行为之间起调节作用，即团队认同水平越高，团队越能表现积极建言行为	支持
H3a：团队认同在团队双元领导与团队促进性建言之间起调节作用，团队认同水平越高，团队越能表现较高促进性建言行为	支持
H3b：团队认同在团队双元领导与团队抑制性建言之间起调节作用，团队认同水平越高，团队越能表现较高抑制性建言行为	支持

第 7 章
研究结论与展望

　　本章首先通过前述章节的文献梳理、理论分析、质性研究和实证研究结果总结出本书的主要结论，即组织内跨管理层级管理者双元行为滴漏过程的结论、不同管理等级双元领导上行下效效应的结论及团队层面双元领导对团队创造力的作用机制及边界条件方面的结论；其次，阐述本书研究的理论价值和研究贡献，主要包括本书对双元领导存在上行下效滴漏现象方面的贡献、利用探索性案例研究方法探究双元领导滴漏过程的贡献及团队领导双元行为对团队创造力作用机制及边界条件研究方面的贡献；再次，根据研究结论提出对组织管理与人力资源管理方面的管理启示；最后，从理论、样本及方法等方面指出本书的不足之处，提出一些可供选择的未来研究方向。

7.1　研究结论与讨论

　　作为一个组织双元理论和领导理论交叉的前沿主题，双元领导的研究呼应了当前不确定性环境下为满足矛盾和竞争需求对当代领导理论提出的新诉求。有学者将双元性理论在领导学领域进一步延伸，突出强调双元领导在解决不断凸显的组织矛盾和张力问题过程中所扮演的关键角色（Gupta & Shalley，2006；Raisch & Birkinshaw，2008；Smith & Lewis，2011；Rosing，Frese & Bausch，2011）。双元领导具备感知与追求相悖元素的复杂认知能力和动机，将看似冲突的目标集合在全面统一的战略中，合理配置组织资源，协调组织短期效率与长期效益的平衡。

近年来，双元领导的研究引起了学术界的广泛兴趣和积极参与。结合"阴阳"平衡的传统文化，本书选择双元领导行为为研究出发点，全面梳理相关研究成果及系统整合多个研究理论基础，采用定性研究与定量研究相结合的方法，重点探讨了本土情境下双元领导的影响效应及路径机制问题。具体而言，本书通过文献梳理与理论解析，构建了双元领导在组织不同管理层级影响团队创造力的理论模型，揭示了不同管理参与者表现的双元领导上行下效的行为协同效应；随后利用质性研究深入解析双元领导在组织内部不同参与者间逐层渗透与传递的具体过程；最后，从团队建言视角，阐述团队领导的双元行为作用于团队创造力的内在机制，利用大样本数据进行统计检验，最终得出以下研究结论。

（1）高管–中层双元领导行为的滴漏发生经历复杂的认知处理和能力推动过程。

本书对双元领导是否存在从高管到中层的行为传递及如何实现进行了关注。基于社会认知理论和双元领导理论，借鉴观察学习，本书形成注意–保持–运动再现–自发的四阶段逻辑框架。运用扎根理论分析方法，通过对 6 家企业 6 位高管及与其配对的 20 位中层管理者的访谈资料分析，对高层–中层管理者双元领导行为滴漏过程进行深入探讨。本书揭示在环境混沌状态下，高管与中层管理者的领导行为存在串联关系，双元领导行为呈现自上而下的滴漏现象。通过扎根发现创新型企业面对的四种矛盾情境：战略目标矛盾、学习导向矛盾、创新方式矛盾及权力结构矛盾，矛盾的兼顾与平衡需要管理者表现出双元领导行为。进一步地，通过对比高层与中层管理者处理工作任务的行为特征，发现双元领导行为在激励方式、决策过程与创新过程上存在下行传递效应。史密斯等（Smith et al.，2005）认为，解决组织面临的张力问题，需要高层领导构建矛盾认知框架，并在组织内部营造双元情境氛围，渲染双元文化，以有效化解矛盾问题。我们的研究与其观点一致，即高管所展现的双元领导行为被中层识别并模仿学习，转化到管理活动中，从而也表现双元领导行为。

高管–中层双元领导滴漏过程经历认知辨识、感知过滤、知觉顿悟及意义强化四个阶段。从"刺激－机体认知－反应"视角出发，认知是外部刺激和行为反应的关键传递变量。在上下级互动过程，上级领导首先会影响下属对其行为的感知，接着下属会对接收到的信息进行深入的内部解释，内化为自我认知事物的方式，以指导行为过程。通过扎根理论分析，本书发现认知辨识、感知过滤、知觉顿悟及意义强化四个环环相扣的矛盾认知渗透过程。具体而言。首先，当高管表现出双元领导行为时，中层管理者首先要意识到矛盾情境对复杂行为的需求，辨析到行为背后矛盾思维方式的支撑意义，认为领导行为是可信赖的行为模范；其次，将感知到的矛盾认知在自我意识中进行整合处理，依赖认知资源与认知偏好对矛盾情境中的信息进一步合理解释，过滤形成领导者的矛盾视野范围；再次，通过将抽象信息不断加工，启发、内化及更新其心智模式，塑造更具情境意义的矛盾认知模式，以更多样化的方式认识与解释矛盾问题；最后，将矛盾认知外显化，利用形成的矛盾认知框架指导行为过程，展现出与高管一致的双元领导行为。研究发现，中层管理者从先前感知到转化行为的过程是步步推进的，这个过程不断渗透以强化管理者矛盾认知思维方式，树立应对矛盾危机的信念。

中层管理者胜任能力对双元领导行为滴漏的助推作用。对管理者而言，矛盾处理角色的胜任能力影响其调动、协调和整合矛盾冲突的努力，是领导平衡多种管理矛盾及复杂任务的知识基础。先前研究多探讨组织通过培养动态能力促进组织适应外部环境的敏感性，但这种能力一般是以组织整体而言，而很少有研究深入挖掘中层管理者具有的矛盾处理胜任能力。研究显示，伴随着双元领导的下行传递过程，中层管理者会形成兼顾矛盾元素的胜任能力，包括变异警觉能力、学习吸收能力、知觉重塑能力和包容平衡能力四个方面。四种能力表征相互依存、相互促进，动态解决矛盾性问题，增强柔性适应能力，推动双元行为的展现。

认知是管理者工作任务中的思维方式和心理状态，表示为"如何做"；而能力是处理工作任务中的知识基础，表示为"能做什么"。因此，管理者在满足"如何做"和"能做什么"的基础上更能有效处理工作任务要求。双元领导行为滴漏过程是矛盾认知与胜任能力共同作用下发生的：通过矛盾认知模式转换形成利于胜任能力发展的认知基础；胜任能力素质又为矛盾认培育提供了动力源，两者共同加速管理者双元领导行为的传递过程。

（2）双元领导行为存在从高管到中层的上行下效滴漏效应。

虽然既有研究已经从理论和实证角度研究了双元领导与团队有效性之间的联系，但相关研究缺乏从组织不同管理层级角度出发对双元领导影响团队创造力的过程机制的关注。为此，在子研究一的基础上，借鉴滴漏模型的研究范式，本书从组织不同管理层次的关联关系出发，通过对 52 位中层管理者及与其配对的 266 名团队成员的两时点问卷调研，运用 HLM 对所获取有效数据进行分析，证实高层管理者通过将双元领导传递给中层管理者表现一致行为来影响团队创造力，验证了双元领导滴漏效应的存在。因为，在组织中位于较高地位的领导者对下属具有某种程度的榜样效应（role model），刺激下属依据所处情境去理解和解释上级行为表现，构建符合上级行为特征的认知模式，进而表现与上级一致的行为反应（Salancik & Pfeffer，1978；王震、许灏颖、杜晨朵，2015）。对双元领导而言，高管双元行为表现为对互补甚至相反领导行为的平衡与协调，且依据情境变化如创新过程的不同阶段或创造力的不同属性灵活转换，这种高管双元行为的特殊性在组织中潜在地培育了一种双元氛围与文化，引发组织成员极大的兴趣，激发组织成员尤其是中层管理者利用双元理念去指导管理实践，加上高层管理者的行为示范，使中层管理者更愿意去尝试表现双元行为。同时，中层管理者在高层管理者与组织成员间发挥承上启下作用，是连接高层管理者与团队关系的桥梁。高层管理者双元领导思想势必会通过中层高管理者的传播与扩散才能在较低层次实施，从而有效处理团队创造力过程的矛盾情境。

但是，高管到中层行为传递作用于团队创造力的过程受到中层管理者思维特征和团队角色认知的调节。中庸思维深刻影响着中层管理者对外部环境与内在需求之间关系的认知处理，帮助个体快速有效地由情感加工系统转向认知加工系统（孙旭、严鸣、褚小平，2014），从不同角度多方位思考，整合加工获取的信息，继而以一种恰到好处的状态采取行动。换言之，具有较高中庸思维的中层管理者不是盲目追随高管双元领导行为，而是善于把握高管双元行为背后隐藏的矛盾认知方式及潜在动因，理性分析高管双元行为的适应性调整如何与外部环境的矛盾特性匹配，以实现矛盾价值最大化。赵红丹和郭利敏（2018）的研究认为，中庸思维可以正向调节双元领导与领导认同之间的关系，说明较高的中庸思维的成员可能更会对双元领导表现出更高程度的领导认同，在较高认同感的刺激下才能表现更积极的行为，这与我们的研究结论有共通之处。

本书研究发现，创造力角色认同正向调节中层双元领导行为与团队创造力的积极关系，即较高的团队创造力角色认同情况下，中层双元领导行为更能促进团队创造力的提升。作为一种创造性自我概念，创造力角色认同是创造性行为内化于自我角色中的自我强化动机，同时也会自我调整努力保持角色行为与角色认同相一致，产生新的角色凸显性，以继续进行创造性活动。团队创造力角色认同较高时，团队成员对环境尤其是上级领导是否认同创造性行为更为敏感，从而持续地将上级领导对创造性行为的价值判断进行分析，以此来决定是否投入更多的创造性努力。具体而言，当团队创造力角色认同较高时，中层管理者双元领导行为对创新矛盾的解决对策与创造力角色期望给予团队成员从事创造性活动的信心支持，使团队成员形成一致的团队创造性目标，选择与角色认同一致的创造性行为，因此积极探索新思路或寻求新知识来获取创造性成果（Ford，1996；刘伟国等，2018），进而提升团队创造力。王等（Wang et al.，2010）探究了创造力角色认同对仁慈型领导与员工创造力关系的调节作用，这恰好证实了创造力角色认同的边界调节作用。研究结论表明，创造力角色认同对中层管理者双元领导与团队创造力的关系具有显著增强效应。

（3）团队领导双元行为可以通过激发团队建言行为来影响团队创造力。

在子研究一和子研究二的基础上，子研究三论证了双元领导行为在团队层面的持续滴漏效应。因为团队领导与团队成员联系最密切、沟通最频繁，团队领导的一言一行都会直接影响团队成员的认知和行为，尤其是在处理复杂的创造性活动过程中，团队成员可能会面临追求创意想法数量及体现创意价值的两难选择，有可能会出现只强调一方而放弃考虑另一方的现象，此时，需要团队领导在指导团队成员创新努力过程中协调处理多重矛盾需求与悖论冲突。

基于 52 个研发团队领导/主管及其 266 名团队配对成员为调研样本，结合 SOR 理论和社会交互理论，研究结果表明，团队双元领导能够通过团队建言行为对团队创造力产生积极正向影响。近年来，学者们对建言行为的研究取得了丰富的成果，潜在的假定建言可以提高创新水平和组织绩效，但目前除了梁建和唐京（2009）证实了员工合理化建议行为与员工创新绩效的正向相关关系外，鲜有实证研究对建言行为可以提升团队创造力和团队创新绩效提供强有力的支持（Morrison，2014；梁建、刘兆鹏，2016），多数研究着眼于个体建言行为，团队建言行为的研究相对匮乏。而团队创新是成员间社会互动的结果，即成员深入参与团队运作的程度及成员间相互提意见或建议的意愿对团队创新至关重要。同时，团队双元领导给予团队成员自由发展空间的开放式行为使团队成员愿意敞开心扉，勇于讲出自己的观点和看法，同时通过纠正行为偏差的闭合式行为使团队成员更客观地去理解团队状况，针对团队遇到的问题提出更具实际意义的建议和意见，因此，团队双元领导的开放式行为与闭合式行为协调为团队成员提供了灵活的团队创新参与氛围，彼此分享不同观点，提供不同的知识和经验，而不是彼此封闭和孤立（Harrison & Klein，2007），以发展不同的解决方法和不同的思路，提升团队创造力水平。因此，团队建言行为应该是团队双元领导促进团队创造力提升的中介传递因素。

团队认同在团队双元领导与团队建言行为关系中起调节作用。本书研究发现，团队认同正向调节团队双元领导行为与团队建言行为的积极关系，即较高的团队集体认同情况下，团队双元领导行为更能促进团队建言行为的提升。团队认同是团队成员从情感上将自己与团队成员身份联结起来的显著性无形纽带（Van der Vegt & Bunderson，2005）。当团队认同感较高时，团队成员会将团队整体目标视为努力的方向，而不会过多关注自己的利益，这种努力通常包括团队内部的交流、沟通及知识共享，合作行为或讨论及辩论（Carmeli & Shteigman，2010）。具体而言，较高团队认同感的情况下，团队成员更能理解团队双元领导是团队领导为团队创造力过程中的竞争需求实施的复杂行为策略，使团队成员表现出与团队同呼吸、共命运的工作态度，愿意为团队目标而投入更多的角色内外行为，形成的内群体偏好框架也使团队成员间形成积极的评价，彼此更为信任，倾向于团队内成员合作、分享和互动（Hewstone et al.，2002），促进团队建言行为表现。因而，团队认同对团队双元领导与团队创造力的关系有增强调节效应。

7.2 理论贡献

本书系统整合了认知、互动、认同等多重视角，对组织不同管理等级领导者协同提升团队创造力的路径过程、影响效果及边界条件进行了深入的理论推演、质性研究和实证检验，对已有文献在双元领导影响结果方面的研究和团队创造力前因方面的研究形成了十分有益的补充和拓展，具有一定理论创新价值。具体而言，本书的理论贡献主要体现在如下几方面。

（1）突破单一管理层面研究的局限，将双元领导效能的研究延伸到不同管理层间仿效，探讨高管－中层领导间的行为协同作用，为进一步探讨双元领导的作用机理提供了新的研究方向。

现有研究仅论证了高管或团队双元领导对团队创新绩效（韩杨、罗瑾琏、钟竞，2016）、员工创新绩效（Zacher，Robinson & Rosing，2016）及员工创新行为（罗瑾琏、赵莉、钟竞，2016）的显著影响作用。但这些文献只停留在单一管理层面对双元领导的影响效应进行初步探讨，遗憾的是，尚未有研究从不同管理层级的双元领导视角出发，探究不同层面双元领导的影响效应。组织是一个涵盖多个管理等级、包含多个参与主体的复杂系统，各参与体间存彼此协作、有效协同方能获得管理最大效用。本书通过揭示双元领导在不同管理层面的关联关系机制填补了这一研究空白：高层管理者的榜样作用激发中层管理者愿意尝试采用与之相一致的双元领导行为，运用互补行为策略组合灵活地处理张力与矛盾问题，增强管理者权衡冲突问题的动力，以突破管理悖论困境。高管－中层双元领导的行为上行下效作用过程进一步说明双元领导行为存在组织内部不同管理层级的传递和扩散现象，证实了双元领导存在滴漏效应，拓展了滴漏理论在双元领导领域的应用。

（2）弥补以往定量研究仅讨论机制的局限性，利用质性研究深化理解双元领导滴漏过程的内在逻辑，拓展双元领导的研究价值。

史密斯等（Smith et al.，2005）在其研究中已经提出了管理者矛盾认知框架，认为组织创新优势的构建是受管理者的矛盾认知的影响，但是研究仅停留在对管理者矛盾认知模式的理论探索上，没有进一步讨论矛盾认知解释和处理信息的具体内在作用机制（Miron-Spektor et al.，2018），这限制了管理者矛盾认知的解释力。本书以管理者矛盾认知解释为切入点，运用扎根理论分析方法，探讨了矛盾认知在中层管理者思维中不断渗透与深化的内在过程，即中层管理者从识别高层矛盾性思维模式到实现内部转化是一个自我更新、启发激活的过程，消除惯例思维压力，增加考虑问题的维度，转变处理矛盾问题的认知方式，表现出更积极的双元领导行为。同时，从能力素质的视角出发，关注中层管理者胜任能力素质在激活管理者矛盾认知、刺激双元行为上的能动性，指导中层管理者改变原有知识结构，积累大量的知识经验，为下一步双元行为努力提供知识基础。从认知和能力视角刻画双元领导的滴漏过程，揭示了双元领导在组织内部如何协同表现的内在过程机制，加深了对矛盾认知及双元能力共同作用促进双元性建设的理解，为后续研究提供了理论参考。

（3）从团队互动行为的视角打开双元领导效能发挥的作用机理"黑箱"，深入探析了双元领导对团队创造力的影响机制，拓宽了双元领导作用链。

创新过程的矛盾平衡既需要双元领导整合差异的复杂认知能力来包容与协调，也需要发挥团队成员敢于挑战现状与解决冲突的组织公民行为，因此，团队建言是将双元领导的行为和认知复杂性转化为团队创造力的重要途径。双元领导将团队优质资源融入一个更大的战略系统中，通过适时的行为鼓励和规范指导等方式发挥团队成员的潜能，刺激成员主动承担推动团队创新的任务，增强创新目标实现过程中挑战风险的意愿及纠正阻碍团队发展问题的动机，培养了团队整体的积极建言氛围。因此，团队成员消除了创造力提升过程中对建言上司和建言同事的顾虑，提高自身对团队建言的信念和动机，更积极去探索解决问题的新方式和新途径，促进了创意的产生和实施。本书中介机制的探索为双元领导如何影响团队创造力提供了一个关键的解释路径，为后续进行实证检验双元领导的作用机制提供了有力的理论支持，亦是对团队建言行为研究的有益补充。

（4）多重角度识别影响双元领导效能的关键边界要素，探索并明晰了双元领导发挥有效作用的情境约束条件，加深了对双元领导情境意义的理解。

不同于传统单一领导方式，双元领导是依据情境因素变化以一种灵活、动态的方式对组织或团队施加影响的复杂行为模式（Rosing, Frese & Bausch,

2011；Zacher & Rosing, 2015）。以往关于双元领导的研究多聚焦于主效应和中介效应的探讨，尚缺乏对干扰双元领导效能的情境因素的关注。本书从中国本土文化价值观念的视角出发，探讨了中庸思维在高管-中层双元领导传递过程中的调节作用。阴阳哲学思想指导下，中国组织情境下的个体更倾向于采用辩证性、整体性与和谐性的思维寻求矛盾元素的兼顾与平衡（Fang, 2012），因此，中庸思维的引入拓宽了双元领导效应的研究思路，证实了双元领导在中国管理实践中的适用性，是对双元领导理论本土研究的有益探索。此外，本书从身份认同的视角出发，分别探究了创造力角色认同和团队认同在双元领导与团队创造力之间及团队双元领导与团队建言行为之间的调节作用。自我身份概念是驱动行为表现的内在动力，团队创造力角色认同是对自我创造身份的感知，影响团队成员的创造性参与活动；团队认同是对团队身份的归属感，影响团队成员实现创新目标的创造性努力水平，因此，团队创造力角色认同和团队认同的引入拓展了双元领导效用发挥的边界条件，丰富了双元领导领域的相关研究。

7.3　管理启示

本书围绕双元领导与团队创造力的关系展开研究，对双元领导影响团队创造力的内在过程及作用机制进行了系统探讨，不仅补充和发展了相关理论研究，而且研究结论对管理实践也有一定的启发和借鉴意义。具体而言，本书的管理启示主要体现在如下几方面：

（1）为了满足创造性过程和创新任务的竞争需求，领导者在行为上可以表现出"双面性"甚至同时展现相反行为。谢德等（Schad et al., 2016）认为悖论思维既是管理者本身具有的一种内在特质，也可以在管理实践中通过参与工作任务和互相学习来培养。"阴阳"互动平衡（Li, 2014）的中国传统哲学文化为双元领导理论的本土化发展提供了深厚的文化土壤，启示企业实践中重视领导者复杂认知能力和双元能力的培育，深刻理解矛盾组成元素间的对立，又可以清晰地认识元素间的协同。领导者所具备的双元能力，帮助其意识到保持情境敏锐性、多角度权衡并灵活处理矛盾的可行性，解决了团队创新过程中新颖性与实用性无法兼顾的两难问题，同时，利于领导者重视领导行为策略与创新行为匹配的重要意义，深入细致地理解领导行为对合理有效引导团队成员互动过程的特殊影响，为领导者有效激发团队创造性行为提供指导。

（2）高管树立双元领导的榜样角色，做好表率作用。高管行为方式对下属行为具有深远影响。企业要想长远发展，高管就必须严于律己，知行合一，积极引导，发挥好模范带头作用。高管往往被下属视为"偶像"，其一言一行时时被下属关注，其行为被当作模仿对象。当高管采用双元领导行为带领下属处理问题时，主管会主动学习模仿领导，同时会追随领导的行为，继而采用这种方式来管理下属，但权力距离又限制了高层双元型领导的典范作用。相反，动荡环境中，如果高层管理者不能实施有效的行为策略恰当处理矛盾与冲突，则容易导致中层管理者对如何带领组织发展失去方向，进入使整个组织陷入混乱局面，最终带来组织的失败。鉴于此，高层双元领导需要通过各种正式和非正式场合向中基层领导灌输同时运用互补甚至相反行为灵活处理矛盾问题的思想，提高他们解决张力问题的应对能力，坚定克服不确定性挑战的信心。

（3）中层管理者通过培养自己的矛盾认知和胜任能力应对矛盾问题。中层管理者在组织中起到桥梁的作用，通过恰当管理将上级言行、指令传递给基层员工，因此，组织发展要重视中层领导干部的行为，重点关注其思考问题的方式，培养和改善管理者思维方式和认知能力。洛维克等（Lowik et al.，2016）认为组织希望创新员工犹如"变色龙"一般，在不同的创新悖论环境中游刃有余，而中层管理者更不例外。这就要求中层管理者能认识到高层双元领导行为背后潜在逻辑思维的重要内在价值，意识到矛盾认知对指导管理者处理组织及团队创新过程中客观存在的各种张力的关键作用。同时，对管理者来讲，其能力路径依赖往往会更多地限制管理思路，而使所带领的部门或团队陷入能力刚性陷阱。因此，在管理实践过程，中层管理者应能抓住组织变革支持契机，通过矛盾认知的学习，领会高层灵活处理外部变化的能力延伸和能力再构思想，"因时因地"调整和塑造自身矛盾管理能力，并将矛盾认知和胜任能力应用到平衡管理矛盾元素的过程中，最终促进动态环境适应性。

（4）培养鼓励团队积极建言献策的建言氛围，激发团队建言行为。面对瞬息万变的信息化竞争环境，团队领导的有限时间和精力需要实时获取团队成员的正向和负向反馈，以便及时掌握团队内部的发展现状和外部的不确定变化。团队整体建言水平的提高加深了成员对团队创造性活动的认识，激发成员参与创新的动机，从而更愿意提出新观点、新看法或采用新技术对团队实施变革。莫里森（Morrison，2011）的研究认为，良好的团队建言氛围能够有效预测团队建言行为。因为在鼓励团队成员与其他成员交流互动和信息交换的团队建言氛围中，团队成员具备团队建言安全信念和建言效能感，可以表现更多的建言行为。因此，作为团队活动的引导者，在工作与管理过程中加强与团队成员的互动交流，善于听取成员对团队持续改进的意见，提高成员表达建设性意见甚至是指出发展瓶颈的欲望，减少沉默行为。

（5）加深团队成员认同感，提高参与团队活动的主动性和积极性。团队领导注重为成员提供支持性的工作情境，鼓励成员参与团队决策、营造公平氛围促进团队成员形成归属感和依赖感，从而使团队成员表现出对创造力活动的角色认同及对团队集体的身份感知。这种认同感知使团队成员形成对团队创新目标的责任感和以团队利益为先的价值观念，激发团队成员为实现团队持续发展而付出不懈的努力，使其愿意投入更多的时间和精力去实现团队整体目标。团队成员通过对自我创造力的角色感知，提升创造力参与活动的信心和动机，培养成员创新意识和创新能力，继而团队集体认同水平的提高使团队成员更积极参与到为团队提供有益建议和指明问题的活动中去，促进团队整体建言水平的提高。研究结果表明，团队情境条件及团队成员的自我价值观念共同影响着团队成员创新能力的展现，启示管理者在人力资源管理实践过程中重视对个体认同身份感知的培育，强化成员的集体动机和情感承诺，从而使团队成员更能实施对团队目标实现有显著意义的行为。

7.4 研究局限与未来研究展望

本书从组织不同管理层级对双元领导展开系统的研究，深入考察、剖析和验证了双元领导在促进团队创造力提升过程的作用机制和影响效果，获得了丰富的研究结论，补充和发展了双元领导研究和团队创造力研究，并对管理实践提供了可供参考的经验启示。虽借鉴多种理论基础所构建的理论框架已经相对完善，但在研究设想和研究设计等相关环节仍存在一些局限性，尚有值得进一步改进和拓展的空间，需要未来研究继续探索和重点关注。

（1）尚未关注高管 - 中层管理者展现一致双元领导行为的"双刃剑"效应。截止到目前，现有文献已经积累了很多关于双元领导积极效应的研究证据。借鉴滴漏理论，我们也提出并证实了组织内部不同管理等级双元领导的滴漏效应的存在，并对团队创造力产生积极影响，但是我们也需辩证地看待行为一致所带来的影响。因为虽然高管 - 中层双元领导行为的一致可以促使组织管理层在如何引导成员突破两难困境的问题上形成共识，促使组织上下有序地应对复杂情境的挑战，但也有学者对这种所谓的"一致"提出质疑（Nemeth & Wachtler，2010；Goncalo & Staw，2006）。较高一致认知所带来的行为模仿也可能会束缚组织尤其是下级探索解决问题新思路和新方案的思维，导致上下级群体思维的产生，甚至有时是中层领导对高管个人的盲目崇拜，并不能使双元领导发挥最大效用，最终会给组织带来消极影响。基于此，我们认为未来的研究可以全面系统考虑双元领导的影响效应，从辩证视角探寻双元领导的"双刃剑"效应。

（2）质性研究缺乏其他领导行为方式的对比来丰富内在过程。本书为深入挖掘双元领导在组织内部不同管理层级的作用过程及如何从高管到中层协调一致展现这一特殊行为模式，以应对管理矛盾情境实践。因此，在正式访谈前已将访谈对象限定在 6 家企业的具有双元行为特性的管理者上，而没有考虑表现其他领导方式的管理者在面对矛盾和冲突时究竟采取什么有效管理措施，高层管理者的领导行为又是如何传递给中层管理者及以下组织成员，以与实施双元行为策略的管理者形成更丰富的对比研究，因此，未来可以考虑更多领导行为类型，比较内在影响差异性。

（3）质性研究所得滴漏过程的结论实证操作的局限性。子研究二根据对 6 位高管及与之配对的 20 位中层的半结构化访谈材料进行扎根编码分析，解构了双元领导从高管上行到中层仿效相似行为需经过认知辨识、感知过滤、知觉顿悟及意义强化的四个紧密相扣的滴漏过程。由于四个步骤是按照规范的扎根理论方法归纳得出，并没有成熟量表来准确测量，且每个步骤是步步推进，不断强化认知以表现行为的过程，没有有效的实证方法来验证每步间的递进关系，这使该研究所获得研究结论的概化效度存在一定的局限性。因此，未来的研究中，我们建议探寻科学的实证操作方法针对子研究二的相关结论进行探索性研究，以更有效地捕捉双元领导行为在组织内部的作用过程。

（4）个体层面测量汇聚评价团队层面构念的局限性。尽管本书中采用的量表均是已发表在国内外顶级期刊的相对成熟量表，已被国内外学者证实具备较高信效度，然而对于团队建言行为、团队认同和团队创造力认同等变量的量表多在个体层面进行检验。虽然我们依据指示物转移模型的方式（Morrison, Wheeler-Smith & Kamdar, 2011），即测量构念的基本意义不变，原测量条目中的参照物由"我"变成"团队整体"，获取了有效样本数据，同时进行汇聚性分析避免测量问题。但从研究的准确性及严谨性来讲，更为科学的方法是开发团队层面的建言行为、团队认同及创造力角色认同的量表，收集更准确和有效的测量数据来为模型检验提供测量工具支持。

——管理活动中领导行为与决策方式访谈

尊敬的女士/先生：

您好！首先非常感谢您百忙之中接受本课题的调研。我们非常希望得到您真诚的帮助！我们此次调研的主要目的是了解企业创新发展及创造力提升过程领导的领导行为特征与决策方式，以及下属管理者对高管行为认知反应，以便分析领导行为背后的思维方式。

我们郑重承诺：本调查问卷仅作研究之用，严格保密不对外公开，请根据您及您所掌握的实际情况，尽量详细介绍。

一、高层管理者访谈提纲

1. 请介绍一下您在公司的任职及承担的主要职责。

2. 您所负责的业务以及您所在的公司在新产品开发或新市场开拓过程面临哪些两难的选择？您是如何协调和解决这些问题？

解释说明：如公司产品开发（既保证产品新颖性又确保实用性）、业务处理（新业务与原有业务）、市场拓展（保留现有市场与开拓新市场）、资源投入（资源合理分配以维持和谐发展）。

3. 您认为开发一种新产品的最大挑战是什么？产品和技术开发的前期，怎样激发下属员工尤其是下级管理者应对挑战？请举例说明。

4. 您对下级管理者的满意度是多少？请您评价一下与您合作的 3 ~ 5 位下级管理者？您平时是怎么与下级管理者进行沟通？沟通的频率每周大概是

多少？在沟通过程您怎样向下级管理者阐述自己的想法观点？

5. 在您看来，您的领导行为会被下级管理者识别的程度？您认为他们会理解您行为目的程度？

6. 您认为您的处事方式会对下级管理者行为产生什么影响？如果有影响的话，您认为是通过什么途径影响他们？

二、中层管理者访谈提纲

1. 请介绍一下您在部门/团队中的任期？主要职责是什么？

2. 您认为您的团队是不是善于从事创造性活动？创新活动是否频繁？请说明理由。

3. 请介绍一次您所参与的印象最深的创造力提升活动，您认为这次创造性活动成败的关键因素有哪些？

4. 在每个技术突破的关键时点，部门/团队产品开发项目遇到过哪些困难和挑战？您是如何协调和解决这些问题的？请举出一个典型项目案例。您认为一个有利于研发项目的好领导者具备哪些行为表现？

解释说明：如公司产品开发（既保证产品新颖性又确保实用性）、业务处理（新业务与原有业务）、市场拓展（保留现有市场与开拓新市场）、资源投入（资源合理分配以维持和谐发展）。

5. 针对上述困难项目中出现的两难选择，您的上级领导又是如何反应的？上级领导的反应对您处理这些问题有什么影响？您如何将上级领导愿景转化到项目进程中？您对上级领导还有哪些行为期待？请举例说明。

6. 请您评价一下您与上级领导的关系？您认为您的行为方式会受上级领导影响的程度？请您举出一个和上级领导合作的项目事例，并详细陈述您的合作过程？沟通方式、沟通频率、交流方式及交流效果等。

7. 请您陈述您认为上级领导特别吸引您的行为特征？您是否会借鉴这些行为方式来指导您所在部门/团队的工作？

8. 您认为作为领导者（管理者）在处理管理过程中的两难或矛盾时，需要具备哪些胜任能力？这些素质对处理管理矛盾存在何种影响？

附录二
调查问卷

一、领导问卷部分（T1）

尊敬的女士/先生：   部门/团队编号：

您好！首先感谢您在百忙之中抽出时间填写这份问卷。

我们是同济大学经济与管理学院课题组，正在进行一项关于领导行为对团队效能影响的课题研究。请根据您所在单位、部门或工作小组以及您个人的实际情况对下列问题进行选择。您的答案没有对错之分，只要是您的真实想法，就是对我们的莫大帮助。我们郑重向您保证：您所填写的题目仅作学术研究之用，决不会作其他任何用途，但是请您一定填写完整，否则我们将失去一份有效问卷。如果您对分析结果感兴趣，请留下您的 Email，我们完成后可以把结果反馈给您。对于您的支持和帮助，我们深表感谢！

第一部分：个人基本信息

说明：请在下列相关内容的选项上画"√"（Email 填写者，可以直接将所填选项标红或加下划线）。

1. 您的性别：

（1）男   （2）女

2. 您的年龄：

（1）25 岁及以下   （2）26～35 岁   （3）36～45 岁   （4）46 岁及以上

3. 您的最高学历：

（1）本科及以下   （2）硕士   （3）博士

4. 您所在单位的行业类型：

（1）电子通信及电子元件 （2）计算机软件服务 （3）制造业

（4）食品化工 （5）金融业 （6）科学研究

5. 您在目前所在岗位的工作年限：

（1）2 年及以下 （2）3~5 年 （3）6~8 年 （4）9 年及以上

6. 与目前高管合作年限：

（1）1 年及以下 （2）2~4 年 （3）5~7 年 （4）8 年及以上

第二部分：领导行为测量

说明：请根据您对高管领导方式的了解，在最符合实际情况的数字上打"√"（Email 填写者，可以直接将所填选项标红或加下划线）。

题项	非常不同意	不同意	不确定	同意	非常同意
1. 上级领导容许成员用不同的方式完成任务	1	2	3	4	5
2. 上级领导鼓励尝试不同的想法	1	2	3	4	5
3. 上级领导通常敢于冒险	1	2	3	4	5
4. 上级领导尽量给予成员独立思考和行动的可能性	1	2	3	4	5
5. 上级领导给予成员拥有自己想法的空间	1	2	3	4	5
6. 上级领导允许成员犯错	1	2	3	4	5
7. 上级领导鼓励成员从错误的经验中学习	1	2	3	4	5
8. 上级领导监督和控制目标完成	1	2	3	4	5
9. 上级领导为活动建立规则	1	2	3	4	5
10. 上级领导采取矫正行动纠正成员错误	1	2	3	4	5
11. 上级领导监督成员遵守规则	1	2	3	4	5
12. 上级领导关注任务的统一完成	1	2	3	4	5
13. 上级领导对成员犯错给予处罚	1	2	3	4	5
14. 上级领导坚持按计划行事	1	2	3	4	5

问卷到此结束，感谢您在百忙之中抽空填写该问卷！祝您生活愉快，工作顺利！

二、领导问卷部分（T2）

尊敬的女士/先生：　　　　　　　　　　　　　　部门/团队编号：

您好！首先感谢您在百忙之中抽出时间填写这份问卷。

请根据您所在部门/团队实际表现情况及自我处事方式对下列问题进行选择。您的答案没有对错之分，只要是您的真实想法，就是对我们的莫大帮助。我们郑重向您保证：您所填写的题目仅作学术研究之用，决不会作其他任何用途，但是请您一定填写完整，否则我们将失去一份有效问卷。

第一部分：团队基本信息

请在下列相关内容的选项上画"√"（Email 填写者，可以直接将所填选项标红或加下划线）。

1. 团队规模：

（1）5 人及以下　　（2）6～10 人　　（3）11～15 人　　（4）16 人及以上

2. 团队成立年限：

（1）1 年及以下　　（2）2～4 年　　（3）5～7 年　　　（4）8 年及以上

第二部分：变量测量

说明：请根据您对团队工作效果的了解，在最符合实际的数字上打"√"（Email 填写者，可以直接将所填选项标红或加下划线）

类别	题项	非常 不同意	不同意	不确定	同意	非常 同意
团队 效能	1. 团队成员能积极主动地解决影响团队的问题，并为其提出建议	1	2	3	4	5
	2. 团队成员能积极主动地为利于团队的新项目提出建议	1	2	3	4	5
	3. 团队成员能提出建议以完善团队的工作流程	1	2	3	4	5
	4. 团队成员能主动提出有利于完成团队目标的建议	1	2	3	4	5
	5. 团队成员能提出建设性建议以完善团队的运营	1	2	3	4	5
	6. 团队成员能积极主动地报告工作场所管理协作中出现的问题	1	2	3	4	5

续表

类别	题项	非常 不同意	不同意	不确定	同意	非常 同意
团队 效能	7. 团队成员能对其他同事存在的可能阻碍工作绩效的不良行为提出建议	1	2	3	4	5
	8. 团队即使有异议，成员也诚实地指出可能给团队造成严重损失的问题	1	2	3	4	5
	9. 团队即使这将破坏与其他同事的关系，成员也敢于指出团队中出现的问题	1	2	3	4	5
	10. 团队即使会令他人难堪，成员也敢于就影响团队效能的问题表达观点	1	2	3	4	5
自我 处事 方式	11. 在讨论时，我会兼顾相互争执的意见	1	2	3	4	5
	12. 我习惯从多方面的角度来思考同一件事情	1	2	3	4	5
	13. 在意见表决时，我会听取所有的意见	1	2	3	4	5
	14. 做决定时，我会考虑各种可能的状况	1	2	3	4	5
	15. 我会试着在意见争执的场合中，找出让大家都能够接受的意见	1	2	3	4	5
	16. 我会试着在自己与他人的意见中，找到一个平衡点	1	2	3	4	5
	17. 我会在考虑他人的意见后，调整我原来的想法	1	2	3	4	5
	18. 我期待在讨论的过程中，可以获得具有共识的结论	1	2	3	4	5
	19. 我会试着将自己的意见融入他人的想法中	1	2	3	4	5
	20. 我通常会以委婉的方式表达具有冲突的意见	1	2	3	4	5
	21. 意见决定时，我会试着以和谐的方式让少数人接受多数人的意见	1	2	3	4	5
	22. 我在决定意见时，通常会考虑整体气氛的和谐性	1	2	3	4	5
	23. 做决定时，我通常会为了顾及整体的和谐，而调整自己的表达方式	1	2	3	4	5

问卷到此结束，感谢您在百忙之中抽空填写该问卷！祝您生活愉快，工作顺利！

三、团队成员问卷部分（T2）

尊敬的女士/先生：　　　　　　　　　　　　部门/团队编号：

您好！首先感谢您在百忙之中抽出时间填写这份问卷。

我们是同济大学经济与管理学院课题组，正在进行一项关于领导行为对团队效能影响的课题研究。请根据您所在单位、部门或工作小组以及您个人的实际情况对下列问题进行选择。您的答案没有对错之分，只要是您的真实想法，就是对我们的莫大帮助。我们郑重向您保证：您所填写的题目仅作学术研究之用，决不会作其他任何用途，但是请您一定填写完整，否则我们将失去一份有效问卷。如果您对分析结果感兴趣，请留下您的Email，我们完成后可以把结果反馈给您。对于您的支持和帮助，我们深表感谢！

第一部分：个人基本信息

请在下列相关内容的选项上画"√"（Email 填写者，可以直接将所填选项标红或加下划线）。

1. 您的性别：

（1）男　（2）女

2. 您的年龄：

（1）25 岁及以下　（2）26～35 岁　（3）36～45 岁　（4）46 岁及以上

3. 您的最高学历：

（1）本科及以下　（2）硕士　（3）博士

4. 与目前直接领导者合作年限：

（1）1 年及以下　（2）2～4 年　（3）5～8 年　（4）9 年及以上

第二部分：领导行为测量

说明：请根据您对直接上级领导方式的了解，在最符合实际情况的数字上打"√"（Email 填写者，可以直接将所填选项标红或加下划线）。

类别	题项	非常不同意	不同意	不确定	同意	非常同意
上级领导行为	1. 上级领导容许成员用不同的方式完成任务	1	2	3	4	5
	2. 上级领导鼓励尝试不同的想法	1	2	3	4	5
	3. 上级领导通常敢于冒险	1	2	3	4	5
	4. 上级领导尽量给予成员独立思考和行动的可能性	1	2	3	4	5
	5. 上级领导给予成员拥有自己想法的空间	1	2	3	4	5
	6. 上级领导允许成员犯错	1	2	3	4	5
	7. 上级领导鼓励成员从错误的经验中学习	1	2	3	4	5
	8. 上级领导监督和控制目标完成	1	2	3	4	5
	9. 上级领导为活动建立规则	1	2	3	4	5
	10. 上级领导采取矫正行动纠正成员错误	1	2	3	4	5
	11. 上级领导监督成员遵守规则	1	2	3	4	5
	12. 上级领导关注任务的统一完成	1	2	3	4	5
	13. 上级领导对成员犯错给予处罚	1	2	3	4	5
	14. 上级领导坚持按计划行事	1	2	3	4	5
自我创造力角色认知	15. 我经常思考要让自己变得更富有创造性	1	2	3	4	5
	16. 对于如何成为有创造力的员工，我没有清晰的概念[a]	1	2	3	4	5
	17. 成为一个具有创造力的个体是我角色中的一个重要部分	1	2	3	4	5
自我团队归属认知	18. 团队成员将整个团队而不是团队内的小群体放在主要位置	1	2	3	4	5
	19. 即使团队受到外部攻击，我们仍能紧密团结在一起	1	2	3	4	5
	20. 当团队成员与其他人（不属于团队的）讨论团队时，他/她常倾向于说"我们"而不是"他们"	1	2	3	4	5
	21. 当有人赞扬团队时，每个团队成员都有像是夸赞自己的自豪感	1	2	3	4	5

续表

类别	题项	非常不同意	不同意	不确定	同意	非常同意
团队建言献策水平	22. 成员能积极主动地解决影响团队的问题,并为其提出建议	1	2	3	4	5
	23. 成员能积极主动地为利于团队的新项目提出建议	1	2	3	4	5
	24. 成员能提出建议以完善团队的工作流程	1	2	3	4	5
	25. 成员能主动提出有利于完成团队目标的建议	1	2	3	4	5
	26. 成员能提出建设性建议以完善团队的运营	1	2	3	4	5
	27. 成员能积极主动地报告工作场所管理协作中出现的问题	1	2	3	4	5
	28. 成员能对其他同事存在的可能阻碍工作绩效的不良行为提出建议	1	2	3	4	5
	29. 即使有异议,成员也诚实地指出可能给团队造成严重损失的问题	1	2	3	4	5
	30. 即使这将破坏与其他同事的关系,成员也敢于指出团队中出现的问题	1	2	3	4	5
	31. 团队即使会令他人难堪,成员也敢于就影响团队效能的问题表达观点	1	2	3	4	5

注:[a]为反向描述题。

问卷到此结束,感谢您在百忙之中抽空填写该问卷!祝您生活愉快,工作顺利!

参考文献

[1] Aiken L S, West S G. Multiple Regression: Testing and Interpreting Interaction [M]. Newbury Park, CA: Sage, 1991.

[2] Albert L S, Horowitz L M. Attachment Styles and Ethical Behavior: Their Relationship and Significance in the Marketplace [J]. Journal of Business Ethics, 2009, 87 (3): 299 –316.

[3] Amabile T M, Barsade S G, Mueller J S, et al. Affect and Creativity at Work [J]. Administrative Science Quarterly, 2005, 50 (3): 367 –403.

[4] Amabile T M, Conti R, Coon H, et al. Assessing the Work Environment for Creativity [J]. Academy of Management Journal, 1996, 39 (5): 1154 – 1184.

[5] Amabile T M, Schatzel E A, Moneta G B, et al. Leader Behaviors and the Work Environment for Creativity: Perceived Leader Support [J]. Leadership Quarterly, 2004, 15 (1): 5 –32.

[6] Amabile T M. A Model of Creativity and Innovation in Organizations [J]. Research in Organizational Behavior, 1988, 10 (10): 123 –167.

[7] Amabile T M. The Social Psychology of Creativity [M]. New York: Springer, 1983.

[8] Ancona D E, Goodman P S, Lawrence B S, Tushman M L. Time: A New Research Lens [J]. The Academy of Management Journal, 2001, 26 (4): 645 –663.

[9] Anderson N, Potočnik K, Zhou J. Innovation and Creativity in Organizations:

A State-of-the-Science Review, Prospective Commentary, and Guiding Framework [J]. Journal of Management, 2014, 40 (5): 1297 – 1333.

[10] Aritzeta A, Ayestaran S, Swailes S. Team Role Preference and Conflict Management Styles [J]. International Journal of Conflict Management, 2005, 16 (2): 157 – 182.

[11] Aryee S, Chen Z X, Sun L Y, et al. Antecedents and Outcomes of Abusive Supervision: Test of a Trickle-Down Model [J]. Journal of Applied Psychology, 2007, 92 (1): 191 – 201.

[12] Ashforth B E, Harrison S H, Corley K G. Identification in Organizations: An Examination of Four Fundamental Questions [J]. Journal of Management, 2008, 34 (3): 325 – 374.

[13] Ashmore R D, Deaux K, Mclaughlin-Volpe T. An Organizing Framework for Collective Identity: Articulation and Significance of Multidimensionality [J]. Psychological Bulletin, 2004, 130 (1): 80 – 114.

[14] Baer M, Leenders R T A J, Oldham G R, et al. Win or Lose the Battle for Creativity: The Power and Perils of Intergroup Competition [J]. Academy of Management Journal, 2010, 53 (4): 827 – 845.

[15] Baer M, Oldham G R, Jacobsohn G C, et al. The Personality Composition of Teams and Creativity: The Moderating Role of Team Creative Confidence [J]. Journal of Creative Behavior, 2008, 42 (4): 255 – 282.

[16] Bandura A. The Social Foundations of Thought and Action: A Social Cognitive Theory [J]. Journal of Applied Psychology, 1986, 617 (1): 169.

[17] Bandura A. Organisational Applications of Social Cognitive Theory [J]. Australian Journal of Management, 1988, 13 (2): 275 – 302.

[18] Bandura A. Social Learning Theory [J]. Scotts Valley, California, ReCAPP, 1977, 1 (1): 33 – 52.

[19] Barlow M, Scratchley L S, Hakstian A R. The Measurement and Prediction of Managerial Creativity [J]. Creativity Research Journal, 2000, 13 (3): 367 – 384.

[20] Barlow M. Deliberate Insight in Team Creativity [J]. Journal of Creative Be-

havior, 2000, 34 (2): 101 – 117.

[21] Baron R M, Kenny D A. The Moderator-Mediator Variable Distinction In Social Psychological Research: Conceptual, Strategic, And Statistical Considerations [J]. Journal of Personality and Social Psychology, 1986, 51 (6): 1173 – 1182.

[22] Barrick M R, Parks L, Mount M K. Self-Monitoring as a Moderator of the Relationships between Personality Traits and Performance [J]. Personnel Psychology, 2005, 58 (3): 745 – 767.

[23] Barron F. The Disposition Toward Originality [J]. Journal of Abnormal and Social Psychology, 1955, 51: 478 – 485.

[24] Basadur M. Leading Others to Think Innovatively Together: Creative Leadership [J]. The Leadership Quarterly, 2004, 15 (1): 103 – 121.

[25] Bass B M, Waldman D A, Avolio B J, et al. Transformational Leadership and the Falling Dominoes Effect [J]. Group & Organization Studies, 1987, 12 (1): 73 – 87.

[26] Bass B M. Leadership and Performance beyond Expectations [J]. Academy of Management Review, 1985, 12 (4): 5244 – 5247.

[27] Beinhocker E D. The Adaptable Corporation [J]. Mckinsey Quarterly, 2006 (2): 77 – 87.

[28] Bell S T, Villado A J, Lukasik M A, et al. Getting Specific about Demographic Diversity Variable and Team Performance Relationships: A Meta-Analysis [J]. Journal of management, 2011, 37 (3): 709 – 743.

[29] Bharadwaj S, Menon A. Making Innovation Happen in Organizations: Individual Creativity Mechanisms, Organizational Creativity Mechanisms or Both? [J]. Journal of Product Innovation Management, 2000, 17 (6): 424 – 434.

[30] Birkinshaw J, Gupta K. Clarifying the Distinctive Contribution of Ambidexterity to the Field of Organization Studies [J]. Academy of Management Perspectives, 2013, 27 (4): 287 – 298.

[31] Bledow R, Frese M, Anderson N, et al. A Dialectic Perspective on Innova-

tion: Conflicting Demands, Multiple Pathways, and Ambidexterity [J]. Industrial and Organizational Psychology, 2009a, 2 (3): 305 - 337.

[32] Bledow R, Frese M, Anderson N, et al. Extending and Refining the Dialectic Perspective on Innovation: There is Nothing as Practical as a Good Theory; Nothing as Theoretical as a Good Practice [J]. Industrial and Organizational Psychology, 2009b, 2 (3): 363 - 373.

[33] Bledow R, Frese M, Mueller V. Ambidextrous Leadership for Innovation: The Influence of Culture [M]//Advances in Global Leadership. Emerald Group Publishing Limited, 2011: 41 - 69.

[34] Brown M E, Treviño L K, Harrison D A. Ethical Leadership: A Social Learning Perspective for Construct Development and Testing [J]. Organizational Behavior and Human Decision Processes, 2005, 97 (2): 117 - 134.

[35] Brown V, Tumeo M, Larey T S, et al. Modeling Cognitive Interactions during Group Brainstorming [J]. Small Group Research, 1998, 29 (29): 495 - 526.

[36] Cao Q, Gedajlovic E, Zhang H. Unpacking Organizational Ambidexterity: Dimensions, Contingencies, and Synergistic Effects [J]. Organization Science, 2009, 20 (4): 781 - 796.

[37] Carmeli A, Gelbard R, Goldriech R. Linking Perceived External Prestige and Collective Identification to Collaborative Behaviors in R&D Teams [J]. Expert Systems with Applications, 2011, 38 (7): 8199 - 8207.

[38] Carmeli A, Shteigman A. Top Management Team Behavioral Integration in Small-Sized Firms: A Social Identity Perspective [J]. Group Dynamics: Theory, Research, and Practices, 2010, 14 (4): 318 - 331.

[39] Catino M, Patriotta G. Learning from Errors: Cognition, Emotions and Just Culture at the Italian Air Force [J]. Organization Studies, 2013, 34 (4): 437 - 467.

[40] Cavanaugh M A, Boswell W R, Roehling M V, et al. An Empirical Examination of Self-Reported Work Stress among U. S. Managers [J]. Journal of Applied Psychology, 2000, 85 (1): 65.

［41］ Chang Y Y, Hughes M. Drivers of Innovation Ambidexterity in Small-to Me-
dium-Sized Firms ［J］. European Management Journal, 2012, 30 (1):
1 – 17.

［42］ Chen G, Kanfer R. Toward a Systems Theory of Motivated Behavior in Work
Teams ［J］. Research in Organizational Behavior, 2006, 27: 223 – 267.

［43］ Chen G, Sharma P N, Edinger S K, et al. Motivating and Demotivating
Forces in Teams: Cross-Level Influences of Empowering Leadership and Re-
lationship Conflict ［J］. Journal of Applied Psychology, 2011, 96 (3):
541.

［44］ Chen M H, Chang Y C. The Dynamics of Conflict and Creativity during a
Project's Life Cycle: A Comparative Study between Service-Driven and Tech-
nology-Driven Teams in Taiwan ［J］. International Journal of Organizational
Analysis, 2005, 13 (2): 127 – 150.

［45］ Chen M H. Understanding the Benefits and Detriments of Conflict on Team
Creativity Process ［J］. Creativity and Innovation Management, 2006, 15
(1): 105 – 116.

［46］ Chirumbolo A, Livi S, Mannetti L, et al. Effects of Need for Closure on
Creativity in Small Group Interactions ［J］. European Journal of Personality,
2004, 18 (4): 265 – 278.

［47］ Choi H S, Thompson L. Old Wine in a New Bottle: Impact of Membership
Change on Group Creativity ［J］. Organizational Behavior & Human Decision
Processes, 2005, 98 (2): 121 – 132.

［48］ Ciampi F, Marzi G, Demi S, et al. The Big Data-Business Strategy Inter-
connection: A Grand Challenge for Knowledge Management. A Review and
Future Perspectives ［J］. Journal of Knowledge Management, 2020, 24
(5): 1157 – 1176.

［49］ Coelho F, Augusto M. Job Characteristics and the Creativity of Frontline
Service Employees ［J］. Journal of Service Research, 2010, 13 (4):
426 – 438.

［50］ De Dreu C K W, Nijstad B A, Bechtoldt M N, et al. Group Creativity and

Innovation: A Motivated Information Processing Perspective [J]. Psychology of Aesthetics, Creativity, and the Arts, 2011, 5 (1): 81 – 89.

[51] De Dreu C K W. When Too Little or Too Much Hurts: Evidence for a Curvilinear Relationship between Task Conflict and Innovation in Teams [J]. Journal of Management, 2006, 32 (1): 83 – 107.

[52] Detert J R, Burris E R. Leadership Behavior and Employee Voice: Is the Door Really Open? [J]. Academy of Management Journal, 2007, 50 (4): 869 – 884.

[53] Dixon N M. Common Knowledge: How Companies Thrive by Sharing What They Know [M]. Harvard Business School Press, 2000.

[54] Drazin R, Glynn M A, Kazanjian R K. Multilevel Theorizing about Creativity in Organizations: A Sensemaking Perspective [J]. Academy of Management Review, 1999, 24 (2): 286 – 307.

[55] Duffy M K, Stark E M. Performance and Satisfaction in Conflicted Interdependent Groups: When and How Does Self-Esteem Make a Difference? [J]. Academy of Management Journal, 2000, 43 (4): 772 – 782.

[56] Duncan R B. The Ambidextrous Organization: Designing Dual Structures for Innovation [J]. Management of Organization Design, 1976: 167 – 188.

[57] Dyck C V, Frese M, Baer M, et al. Organizational Error Management Culture and Its Impact on Performance: A Two-Study Replication [J]. Journal of Applied Psychology, 2005, 90 (6): 1228 – 1240.

[58] Dyne L V, Ang S, Botero I C. Conceptualizing Employee Silence and Employee Voice as Multidimensional Constructs [J]. Journal of Management Studies, 2010, 40 (6): 1359 – 1392.

[59] Dyne L V, Lepine J A. Helping and Voice Extra-Role Behaviors: Evidence of Construct and Predictive Validity [J]. Academy of Management Journal, 1998, 41 (1): 108 – 119.

[60] Edmondson A C, Dillon J R, Roloff K S. Three Perspectives on Team Learning: Outcome Improvement, Task Mastery, and Group Process [J]. Academy of Management Annals, 2007, 1 (1): 269 – 314.

[61] Egan T M. Creativity in the Context of Team Diversity: Team Leader Perspectives [J]. Advances in Developing Human Resources, 2005, 7 (2): 207 – 225.

[62] Eisenhardt K M, Martin J A. Dynamic Capabilities: What are They? [J]. Strategic Management Journal, 2000, 21 (10 – 11): 1105 – 1121.

[63] Eisenhardt K M. Making Fast Strategic Decisions in High-Velocity Environments [J]. Academy of Management Journal, 1989, 32 (3): 543 – 576.

[64] Ellemers N, De Gilder D, Haslam S A. Motivating Individuals and Groups at Work: A Social Identity Perspective on Leadership and Group Performance [J]. Academy of Management Review, 2004, 29 (3): 459 – 478.

[65] Ennabih A, Van Riel A, Sasovova Z. Antecedents of Team Learning in New Product Development Teams [J]. The Leadership Quarterly, 2007, 18 (2): 212 – 229.

[66] Erez A, Lepine J A, Elms H. Effects of Rotated Leadership and Peer Evaluation on the Functioning and Effectiveness of Self-Managed Teams: A Quasi-Experiment [J]. Personnel Psychology, 2002, 55 (4): 929 – 948.

[67] Fagan M H. The Influence of Creative Style and Climate on Software Development Team Creativity: An Exploratory Study [J]. Journal of Computer Information Systems, 2004, 44 (3): 73 – 80.

[68] Fang T. Yin Yang: A New Perspective on Culture [J]. Management and Organization Review, 2012, 8 (1): 25 – 50.

[69] Faraj S, Sproull L. Coordinating Expertise in Software Development Teams [J]. Management Science, 2000, 46 (12): 1554 – 1568.

[70] Farh J L, Cheng B S. A Cultural Analysis of Paternalistic Leadership in Chinese Organizations [M] // Management and Organizations in the Chinese Context. London: Macmillan, 2000: 84 – 127.

[71] Farh J L, Lee C, Farh C I C. Task Conflict and Team Creativity: A Question of How Much and When [J]. Journal of Applied Psychology, 2010, 95 (6): 1173 – 1180.

[72] Farmer S M, Tierney P, Kung-Mcintyre K. Employee Creativity in Taiwan:

An Application of Role Identity Theory [J]. Academy of Management Journal, 2003, 46 (5): 618 – 630.

[73] Finkelstein S, Hambrick D. Strategic Leadership: Top Executives and Their Effects on Organizations [M]. St. Paul: West Educational Publishing Company, 1996.

[74] Fleming L, Mingo S, Chen D. Collaborative Brokerage, Generative Creativity, and Creative Success [J]. Administrative Science Quarterly, 2007, 52 (3): 443 – 475.

[75] Ford C M. A Theory of Individual Creative Action in Multiple Social Domains [J]. Academy of Management Review, 1996, 21 (4): 1112 – 1142.

[76] Foxall G R, Hackett P M W. The Factor Structure and Construct Validity of the Kirton Adaption-Innovation Inventory [J]. Personality & Individual Differences, 1992, 13 (9): 967 – 975.

[77] Frazier M L, Bowler W M. Voice Climate, Supervisor Undermining, and Work Outcomes a Group-Level Examination [J]. Journal of Management, 2015, 41 (3): 841 – 863.

[78] Gebert D, Boerner S, Kearney E. Fostering Team Innovation: Why Is It Important to Combine Opposing Action Strategies? [J]. Organization Science, 2010, 21 (3): 593 – 608.

[79] George J M, Zhou J. Dual Tuning in a Supportive Context: Joint Contributions of Positive Mood, Negative Mood, and Supervisory Behaviors to Employee Creativity [J]. Academy of Management Journal, 2007, 50 (3): 605 – 622.

[80] Ghoshal S, Bartlett C A. The Individualized Corporation: A Fundamentally New Approach to Management [M]. Harper Business, 1997.

[81] Gibson C B, Birkinshaw J. The Antecedents, Consequences, and Mediating Role of Organizational Ambidexterity [J]. Academy of Management Journal, 2004, 47 (2): 209 – 226.

[82] Gilbert C G. Change in the Presence of Residual Fit: Can Competing Frames Coexist? [J]. Organization Science, 2006, 17 (1): 150 – 167.

[83] Gino F, Argote L, Miron-Spektor E, et al. First, Get Your Feet Wet: The Effects of Learning from Direct and Indirect Experience on Team Creativity [J]. Organizational Behavior & Human Decision Processes, 2010, 111 (2): 102 – 115.

[84] Goncalo J A, Staw B M. Individualism-Collectivism and Group Creativity [J]. Organizational Behavior & Human Decision Processes, 2006, 100 (1): 96 – 109.

[85] Gong Y, Cheung S Y, Wang M, et al. Unfolding the Proactive Process for Creativity: Integration of the Employee Proactivity, Information Exchange, and Psychological Safety Perspectives [J]. Journal of Management, 2012, 38 (5): 1611 – 1633.

[86] Gong Y, Huang J C, Farh J L. Employee Learning Orientation, Transformational Leadership, and Employee Creativity: The Mediating Role of Employee Creative Self-Efficacy [J]. Academy of Management Journal, 2009, 52 (4): 765 – 778.

[87] Gong Y, Kim T Y, Lee D R, et al. A Multilevel Model of Team Goal Orientation, Information Exchange, and Creativity [J]. Academy of Management Journal, 2013, 56 (3): 827 – 851.

[88] Grand J A, Braun M T, Kuljanin G, et al. The Dynamics of Team Cognition: A Process-Oriented Theory of Knowledge Emergence in Teams [J]. Journal Applied Psychology, 2016, 101 (10): 1353 – 1385.

[89] Grant A M, Berry J W. The Necessity of Others is the Mother of Invention: Intrinsic and Prosocial Motivations, Perspective Taking, and Creativity [J]. Academy of Management Journal, 2011, 54 (1): 73 – 96.

[90] Grant J P. Accelerating Progress Through Social Justice [J]. International Development Review, 1972, 14: 2 – 9.

[91] Gupta A K, Shalley C E. The Interplay between Exploration and Exploitation [J]. Academy of Management Journal, 2006, 49 (4): 693 – 706.

[92] Hambrick D C, Mason P A. Upper Echelons: The Organization as a Reflection of Its Top Managers [J]. Academy of Management Review, 1984, 9

(2): 193 – 206.

[93] Han J, Han J, Brass D J. Human Capital Diversity in the Creation of Social Capital for Team Creativity [J]. Journal of Organizational Behavior, 2014, 35 (1): 54 – 71.

[94] Hanke R C M. Team Creativity: A Process Model [D]. The Pennsylvania State University, 2006.

[95] Harborne P, Johne A. Creating a Project Climate for Successful Product Innovation [J]. European Journal of Innovation Management, 2003, 6 (2): 118 – 132.

[96] Harrison D A, Klein K J. What's the Difference? Diversity Constructs as Separation, Variety, or Disparity in Organizations [J]. Academy of Management Review, 2007, 32 (4): 1199 – 1228.

[97] Harrison D A, Price K H, Gavin J H, et al. Time, Teams, and Task Performance: Changing Effects of Surface-and Deep-Level Diversity on Group Functioning [J]. Academy of Management Journal, 2002, 45 (5): 1029 – 1045.

[98] Harvey S, Kou C Y. Collective Engagement in Creative Tasks: The Role of Evaluation in the Creative Process in Groups [J]. Administrative Science Quarterly, 2013, 58 (3): 346 – 386.

[99] Harvey S. Creative Synthesis: Exploring the Process of Extraordinary Group Creativity [J]. Academy of Management Review, 2014, 39 (3): 324 – 343.

[100] Hatcher L, Ross T L, Collins D. Prosocial Behavior, Job Complexity, and Suggestion Contribution Under Gainsharing Plans [J]. Journal of Applied Behavioral Science, 1989, 25 (3): 231 – 248.

[101] He Z L, Wong P K. Exploration vs. Exploitation: An Empirical Test of the Ambidexterity Hypothesis [J]. Organization Science, 2004, 15 (4): 481 – 494.

[102] Hewett T T. Informing the Design of Computer-Based Environments to Support Creativity [J]. International Journal of Human-Computer Studies, 2005, 63 (4): 383 – 409.

［103］Hewstone M, Rubin M, Willis H. Intergroup Bias ［J］. Annual Review of Psychology, 2002, 53 (1): 575 –604.

［104］Hideg I, Ferris D L. Dialectical Thinking and Fairness Based Perspectives of Affirmative Action ［J］. The Journal of Applied Psychology, 2017, 102 (5): 782 –801.

［105］Hirst G, Van Knippenberg D, Zhou J. A Cross-Level Perspective on Employee Creativity: Goal Orientation, Team Learning Behavior, and Individual Creativity ［J］. Academy of Management Journal, 2009, 52 (2): 280 –293.

［106］Hoch J E. Shared Leadership and Innovation: The Role of Vertical Leadership and Employee Integrity ［J］. The Leadership Quarterly, 2013, 24 (2): 159 –174.

［107］Hoegl M, Parboteeah K P. Team Reflexivity in Innovative Projects ［J］. R&D Management, 2010, 36 (2): 113 –125.

［108］Hon A H Y, Chan W W H, Lin L. Overcoming Work-Related Stress and Promoting Employee Creativity in Hotel Industry: The Role of Task Feedback from Supervisor ［J］. International Journal of Hospitality Management, 2013, 33 (1): 416 –424.

［109］Hülsheger U R, Anderson N, Salgado J F. Team-Level Predictors of Innovation at Ork: A Comprehensive Meta-Analysis Spanning Three Decades of Research ［J］. Journal of Applied Psychology, 2009, 94 (5): 1128.

［110］Huy Q N. How Middle Managers' Group-Focus Emotions and Social Identities Influence Strategy Implementation ［J］. Strategic Management Journal, 2011, 32 (13): 1387 –1410.

［111］Ilies R, Morgeson F P, Nahrgang J D. Authentic Leadership and Eudaemonic Well-Being: Understanding Leader-Follower Outcomes ［J］. The Leadership Quarterly, 2005, 16 (3): 373 –394.

［112］Im S, Workman J P. Market Orientation, Creativity, and New Product Performance in High-Technology Firms ［J］. Journal of Marketing, 2004, 68 (2): 114 –132.

[113] Isaksen S G, Lauer K J. The Climate for Creativity and Change in Teams [J]. Creativity & Innovation Management, 2002, 11 (1): 74 – 86.

[114] Jackson L A, Sullivan L A, Harnish R, et al. Achieving Positive Social Identity: Social Mobility, Social Creativity, and Permeability of Group Boundaries [J]. Journal of Personality & Social Psychology, 1996, 70 (2): 241 – 254.

[115] Jarzabkowski P, Le J K, Van de Ven A H. Responding to Competing Strategic Demands: How Organizing, Belonging and Performing Paradoxes Co-Evolve [J]. Strategic Organization, 2013, 11 (3): 245 – 280.

[116] Jaussi K S, Dionne S D. Leading for Creativity: The Role of Unconventional Leader Behavior [J]. The Leadership Quarterly, 2003, 14 (4 – 5): 475 – 498.

[117] Judge T A, Piccolo R F. Transformational and Transactional Leadership: A Meta-Analytic Test of Their Relative Validity [J]. Journal of Applied Psychology, 2004, 89 (5): 755 – 68.

[118] Jung D I, Chow C, Wu A. The Role of Transformational Leadership in Enhancing Organizational Innovation: Hypotheses and Some Preliminary Findings [J]. Leadership Quarterly, 2003, 14 (4): 525 – 544.

[119] Kang S C, Snell S A. Intellectual Capital Architectures and Ambidextrous Learning: A Framework for Human Resource Management [J]. Journal of Management Studies, 2009, 46 (1): 65 – 92.

[120] Kanter R M. Creating the Creative Environment [J]. Management Review, 1986, 75: 11 – 12.

[121] Kaufman J C, Sternberg R J. Resource Review: Creativity [J]. Change, 2007, 39 (4): 55 – 58.

[122] Keller T, Weibler J. What It Takes and Costs to be an Ambidextrous Manager: Linking Leadership and Cognitive Strain to Balancing Exploration and Exploitation [J]. Journal of Leadership & Organizational Studies, 2015, 22 (1): 54 – 71.

[123] Kelley H H. Two Functions of Reference Groups [M]//Swanson G, New-

comb T, Hartley E. Society for the Psychological Study of Social Issues, Readings in Social Psychology. New York: Holt, 1952: 410 – 414.

[124] Kirk S J, Kent F S. Creative Design Decisions [M]. Van Nostrand Reinhold Company, 1988: 79.

[125] Kirton M J. A Theory of Cognitive Style [J]. Adaptors and Innovators, 1994, 1: 33.

[126] Kuusela P, Keil T, Maula M. Driven by Aspirations, but in What Direction? Performance Shortfalls, Slack Resources, and Resource-Consuming vs. Resource-Freeing Organizational Change [J]. Strategic Management Journal, 2017, 38 (5): 1101 – 1120.

[127] Kurtzberg T R, Amabile T M. From Guilford to Creative Synergy: Opening the Black Box of Team-Level Creativity. [J]. Creativity Research Journal, 2001, 13 (3 – 4): 285 – 294.

[128] Kurtzberg T R. Feeling Creative, Being Creative: An Empirical Study of Diversity and Creativity in Teams [J]. Creativity Research Journal, 2005, 17 (1): 51 – 65.

[129] Kylen S F, Shani A B. Triggering Creativity in Teams: An Exploratory Investigation [J]. Creativity and Innovation Management, 2002, 11 (1): 17 – 30.

[130] Laureiro-Martinez D, Brusoni S, Zollo M. The Neuroscientific Foundations of the Exploration-Exploitation Dilemma [J]. Journal of Neuroscience Psychology and Economics, 2010, 3 (2): 95 – 115.

[131] Leary M R, Tangney J P. The Self as an Organizing Construct in the Behavioral and Social Sciences [M]//Leary M R, Tangney J P. Handbook of Self and Identity. Guilford Press, New York, NY, 2003, 3 – 14.

[132] Leenders R T A J, Van Engelen J M L, Kratzer J. Virtuality, Communication, and New Product Team Creativity: A Social Network Perspective [J]. Journal of Engineering and Technology Management, 2003, 20 (1 – 2): 69 – 92.

[133] Leonard D, Swap W. When Sparks Fly: Igniting Creativity in Groups [M].

Boston: Harvard Business School Press, 1999: 341 – 364.

[134] Levinthal D A, March J G. The Myopia of Learning [J]. Strategic Management Journal, 1993, 14 (S2): 95 – 112.

[135] Lewis M W, Smith W K. Paradox as a Meta-Theoretical Perspective: Sharpening the Focus and Widening the Scope [J]. Journal of Applied Behavioral Science, 2014, 50 (2): 127 – 149.

[136] Lewis M W. Exploring Paradox: Toward a More Comprehensive Guide [J]. Academy of Management Review, 2000, 25 (4): 760 – 776.

[137] Li P P. The Unique Value of Yin-Yang Balancing: A Critical Response [J]. Management & Organization Review, 2014, 10 (2): 321 – 332.

[138] Li Y, Fu F, Sun J M, et al. Leader-Member Exchange Differentiation and Team Creativity: An Investigation of Nonlinearity [J]. Human Relations, 2015, 69 (7): 1121 – 1138.

[139] Liang J, Farh C I, Farh J L. Psychological Antecedents of Promotive and Prohibitive Voice: A Two-Wave Examination [J]. Academy of Management Journal, 2012, 55 (1): 71 – 92.

[140] Liang J, Farh J L. Promotive and Prohibitive Voice Behavior in Organizations: A Two-Wave Longitudinal Examination [C]. Paper Presented at the Third Conference of the International Association for Chinese Management Research, Guangzhou, China, 2008.

[141] Liden R C, Wayne S J, Liao C, et al. Servant Leadership and Serving Culture: Influence on Individual and Unit Performance [J]. Academy of Management Journal, 2014, 57 (5): 1434 – 1452.

[142] Liu D, Liao H, Loi R. The Dark Side of Leadership: A Three-Level Investigation of the Cascading Effect of Abusive Supervision on Employee Creativity [J]. Academy of Management Journal, 2012, 55 (5): 1187 – 1212.

[143] Lopez-Cabrales A, Pérez-Luño A, Cabrera R V. Knowledge as a Mediator between HRM Practices and Innovative Activity [J]. Human Resource Management, 2010, 48 (4): 485 – 503.

[144] Lord R G, Brown D J. Leadership, Values, and Subordinate Self-Concepts

[J]. Leadership Quarterly, 2001, 12 (2): 133 – 152.

[145] Lowik S, Rietberg A, Visser M D. Resolving the Paradox of Ambidextrous R&D Routines: How to Turn Engineers into Chameleons [C]. R&D Management Conference, 2016.

[146] Lubatkin M H, Simsek Z, Yan L, et al. Ambidexterity and Performance in Small-to Medium-Sized Firms: The Pivotal Role of Top Management Team Behavioral Integration [J]. Journal of Management, 2006, 32 (1): 646 – 672.

[147] Luo Y, Rui H. An Ambidexterity Perspective toward Multinational Enterprises from Emerging Economies [J]. Academy of Management Perspectives, 2009, 23 (4): 49 – 70.

[148] Luthans F, Stewart T I. A General Contingency Theory of Management [J]. Academy of Management Review, 1977, 2 (2): 181 – 195.

[149] Luu T T. Ambidextrous Leadership, Entrepreneurial Orientation, and Operational Performance: Organizational Social Capital as a Moderator [J]. Leadership & Organization Development Journal, 2017, 38 (2): 229 – 253.

[150] Madjar N, Oldham G R, Pratt M G. There's no Place Like Home? The Contributions of Work and Nonwork Creativity Support to Employees' Creative Performance [J]. Academy of Management Journal, 2002, 45 (4): 757 – 767.

[151] Mael F, Ashforth B E. Alumni and Their Alma Mater: A Partial Test of the Reformulated Model of Organizational Identification [J]. Journal of Organizational Behavior, 1992, 13 (2): 103 – 123.

[152] Mannix E, Neale M A. What Differences Make a Difference? The Promise and Reality of Diverse Teams in Organizations [J]. Psychological Science in the Public Interest, 2005, 6 (2): 31 – 55.

[153] March J G. Exploration and Exploitation in Organizational Learning [J]. Organization Science, 1991, 2 (1): 71 – 87.

[154] Martin S L, Liao H, Campbell E M. Directive Versus Empowering Leadership: A Field Experiment Comparing Impacts on Task Proficiency and Pro-

activity [J]. Academy of Management Journal, 2013, 56 (5): 1372 – 1395.

[155] Mathieu J E, Heffner T S, Goodwin G F. The Influence of Collective Efficacy on Team Process and Performance [J]. Journal of Applied Psychology, 2011, 96 (2): 273 – 283.

[156] Mathieu J E, Taylor S R. A Framework for Testing Meso-Mediational Relationships in Organizational Behavior [J]. Journal of Organizational Behavior: The International Journal of Industrial, Occupational and Organizational Psychology and Behavior, 2007, 28 (2): 141 – 172.

[157] Mawritz M B, Mayer D M, Hoobler J M, et al. A Trickle-Down Model of Abusive Supervision [J]. Personnel Psychology, 2012, 65 (2): 325 – 357.

[158] Mayer D M, Kuenzi M, Greenbaum R, et al. How Low does Ethical Leadership Flow? Test of a Trickle-Down Model [J]. Organizational Behavior & Human Decision Processes, 2009, 108 (1): 1 – 13.

[159] Mayer R E. Fifty Years of Creativity Research [M] //Handbook of Creativity. Cambridge, UK: Cambridge University Press, 1999.

[160] McCall G J, Simmons J L. Identities and Interactions [M]. New York : Free Press, 1978.

[161] Mcdonough E F, Leifer R. Using Simultaneous Structures to Cope with Uncertainty [J]. Academy of Management Journal, 1983, 26 (4): 727 – 735.

[162] Merton R. Continuities in the Theory of Reference Groups and Social Structure [J]. American Journal of Sociology, 1957, 60.

[163] Milliken F J, Morrison E W, Hewlin P F. An Exploratory Study of Employee Silence: Issues that Employees Don't Communicate Upward and Why [J]. Journal of Management Studies, 2003, 40 (6): 1453 – 1476.

[164] Mintzberg H. The Structuring of Organizations [M]//Readings in Strategic Management. London: Palgrave, 1989: 322 – 352.

[165] Miron-Spektor E, Erez M, Naveh E. The Effect of Conformist and Attentive-to-detail Members on Team Innovation: Reconciling the Innovation Par-

adox [J]. Academy of Management Journal, 2011, 54 (4): 740 – 760.

[166] Miron-Spektor E, Ingram A, Keller J, et al. Micro-Foundations of Organi-zational Paradox: The Problem is How We Think about the Problem [J]. Academy of Management Journal, 2018, 61 (1): 26 – 45.

[167] Mom T J M, Fourné S P L, Jansen J J P. Managers' Work Experience, Ambidexterity, and Performance: The Contingency Role of the Work Con-text [J]. Human Resource Management, 2015, 54 (S1): 133 – 153.

[168] Mom T J M, Van d B F A J, Volberda H W. Understanding Variation in Managers' Ambidexterity: Investigating Direct and Interaction Effects of For-mal Structural and Personal Coordination Mechanisms [J]. Organization Science, 2009, 20 (4): 812 – 828.

[169] Morrison E W, Wheeler-Smith S L, Kamdar D. Speaking up in Groups: A Cross-Level Study of Group Voice Climate and Voice [J]. Journal of Ap-plied Psychology, 2011, 96 (1): 183.

[170] Morrison E W. Employee Voice and Silence [J]. Annual Review of Organiza-tional Psychology and Organizational Behavior, 2014, 1 (1): 173 – 197.

[171] Morrison E W. Employee Voice Behavior: Integration and Directions for Future Research [J]. Academy of Management Annals, 2011, 5 (1): 373 – 412.

[172] Mumford M D, Gustafson S B. Creativity Syndrome: Integration, Applica-tion, and Innovation [J]. Psychological Bulletin, 1988, 103 (1): 27.

[173] Mumford M D, Scott G M, Gaddis B, et al. Leading Creative People: Or-chestrating Expertise and Relationships [J]. Leadership Quarterly, 2002, 13 (6): 705 – 750.

[174] Nadkarni S, Narayanan V K. Strategic Schemas, Strategic Flexibility, and Firm Performance: The Moderating Role of Industry Clockspeed [J]. Stra-tegic Management Journal, 2007, 28 (3): 243 – 270.

[175] Nemeth C J, Ormiston M. Creative Idea Generation: Harmony versus Stim-ulation [J]. European Journal of Social Psychology, 2007, 37 (3): 524 – 535.

[176] Nemeth C J, Wachtler J. Creative Problem Solving as a Result of Majority

vs Minority Influence [J]. European Journal of Social Psychology, 2010, 13 (1): 45 – 55.

[177] Nemiro J E. The Creative Process in Virtual Teams [J]. Creativity Research Journal, 2002, 14 (1): 69 – 83.

[178] Nunnally J C, Bernstein I H. Psychological Theory [M]. New York: MacGraw-Hill, 1994.

[179] O'Reilly C A, Tushman M L. The Ambidextrous Organization [J]. Harvard Business Review, 2004, 82 (1/2): 74 – 81.

[180] Ocker R J. Influences on Creativity in Asynchronous Virtual Teams: A Qualitative Analysis of Experimental Teams [J]. IEEE Transactions on Professional Communication, 2005, 48 (1): 22 – 39.

[181] Oldham G R, Cummings A. Employee Creativity: Personal and Contextual Factors at Work [J]. Academy of Management Journal, 1996, 39 (3): 607 – 634.

[182] O'Reilly C A, Tushman M L. Organizational Ambidexterity: Past, Present and Future [J]. Academy of Management Perspectives, 2013, 27 (4): 324 – 338.

[183] O'Reilly C A, Tushman M L. Ambidexterity as a Dynamic Capability: Resolving the Innovator's Dilemma [J]. Research in Organizational Behavior, 2008, 28: 185 – 206.

[184] O'Reilly C A, Pfeffer J. Unlocking the Hidden Value in Organizations [J]. Employment Relations Today, 2000, 27 (2): 63 – 80.

[185] O'Reilly C A, Tushman M L. Organizational Ambidexterity in Action: How Managers Explore and Exploit [J]. California management review, 2011, 53 (4): 5 – 22.

[186] O'Reilly R C, Tushman M L. The Ambidextrous Organization [J]. Harvard Business Review, 2004, 82 (4): 74 – 81.

[187] Osborn A F. Applied Imagination: Principles and Procedures of Creative Thinking [J]. Personnel Journal, 1953 (3): 107.

[188] Paulus P B, Nijstad B A. Group Creativity: Innovation Through Collabora-

tion [J]. Emotion, 2003, 57 (4): 3.

[189] Perry-Smith J E, Shalley C E. A Social Composition View of Team Creativity: The Role of Member Nationality-Heterogeneous Ties Outside of the Team [J]. Organization Science, 2003, 25 (5): 1434 – 1452.

[190] Perry-Smith J E. Social Yet Creative: The Role of Social Relationships in Facilitating Individual Creativity [J]. Academy of Management Journal, 2006, 49 (1): 85 – 101.

[191] Pirola-Merlo A, Mann L. The Relationship between Individual Creativity and Team Creativity: Aggregating across People and Time [J]. Journal of Organizational Behavior, 2004, 25 (2): 235 – 257.

[192] Plambeck N, Weber K. When the Glass is Half Full and Half Empty: CEOs' Ambivalent Interpretations of Strategic Issues [J]. Strategic Management Journal, 2010, 31 (7): 689 – 710.

[193] Podsakoff P M, MacKenzie S B, Lee J Y, et al. Common Method Biases in Behavioral Research: A Critical Review of the Literature and Recommended Remedies [J]. Journal of Applied Psychology, 2003, 88 (5): 879.

[194] Probst G, Raisch S, Tushman M L. Ambidextrous Leadership: Emerging Challenges for Business and HR Leaders [J]. Organizational Dynamics, 2011, 40 (4): 326 – 334.

[195] Quinn R E. Beyond Rational Management [M]. San Francisco, CA: Jossey-Bass, 1988.

[196] Raisch S, Birkinshaw J. Organizational Ambidexterity: Antecedents, Outcomes, and Moderators [J]. Journal of Management, 2008, 34 (3): 375 – 409.

[197] Raja U, Johns G. The Joint Effects of Personality and Job Scope on in-Role Performance, Citizenship Behaviors, and Creativity [J]. Human Relations, 2010, 63 (7): 981 – 1005.

[198] Rapp T L, Bachrach D G, Rapp A, et al. Team Goal Monitoring in the Curvilinear Relationship between Team Efficacy and Team Performance [C] //Academy of Management Proceedings. Briarcliff Manor, NY

10510: Academy of Management, 2014 (1): 14224.

[199] Reiter-Palmon R, Illies J J. Leadership and Creativity: Understanding Leadership from a Creative Problem-Solving Perspective [J]. The Leadership Quarterly, 2004, 15 (1): 55 – 77.

[200] Rhee S Y. Shared Emotions and Group Effectiveness: The Role of Broadening-and-Building Interactions [J]. Academy of Management Journal, 2007, 50 (3): 605 – 622.

[201] Rice J A. Mathematical Statistics and Data Analysis [M]. Cengage Learning, 2006.

[202] Rico R, Sánchez-Manzanares M, Gil F, et al. Team Implicit Coordination Processes: A Team Knowledge-Based Approach [J]. Academy of Management Review, 2008, 33 (1): 163 – 184.

[203] Rivkin J W, Siggelkow N. Balancing Search and Stability: Interdependencies among Elements of Organizational Design [J]. Management Science, 2003, 49 (3): 290 – 311.

[204] Rosing K, Frese M, Bausch A. Explaining the Heterogeneity of the Leadership-Innovation Relationship: Ambidextrous Leadership [J]. Leadership Quarterly, 2011, 22 (5): 956 – 974.

[205] Rosing K, Rosenbusch N, Frese M. Ambidextrous Leadership in the Innovation Process [M]. Springer-Verlag Berlin Heidelberg, 2010.

[206] Ruiz P, Ruiz C, Martínez R. Improving the "Leader-Follower" Relationship: Top Manager or Supervisor? The Ethical Leadership Trickle-Down Effect on Follower Job Response [J]. Journal of Business Ethics, 2011, 99 (4): 587 – 608.

[207] Ryan K D, Daniel K. Oestreich. Driving Fear Out of the Workplace: How to Overcome the Invisible Barriers to Quality, Productivity, and Innovation [M]. Jossey-Bass, 1991.

[208] Sagie A, Zaidman N, Amichalh Y, et al. An Empirical Assessment of the Loose-Tight Leadership Model: Quantitative and Qualitative Analyses [J]. Journal of Organizational Behavior, 2002, 23 (3): 303 – 320.

[209] Sagie A. Tightening the Loose-Tight Model of Leadership [J]. Applied Psychology, 1997, 6 (4): 447 – 452.

[210] Sagiv L, Arieli S, Goldenberg J, et al. Structure and Freedom in Creativity: The Interplay between Externally Imposed Structure and Personal Cognitive Style [J]. Journal of Organizational Behavior, 2010, 31 (8): 1086 – 1110.

[211] Salancik G R, Pfeffer J. A Social Information Processing Approach to Job Attitudes and Task Design [J]. Administrative Science Quarterly, 1978, 23 (2): 224 – 253.

[212] Santos C M, Uitdewilligen S, Passos A M. Why is Your Team More Creative Than Mine? The Influence of Shared Mental Models on Intra-Group Conflict, Team Creativity and Effectiveness [J]. Creativity & Innovation Management, 2015, 24 (4): 645 – 658.

[213] Schad J, Lewis M W, Raisch S, et al. Paradox Research in Management Science: Looking Back to Move Forward [J]. Academy of Management Annals, 2016, 10 (1): 5 – 64.

[214] Schaeffner M, Huettermann H, Gebert D, et al. Swim or Sink Together: The Potential of Collective Team Identification and Team Member Alignment for Separating Task and Relationship Conflicts [J]. Group & Organization Management, 2015, 40 (4): 467 – 499.

[215] Schaubroeck J M, Hannah S T, Avolio B J, et al. Embedding Ethical Leadership Within and across Organizational Levels [J]. Academy of Management Journal, 2012, 55 (5): 1053 – 1078.

[216] Schepers P, Van den Berg P T. Social Factors of Work-Environment Creativity [J]. Journal of Business and Psychology, 2007, 21 (3): 407 – 428.

[217] Schreuders J, Legesse A. Organizational Ambidexterity: How Small Technology Firms Balance Innovation and Support [J]. Technology Innovation Management Review, 2012, 2 (2): 17 – 20.

[218] Schwartz S H. Beyond Individualism/Collectivism: New Cultural Dimensions of Values [M]. Sage Publication, Inc, 1994.

[219] Seyranian V. Social Identity Framing Communication Strategies for Mobili-

zing Social Change [J]. Leadership Quarterly, 2014, 25 (3): 468 –
486.

[220] Shalley C E, Gilson L L. What Leaders Need to Know: A Review of Social
and Contextual Factors that Can Foster or Hinder Creativity [J]. Leadership
Quarterly, 2004, 15 (1): 33 –53.

[221] Shalley C E, Zhou J. Organizational Creativity Research: A Historical O-
verview [M]//Zhou J, Shalley C E. Handbook of Organizational Creativi-
ty. New York: Lawrence Erlbaum Associates, 2008: 3 –31.

[222] Sharma S. Managerial Interpretations and Organizational Context as Predic-
tors of Corporate Choice of Environmental Strategy [J]. Academy of Man-
agement Journal, 2000, 43 (4): 681 –697.

[223] Shin S J, Zhou J. Transformational Leadership, Conservation, and Creativ-
ity: Evidence from Korea [J]. Academy of Management Journal, 2003,
46 (6): 703 –714.

[224] Shin S J, Zhou J. When is Educational Specialization Heterogeneity Related
to Creativity in Research and Development Teams? Transformational Leader-
ship as a Moderator [J]. Journal of Applied Psychology, 2007, 92 (6):
1709 –1721.

[225] Shneiderman B, Fischer G, Czerwinski M, et al. Creativity Support Tools:
Report from a U. S. National Science Foundation Sponsored Workshop [J].
International Journal of Human-Computer Interaction, 2006, 20 (2):
61 –77.

[226] Simsek Z. Organizational Ambidexterity: Towards a Multilevel Understand-
ing [J]. Journal of Management Studies, 2009, 46 (4), 597 –624.

[227] Smith W K, Lewis M W. Toward a Theory of Paradox: A Dynamic Equilib-
rium Model of Organizing [J]. Academy of Management Review, 2011, 36
(2): 381 –403.

[228] Smith W K, Tushman M L. Managing Strategic Contradictions: A Top Man-
agement Model for Managing Innovation Streams [J]. Organization Science,
2005, 16 (5): 522 –536.

[229] Somech A, Drach-Zahavy A. Coping with Work-Family Conflict from a Cross Cultural perspective [C] //Biennial Meeting for the International Association of Cross-Cultural Psychology, Istanbul, Turkey, 2011.

[230] Somech A. The Effects of Leadership Style and Team Process on Performance and Innovation in Functionally Heterogeneous Teams [J]. Journal of Management, 2006, 32 (1): 132 – 157.

[231] Sommer A, Pearson C M. Antecedents of Creative Decision Making in Organizational Crisis: A Team-Based Simulation [J]. Technological Forecasting and Social Change, 2007, 74 (8): 1234 – 1251.

[232] Stein M I. Explorations in Team Creativity [M]. New York: HarperCollins Publishers, 2000: 109 – 120.

[233] Stone C H, Crisp R J. Superordinate and Subgroup Identification as Predictors of Intergroup Evaluation in Common Ingroup Contexts [J]. Group Processes & Intergroup Relations, 2007, 10 (4): 493 – 513.

[234] Stryker S. Symbolic Interactionism: A Social Structural Version [M]. Menlo Park, CA: Benjamin/Cummings, 1980.

[235] Sung S Y, Choi J N. Effects of Team Knowledge Management on the Creativity and Financial Performance of Organizational Teams [J]. Organizational Behavior and Human Decision Processes, 2012, 118 (1): 4 – 13.

[236] Taggar S. Individual Creativity and Group Ability to Utilize Individual Creative Resources: A Multilevel Model [J]. Academy of Management , 2002, 45 (2): 315 – 330.

[237] Tajfel H. Differentiation between Social Groups: Studies in the Social Psychology of Intergroup Relations [J]. American Journal of Sociology, 1978, 86 (5).

[238] Tajfel H. Social Psychology of Intergroup Relations [J]. Annual Review of Psychology, 1982, 33 (1): 1 – 39.

[239] Terwel B W, Harinck F, Ellemers N, et al. Voice in Political Decision-Making: The Effect of Group Voice on Perceived Trustworthiness of Decision Makers and Subsequent Acceptance of Decisions [J]. Journal of Ex-

perimental Psychology Applied, 2010, 16 (2): 173 – 186.

[240] Tesluk P E, Farr J L, Klein S R. Influences of Organizational Culture and Climate on Individual Creativity [J]. Journal of Creative Behavior, 1997, 31 (1): 27 –41.

[241] Tierney P, Farmer S M. The Pygmalion Process and Employee Creativity [J]. Journal of Management, 2004, 30 (3): 413 – 432.

[242] Tripsas M, Gavetti G. Capabilities, Cognition, and Inertia: Evidence from Digital Imaging [J]. Strategic Management Journal, 2000 (21): 1147 – 1161.

[243] Tung F C. Does Transformational, Ambidextrous, Transactional Leadership Promote Employee Creativity? Mediating Effects of Empowerment and Promotion Focus [J]. International Journal of Manpower, 2016, 37 (8): 1250 – 1263.

[244] Tushman M L, O'Reilly C A. Ambidextrous Organizations: Managing Evolutionary and Revolutionary Change [J]. California Management Review, 1996, 38 (4): 8 – 30.

[245] Tushman M L, Smith W K, Binns A. The Ambidextrous CEO [J]. Harvard Business Review, 2011, 89 (6): 74 – 80, 136.

[246] Uhl-Bien M, Arena M. Leadership for Organizational Adaptability: A Theoretical Synthesis and Integrative Framework [J]. The Leadership Quarterly, 2018, 29 (1): 89 – 104.

[247] Van der Vegt G S, Janssen O. Joint Impact of Interdependence and Group Diversity on Iinnovation [J]. Journal of management, 2003, 29 (5): 729 – 751.

[248] Van der Vegt G S, Bunderson J S. Learning and Performance in Multi-Disciplinary Teams: The Importance of Collective Team Identification [J]. Academy of Management Journal, 2005, 48: 532 – 547.

[249] Van Ginkel W P, Van Knippenberg D. Knowledge about the Distribution of Information and Group Decision Making: When and Why Does It Work? [J]. Organizational Behavior and Human Decision Processes, 2009, 108

(2): 218 -229.

[250] Van Knippenberg D, Kooij-de Bode H J M, Van Ginkel W P. The Interactive Effects of Mood and Trait Negative Affect in Group Decision Making [J]. Organization Science, 2010, 21 (3): 731 -744.

[251] Van Knippenberg D, Schippers M C. Work Group Diversity [J]. Social Science Electronic Publishing, 2007 (58): 515 -541.

[252] Van Gundy A B. Managing Group Creativity [M]. Amacom, 1984.

[253] Venkataramani V, Richter A W, Clarke R. Creative Benefits from Well-Connected Leaders: Leader Social Network Ties as Facilitators of Employee Radical Creativity [J]. Journal of Applied Psychology, 2014, 99 (5): 966 -975.

[254] Waldman D A, et al. The Role of Paradox Theory in Decision Making and Management Research [J]. Organizational Behavior and Human Decision Processes, 2019, 155: 1 -6.

[255] Walsh J P. Managerial and Organizational Cognition: Notes from a Trip Down Memory Lane [J]. Organization Science, 1995, 6 (3): 280 -321.

[256] Wang A C, Cheng B S. When Does Benevolent Leadership Lead to Creativity? The Moderating Role of Creative Role Identity and Job Autonomy [J]. Journal of Organizational Behavior, 2010, 31 (1): 106 -121.

[257] Wang C, Tsai H T, Tsai M T. Linking Transformational Leadership and Employee Creativity in the Hospitality Industry: The Influences of Creative Role Identity, Creative Self-Efficacy, and Job Complexity [J]. Tourism Management, 2014, 40 (1): 79 -89.

[258] Wang X H, Kim T Y, Lee D R. Cognitive Diversity and Team Creativity: Effects of Team Intrinsic Motivation and Transformational Leadership [J]. Journal of Business Research, 2016, 69 (9): 3231 -3239.

[259] Wayne S J, Hoobler J, Marinova S V, et al. Abusive Behavior: Trickle-Down Effects Beyond the Dyad [J]. Academy of Management Annual Meeting Proceedings, 2008 (1): 1 -6.

[260] Weisz N. A Theoretical and Empirical Assessment of the Social Capital of

Nascent Entrepreneurial Teams [J]. Academy of Management Proceedings, 2004, K1 – K6.

[261] West M A. Sparkling Fountains or Stagnant Ponds: An Integrative Model of Creativity and Innovation Implementation in Work Groups [J]. Applied Psychology: An International Review, 2002, 51 (3): 355 – 387.

[262] Williams W M, Yang L T. Organizational Creativity [M]//Handbook of Creativity. Cambridge, UK: Cambridge University Press, 1999: 373 – 391.

[263] Woodman R W, Sawyer J E, Griffin R W. Toward a Theory of Organizational Creativity [J]. Academy of Management Review, 1993, 18 (2): 293 – 321.

[264] Yukl G. Leading Organizational Learning: Reflections on Theory and Research [J]. The Leadership Quarterly, 2009, 20 (1): 49 – 53.

[265] Zacher H, Robinson A J, Rosing K. Ambidextrous Leadership and Employees' Self-Reported Innovative Performance: The Role of Exploration and Exploitation Behaviors [J]. Journal of Creative Behavior, 2014, 50 (1): 1 – 25.

[266] Zacher H, Roisng K. Ambidextrous Leadership and Team Innovation [J]. Leadership & Organization Development Journal, 2015, 36 (1): 54 – 68.

[267] Zacher H, Wilden R G. A Daily Diary Study on Ambidextrous Leadership and Self-Reported Employee Innovation [J]. Journal of Occupational and Organizational Psychology, 2014, 87 (4): 813 – 820.

[268] Zhang A Y, Tsui A S, Wang D X. Leadership Behaviors and Group Creativity in Chinese Organizations: The Role of Group Processes [J]. Leadership Quarterly, 2011, 22 (5): 851 – 862.

[269] Zhang X, Bartol K M. Linking Empowering Leadership and Employee Creativity: The Influence of Psychological Empowerment, Intrinsic Motivation, and Creative Process Engagement [J]. Academy of Management Journal, 2010, 53 (1): 107 – 128.

[270] Zhang X, Zhou J. Empowering Leadership, Uncertainty Avoidance, Trust, and Employee Creativity: Interaction Effects and a Mediating Mechanism

[J]. Organizational Behavior & Human Decision Processes, 2014, 124 (2): 150 – 164.

[271] Zhang Y, Waldman D A, Han Y L, et al. Paradoxical Leader Behaviors in People Management: Antecedents and Consequences [J]. Academy of Management Journal, 2015, 58 (2): 538 – 566.

[272] Zhao H. Leader-Member Exchange Differentiation and Team Creativity [J]. Leadership & Organization Development Journal, 2015, 36 (7): 798 – 815.

[273] Zhou J, George J M. When Job Dissatisfaction Leads to Creativity: Encouraging the Expression of Voice [J]. Academy of Management Journal, 2001, 44 (4): 682 – 696.

[274] Zhou J, Hoever I J. Research on Workplace Creativity: A Review and Redirection [J]. Social Science Electronic Publishing, 2014, 1 (1): 333 – 359.

[275] Zhou J, Shalley C E. Research on Employee Creativity: A Critical Review and Directions for Future Research [J]. Research in Personnel & Human Resources Management, 2003, 22 (3): 165 – 217.

[276] Zhou J. A Model of Paternalistic Organizational Control and Group Creativity [M]//Chen Y. National Culture and Groups: An Introduction. Oxford: Emerald Group Publishing Limited, 2006: 75 – 94.

[277] Zhou J. When the Presence of Creative Coworkers is Related to Creativity: Role of Supervisor Close Monitoring, Developmental Feedback, and Creative Personality [J]. Journal of Applied Psychology, 2003, 88 (3): 413 – 422.

[278] Zhou J, Shalley C E. Expanding the Scope and Impact of Organizational Creativity Research [M]//Zhou J, Shalley C E. Handbook of Organizational Creativity: Hillsdale, NJ: Erlbaum, 2008: 347 – 368.

[279] 毕鹏程, 席酉民, 王益谊. 群体发展过程中的群体思维演变研究 [J]. 预测, 2005, 24 (3): 1 – 7.

[280] 蔡亚华, 贾良定, 尤树洋, 等. 差异化变革型领导对知识分享与团队

创造力的影响：社会网络机制的解释 [J]. 心理学报，2013，45
(5)：585 - 598.

[281] 常涛，刘智强，景保峰. 家长式领导与团队创造力：基于三元理论的
新发现 [J]. 研究与发展管理，2016，28 (1)：62 - 72.

[282] 陈春花，赵曙明，赵海然. 领先之道 [M]. 北京：中信出版
社，2004.

[283] 陈建勋，凌嫒嫒，刘松博. 领导者中庸思维与组织绩效：作用机制与
情境条件研究 [J]. 南开管理评论，2010 (2)：132 - 141.

[284] 陈建勋，杨正沛，傅升. 低成本与差异化竞争优势的融合——二元领
导行为的启示与证据 [J]. 研究与发展管理，2009，21 (5)：57 - 64.

[285] 陈建勋. 组织学习的前因后果研究：基于二元视角 [J]. 科研管理，
2011，32 (6)：140 - 149.

[286] 陈璐，柏帅皎，王月梅. CEO 变革型领导与高管团队创造力：一个被
调节的中介模型 [J]. 南开管理评论，2016，19 (2)：63 - 74.

[287] 陈璐，杨百寅，井润田. 战略型领导与高管团队成员创造力：基于高
科技企业的实证分析 [J]. 管理评论，2015 (3)：142 - 152，121.

[288] 陈晓萍，徐淑英，樊景立. 组织与管理研究的实证方法 [M]. 第 2 版.
北京：北京大学出版社，2012.

[289] 陈岩，綦振法，陈忠卫，等. 中庸思维对团队创新的影响及作用机制
研究 [J]. 预测，2018，37 (2)：15 - 21.

[290] 邓少军，芮明杰. 组织能力演化微观认知机制研究前沿探析 [J]. 外
国经济与管理，2009，31 (11)：38 - 44.

[291] 段锦云，魏秋江. 建言效能感结构及其在员工建言行为发生中的作用
[J]. 心理学报，2012，44 (7)：972 - 985.

[292] 樊景立，梁建，陈志俊. 实证研究的设计与评价 [M]// 陈晓萍，徐
淑英，樊景立. 组织与管理研究的实证方法. 北京：北京大学出版
社，2008.

[293] 傅世侠，罗玲玲. 构建科技团队创造力评估模型 [M]. 北京：北京大
学出版社，2005.

[294] 耿紫珍，刘新梅，沈力. 合作目标促进科研团队创造力的机理研究

[J]. 科研管理，2012，33（8）：113 - 119.

[295] 耿紫珍，刘新梅，张晓飞. 批评激发创造力？负反馈对团队创造力的影响 [J]. 科研管理，2015，36（8）：36 - 43.

[296] 谷盟，弋亚群，刘怡. CEO 双元领导与企业创新导向的关系 [J]. 管理科学，2018，31（3）：51 - 61.

[297] 管建世，罗瑾琏，钟竞. 动态环境下双元领导对团队创造力影响研究——基于团队目标取向视角 [J]. 科学学与科学技术管理，2016，37（8）：159 - 169.

[298] 韩杨，罗瑾琏，钟竞. 双元领导对团队创新绩效影响研究——基于惯例视角 [J]. 管理科学，2016，29（1）：70 - 85.

[299] 蒿坡，龙立荣，贺伟. 领导力共享、垂直领导力与团队创造力：双视角研究 [J]. 管理科学，2014（6）：53 - 64.

[300] 何静，张永军. 中国情境下伦理型领导影响反生产行为的"瀑布模型"：权力距离导向的调节作用 [J]. 管理评论，2017，29（8）：179 - 186.

[301] 何轩. 互动公平真的就能治疗"沉默"病吗？——以中庸思维作为调节变量的本土实证研究 [J]. 管理世界，2009（4）：128 - 134.

[302] 李柏洲，徐广玉. 共享心智模式、组织学习空间与创新绩效关系的研究 [J]. 科学学与科学技术管理，2013，34（10）：171 - 180.

[303] 李怀祖. 管理研究方法 [M]. 西安：西安交通大学出版社，2004.

[304] 李嘉，张骁，杨忠. 性别差异对创业的影响研究文献综述 [J]. 科技进步与对策，2009，26（24）：190 - 194.

[305] 李燃，王辉，赵佳卉. 真诚型领导行为对团队创造力的影响 [J]. 管理科学，2016，29（5）：71 - 82.

[306] 李锐，凌文辁，方俐洛. 上司支持感知对下属建言行为的影响及其作用机制 [J]. 中国软科学，2010（4）：106 - 115.

[307] 李树文，罗瑾琏，胡文安. 从价值交易走向价值共创：创新型企业的价值转型过程研究 [J]. 管理世界，2022，38（3）：125 - 145.

[308] 李燚，魏峰. 领导理论的演化和前沿进展 [J]. 管理学报，2010，7（4）：517 - 524.

[309] 李媛，高鹏，汤超颖，等. 团队创新氛围与研发团队创新绩效的实证

研究 [J]. 中国管理科学, 2008 (s1): 381 –386.

[310] 梁冰倩, 顾琴轩. 团队成员学习目标导向离散化与团队创造力研究 [J]. 管理学报, 2015, 12 (1): 72.

[311] 梁建, 刘兆鹏. 团队建言结构: 概念、前因及其对团队创新的影响 [J]. 中国人力资源开发, 2016 (5): 6 –15.

[312] 梁建, 唐京. 员工合理化建议的多层次分析: 来自本土连锁超市的证据 [J]. 南开管理评论, 2009, 12 (3): 125 –134.

[313] 梁建. 道德领导与员工建言: 一个调节 –中介模型的构建与检验 [J]. 心理学报, 2014, 46 (2): 252 –264.

[314] 凌鸿, 赵付春, 邓少军. 双元性理论和概念的批判性回顾与未来研究展望 [J]. 外国经济与管理, 2010, 32 (1): 132 –136.

[315] 凌茜, 汪纯孝, 张秀娟, 等. 公仆型领导风格对员工服务质量的影响 [J]. 旅游学刊, 2010, 25 (4): 68 –75.

[316] 刘松博, 戴玲玲, 李育辉. 收放自如, 张弛结合: 松 –紧式领导述评 [J]. 社会心理科学, 2013, 28 (1): 27 –32.

[317] 刘松博, 戴玲玲, 王亚楠. "松 –紧" 式领导对员工创造性的跨层影响机制 [J]. 软科学, 2014, 28 (11): 72 –75.

[318] 林海芬, 胡严方, 刘宏双, 等. 组织稳定与创新的悖论关系研究 [J]. 科学学与科学技术管理, 2019, 40 (3): 3 –17.

[319] 刘伟国, 房俨然, 施俊琦, 等. 领导创造力期望对团队创造力的影响 [J]. 心理学报, 2018 (6): 667 –677.

[320] 栾琨, 谢小云. 国外团队认同研究进展与展望 [J]. 外国经济与管理, 2014, 36 (4): 57 –64.

[321] 罗瑾琏, 管建世, 钟竞, 等. 基于团队双元行为中介作用的双元领导与团队创新绩效关系研究 [J]. 管理学报, 2017, 14 (6): 814 –822.

[322] 罗瑾琏, 管建世, 钟竞, 赵莉, 韩杨. 迷雾中的抉择: 创新背景下企业管理者悖论应对策略与路径研究 [J]. 管理世界, 2018, 11: 150 –167.

[323] 罗瑾琏, 门成昊, 钟竞. 动态环境下领导行为对团队创造力的影响研究 [J]. 科学学与科学技术管理, 2014, 35 (5): 172 –180.

[324] 罗瑾琏, 唐慧洁, 李树文, 等. 科创企业创新悖论及其应对效应研究 [J]. 管理世界, 2021, (3): 105 – 122.

[325] 罗瑾琏, 徐振亭, 钟竞. 团队目标取向对创造力的多层次影响研究 [J]. 华东经济管理, 2016, 30 (3): 106 – 112.

[326] 罗瑾琏, 易明, 钟竞. 双元领导对亲社会性沉默的影响 [J]. 管理科学, 2018 (2): 105 – 119.

[327] 罗瑾琏, 赵佳, 张洋. 知识团队真实型领导对团队创造力的影响及作用机理研究 [J]. 科技进步与对策, 2013, 30 (8): 152 – 156.

[328] 罗瑾琏, 赵莉, 钟竞. 双元领导对员工创新行为的影响机制研究 [J]. 预测, 2016, 35 (4): 1 – 7.

[329] 吕洁, 张钢. 知识异质性对知识型团队创造力的影响机制: 基于互动认知的视角 [J]. 心理学报, 2015, 47 (4): 533 – 544.

[330] 马君, 赵红丹. 任务意义与奖励对创造力的影响——创造力角色认同的中介作用与心理框架的调节作用 [J]. 南开管理评论, 2015, 18 (6): 46 – 59.

[331] 毛基业. 运用结构化的数据分析方法做严谨的质性研究——中国企业管理案例与质性研究论坛 (2019) 综述 [J]. 管理世界, 2020, 36 (3): 221 – 227.

[332] 裴瑞敏, 李虹, 高艳玲. 领导风格对科研团队成员创造力的影响机制研究——内部动机和 LMX 的中介作用 [J]. 管理评论, 2013, 25 (3): 111 – 118.

[333] 彭正龙, 陈秀桂, 赵红丹. 研发团队伦理型领导对团队创造力的影响 [J]. 科技进步与对策, 2015 (7): 140 – 144.

[334] 秦伟平, 李晋, 周路路. 真实型领导与团队创造力: 被调节的中介作用 [J]. 科学学与科学技术管理, 2015 (5): 171 – 180.

[335] 尚航标, 黄培伦. 管理认知与动态环境下企业竞争优势: 万和集团案例研究 [J]. 南开管理评论, 2010, 13 (3): 70 – 79.

[336] 盛宇华. 当代西方领导学 [M]. 厦门: 鹭江出版社, 1989.

[337] 盛昭瀚, 于景元. 复杂系统管理: 一个具有中国特色的管理学新领域 [J]. 管理世界, 2021, 37 (6): 36 – 50, 2.

［338］孙旭，严鸣，储小平．坏心情与工作行为：中庸思维跨层次的调节作用［J］．心理学报，2014，46（11）：1704－1718．

［339］孙雍君．科技团体创造力研究的理论背景分析［J］．科学学研究，2003（5）：461－466．

［340］孙永磊，宋晶．双元领导风格、组织柔性与组织创造力［J］．中国科技论坛，2015（2）：114－118．

［341］汤超颖，艾树，龚增良．积极情绪的社会功能及其对团队创造力的影响：隐性知识共享的中介作用［J］．南开管理评论，2011，14（4）：129－137．

［342］汤超颖，刘洋，王天辉．科研团队魅力型领导、团队认同和创造性绩效的关系研究［J］．科学学与科学技术管理，2012，33（10）：155－162．

［343］汤超颖，朱月利，商继美．变革型领导、团队文化与科研团队创造力的关系［J］．科学学研究，2011，29（2）：275－282．

［344］汤超颖，邹会菊．基于人际交流的知识网络对研发团队创造力的影响［J］．管理评论，2012，24（4）：94－100．

［345］王端旭，国维潇，刘晓莉．团队内部社会网络特征影响团队创造力过程的实证研究［J］．软科学，2009，23（9）：25－28．

［346］王端旭，薛会娟．交互记忆系统与团队创造力关系的实证研究［J］．科研管理，2011，32（1）：122－128．

［347］王凤彬，陈建勋，杨阳．探索式与利用式技术创新及其平衡的效应分析［J］．管理世界，2012（3）：96－112．

［348］王辉，忻蓉，徐淑英．中国企业 CEO 的领导行为及对企业经营业绩的影响［J］．管理世界，2006，4：87－96．

［349］王辉，张文慧，忻榕，等．战略型领导行为与组织经营效果：组织文化的中介作用［J］．管理世界，2011（9）：93－104．

［350］王黎萤，陈劲．国内外团队创造力研究述评［J］．研究与发展管理，2010，22（4）：62－68．

［351］王唯梁，谢小云．团队创新研究进展述评与重构：二元性视角［J］．外国经济与管理，2015，37（6）：39－49．

［352］王艳子，罗瑾琏，王莉，张波．社会网络对团队创造力的影响机理研

究 [J]. 预测, 2012, 31 (4): 22 - 27.

[353] 王震, 许灏颖, 杜晨朵. 领导学研究中的下行传递效应: 表现、机制与条件 [J]. 心理科学进展, 2015, 23 (6): 1079 - 1094.

[354] 王智宁, 高放, 叶新凤. 创造力研究述评: 概念, 测量方法和影响因素 [J]. 中国矿业大学学报 (社会科学版), 2016, 18 (1): 55 - 67.

[355] 韦森. 经济理论与市场秩序: 探寻良性市场经济运行的道德基础、文化环境与制度条件 [M]. 上海: 格致出版社, 2009.

[356] 温忠麟, 侯杰泰, 张雷. 调节效应与中介效应的比较和应用 [J]. 心理学报, 2005, 37 (2): 268 - 274.

[357] 吴佳辉, 林以正. 中庸思维量表的编制 [J]. 本土心理学研究, 2005, 24: 247 - 300.

[358] 吴明隆. 结构方程模型——AMOS 的操作与应用 [M]. 重庆: 重庆大学出版社, 2011.

[359] 武亚军. "战略框架式思考"、"悖论整合"与企业竞争优势—任正非的认知模式分析及管理启示 [J]. 管理世界, 2013, 235 (4): 150 - 167.

[360] 肖君宜, 段锦云. 团队层面建言行为研究: 员工建言研究的新视角 [J]. 人类工效学, 2015, 21 (2): 84 - 86.

[361] 谢俊, 储小平. 多层次导向的变革型领导对个体及团队创造力的影响: 授权的中介作用 [J]. 管理工程学报, 2016, 30 (1): 161 - 167.

[362] 谢玉华, 李路瑶, 覃亚洲, 等. 基于 SOR 理论框架的员工抱怨研究述评与展望 [J]. 管理学报, 2019, 16 (5): 783 - 790.

[363] 邢淑丹. 员工创造力受影响的因素和对领导行为的思考 [J]. 技术经济与管理研究, 2006 (5): 87 - 88.

[364] 薛会娟, 杨静. 领导力的整合: Trickle-down 模式下的领导效应 [J]. 心理科学进展, 2014, 22 (3): 474 - 481.

[365] 闫佳祺, 罗瑾琏, 贾建锋. 组织情境因素联动效应对双元领导的影响——一项基于 QCA 技术的研究 [J]. 科学学与科学技术管理, 2018, 39 (4): 150 - 160.

[366] 杨志蓉. 团队快速信任、互动行为与团队创造力研究 [D]. 杭州: 浙江大学, 2006.

[367] 杨中芳. 传统文化与社会科学结合之实例：中庸的社会心理学研究 [J]. 中国人民大学学报，2009，3：53-60.

[368] 于慧萍，杨付，张丽华. 与领导关系好如何激发下属创造力？——一项跨层次研究 [J]. 经济管理，2016，38（3）：80-89.

[369] 袁凌，卓晓倩. 挑战-阻碍性压力与员工创造力关系研究：工作卷入的中介作用 [J]. 科技进步与对策，2016（2）：130-136.

[370] 张德鹏，陈春峰，张凤华. 社交媒体情境下个性化广告对用户态度的影响研究 [J]. 管理学报，2021，18（3）：441-447.

[371] 张光曦，古昕宇. 中庸思维与员工创造力 [J]. 科研管理，2015，36（专刊）：251-257.

[372] 张军成，凌文辁. 悖论视角下的领导者——追随者契合研究探析 [J]. 外国经济与管理，2013，35（1）：55-62.

[373] 张文勤，刘云. 研发团队反思的结构检验及其对团队效能与效率的影响 [J]. 南开管理评论，2011，14（3）：26-33.

[374] 张亚军，肖小虹. 挑战性-阻碍性压力对员工创造力的影响研究 [J]. 科研管理，2016，37（6）：10-18.

[375] 张燕，侯立文. 基于变革型领导的职能多样性对团队内知识共享的影响研究 [J]. 管理学报，2013，10（10）：1454-1461.

[376] 张莹瑞，佐斌. 社会认同理论及其发展 [J]. 心理科学进展，2006，14（3）：475-480.

[377] 张志学，施俊琦，刘军. 组织行为与领导力研究的进展与前沿 [J]. 心理科学进展，2016，24（3）：317-326.

[378] 赵红丹，郭利敏. 双元领导与员工前瞻行为：认同与中庸的作用 [J]. 企业经济，2018（6）：84-90.

[379] 赵红丹，郭利敏. 组织中的双面娇娃：双元领导的概念结构与作用机制 [J]. 中国人力资源开发，2017（4）：55-65.

[380] 赵红丹，江苇. 双元领导如何影响员工职业生涯成功？——一个被调节的中介作用模型 [J]. 外国经济与管理，2018，40（1）：93-106.

[381] 赵锴，杨百寅，李全. 战略领导力、双元性学习与组织创新：一个理论模型的探析 [J]. 科学学与科学技术管理，2016，37（3）：168-180.

[382] 赵可汗，贾良定，蔡亚华，等．抑制团队关系冲突的负效应：一项中国情境的研究 [J]．管理世界，2014 (3)：119 – 130.

[383] 周浩，龙立荣．共同方法偏差的统计检验与控制方法 [J]．心理科学进展，2004，12 (6)：942 – 950.